研究生"十四五"规划精品系列教材

创新管理

魏泽龙 编著

内容简介

本书围绕究竟如何实现科技自立自强的问题,讲述了实现"企业家精神驱动的有组织的创新"所需要的理论知识。本书基于"创新趋势与战略→技术与创新的本质→创新组织的五个层级→如何从技术创新中获益→企业家精神与创新文化"这一逻辑主线,回答了三个核心问题:①从创新战略角度,科技自立自强的根本内涵是什么?②究竟如何建立五级创新管理体系,让企业更好地实现技术突破?③技术突破后如何能够从中获益?本书以深入广泛的企业调研为基础,从企业在创新实践中遇到的问题出发,阐述了分析这些问题需要的创新理论,并在每章列示了与这些问题相关的经典书籍和研究论文,提供了一个面向技术创新问题的创新管理框架。

本书非常适合为创业者、管理者、技术人员、政府管理部门了解创新管理规律、制定创新决策提供理论思路,可以作为本科和研究生系统学习创新管理规律的教材和研究创新管理的入门参考书。

图书在版编目(CIP)数据

创新管理 / 魏泽龙编著. -- 西安 : 西安交通大学出版社,2024.5
西安交通大学研究生"十四五"规划精品系列教材
ISBN 978-7-5693-3610-8

Ⅰ.①创… Ⅱ.①魏… Ⅲ.①创新管理-研究生-教材 Ⅳ.①F273.1

中国国家版本馆 CIP 数据核字(2024)第 036242 号

书　　名	创新管理
	CHUANGXIN GUANLI
编　　著	魏泽龙
责任编辑	王建洪
责任校对	赵怀瀛
装帧设计	伍　胜
出版发行	西安交通大学出版社
	(西安市兴庆南路1号　邮政编码 710048)
网　　址	http://www.xjtupress.com
电　　话	(029)82668357　82667874(市场营销中心)
	(029)82668315(总编办)
传　　真	(029)82668280
印　　刷	陕西日报印务有限公司
开　　本	787 mm×1092 mm　1/16　印张 11.75　字数 291 千字
版次印次	2024 年 5 月第 1 版　2024 年 5 月第 1 次印刷
书　　号	ISBN 978-7-5693-3610-8
定　　价	39.80 元

如发现印装质量问题,请与本社市场营销中心联系。
订购热线:(029)82665248　(029)82667874
投稿热线:(029)82665379　QQ:793619240
读者信箱:793619240@qq.com

版权所有　侵权必究

前言

目前，创新已经成为中国热门的词语之一。伴随着人们对美好生活的向往，人们越发追求高质量的产品和服务。这种蓬勃成长的高质量需求正催生新的经济增长模式，让技术创新成为经济增长的强劲动力。高水平的"科技自立自强"也在我们的战略视野中凸显出来，成为高质量经济发展的战略支撑。

然而，企业如何在新的征程中依靠创新实现成长？如何实现创新？如何能够从创新中获益？创新是通过"不走寻常路"的勇气和"不断试错"的艰辛就能实现的吗？今天，当我们回望中国企业过去40多年的创新历程时发现，我们一直在孜孜不倦地汲取世界科技进步的成果，弥补历史上落下的"功课"。然而，当我们从学习走向创造时，我们还能以学习的精神来实现未来的创造吗？为什么"隐性冠军"企业能够持续不断地创新而有些企业则长期处于"个人很强，组织很弱"的困境中难以成长？是因为缺少资金，还是缺少人才、政策和环境？作者通过走访400多个高新技术企业发现，中国企业最缺乏的是"资源约束条件下，企业家精神驱动的有组织的创新"。尤其重要的是，中国企业还远没有实现"有组织的创新"。作者试图在创新研究的基础上，沿着如何实现有组织的创新的逻辑主线撰写本教材，为企业有序建立创新体系提供参考。本书沿着如下思路展开：

第一部分，包括第1、2章内容，介绍了技术对经济发展的影响，以及企业创新战略的类型，解决"为什么要创新"和"应该如何创新"的问题。第1章解释了经济是技术的表达的观点，总结了中国改革开放以来企业创新发展的历程和重要特征。第2章介绍了创新战略的类型，解释了如何才算实现"科技自立自强"的问题。

第二部分，包括第3、4章内容，介绍了创新的本质过程及技术系统的进化规律。尽管很多企业都意识到创新组织体系和生态的重要性，但是对究竟应该建立什么样的创新体系和生态却莫衷一是。创新组织的建立必须符合创新本质规律的要求。因此，作者首先根据对企业的观察和研究，重新界定了技术创新的本质过程，并指出技术创新的本质是对现象（效应）与目的重新链接的过程。在这些内容的基础上，我们确立了评价创新体系和创新生态的4个标准：①有利于对目的深入理解;②有利于技术模块的积累;③有利于链接的专业化;④有利于迭代解决次生性问题。在介绍创新过程的基础上,第4章讲述了TRIZ(萃智)理论中关于技术系统进化的内容。

第三部分,包括第5~10章内容,介绍了有组织的创新的5个进阶层次,建立了从基于个人到基于生态的各个层次的创新体系的路径图。作者根据对创新体系升级路径的研究,将企业创新体系的层次划分成5个等级:基于个体的创新、基于部门的创新、基于协作的创新、基于平台的创新和基于生态的创新。每个层次的创新体系都有自己的目标,也有自身无法克服的缺陷,只有通过恰当的路径才能升级。

(1)基于个体的创新。这个层次的创新体系试图让每个个体具备较高的创造力。要实现个体创造力的提升,需要理解个体创造力的内涵、过程和来源,尤其需要注意的是系统创新方法。因此,本教材除了介绍创造力的研究成果之外,还介绍了TRIZ创新方法。具备专业知识和系统创新方法,让每个技术人员更有可能成为创造高手。然而,基于个体的创新也有自己难以逾越的困难:难以突破"个人很强,组织很弱"的困境。

(2)基于部门的创新。要想打破"个人很强,组织很弱"的困局,企业需要通过隐性知识显性化,将企业的资源载体从个人转移到组织层面。每个专业部门都通过集体的精心设计建立最佳实践、流程、工作标准、规程和专有工具,建立能够持续迭代更新的方法、流程和标准,为组织层面的知识积累和更新奠定坚实的基础。然而,为了让集体的精心设计更容易开展,企业经常需要细化分工。而细化分工在提高专业化的同时,也会提高跨部门协调的困难,造成"各管一段"的协作难题。

(3)基于协作的创新。为了突破"各管一段"的难题,企业需要重新设计创新项目的组织形式,通过建立矩阵结构,尤其是重型项目矩阵来加强协作。尽管基于协作的创新体系能够有效地解决跨专业协作的困难,但是难以突破创新项目之间资源共享问题,从而造成创新深度不够、核心技术难以沉淀、重复开发的问题。很多企业尽管开发了很多新产品,但还是存在"有产品、没技术""重复开发""频繁攻关"等众多难题。

(4)基于平台的创新。为了实现跨项目的资源共享、解决产品开发与技术开发同步发展的问题,企业需要通过模块化和归一化处理实现平台化创新体系建设,需要将技术开发从产品开发中分离出来、将市场开发从销售工作中分离出来。在此基础上,形成市场线、产品线、技术线协同发展的平台支撑体系。基于平台的体系需要协调市场组合、产品组合、平台技术等众多创新项目,需要耗费大量的管理成本来维持激励和监督的有效性,也会造成深度技术探索与技术应用难以在企业内部实现有效的平衡。因此,企业需要突破"单打独斗"的创新体系,以生态体系来实现技术探索与技术应用的平衡。

(5)基于生态的创新。基于生态的创新体系突破了"单打独斗"的创新格局，以根技术为基础建立开放共赢的创新生态，以创新生态的整体繁荣来推动中心企业的创新发展。中心企业聚焦根技术的探索，而成员企业则利用平台企业的根技术和开发平台来实现自身产品创新。

第四部分，介绍了双元创新与颠覆式创新的内容。尽管依靠体系进行创新有很大的优势，但是这种方式也存在缺陷，组织体系难免形成"成功陷阱"和组织惯性。因此，创新组织如何克服组织惯性，在利用当前技术的同时能够探索新技术，这是双元创新理论关心的核心问题。另外，颠覆式创新理论作为双元创新理论的重要形式，也是众多技术性创业企业需要学习的理论。作者不仅介绍了颠覆式创新的基本过程，还延伸了颠覆式创新理论，提出了基于价值创新的对称战略。这些内容体现在第11和第12章中。

第五部分，介绍了从创新中获益需要解决的三个核心问题。这三个问题是合法性问题、创新扩散问题和收益保护问题。创新实践中存在一个悖论：创新性越高，越难以被市场接受。越是创新，越容易挑战当前的市场制度、标准、价值判断和客户的认知。因此，创新获益经常面临"万事开头难"的尴尬境地。同时，尽管有些创新能够实现市场化，但是经常局限在当地市场或者细分市场而难以扩散。另外，即使新产品克服了合法性问题和扩散障碍获得了大量收益，创新者也有可能并不是最大的受益者。为了从创新中获益，企业需要提高收益攫取能力和技术保护能力。这些内容体现在第13~15章中。

第六部分，介绍了创新的主体和企业家精神的作用。为什么有些企业会持续不断创新，而有些企业则从来没有采取行动？又是什么推动企业不断地升级创新体系？第16章试图回答这些问题，介绍了企业家精神与创新文化。

创新是走向光明的"黑胡同"，期望本书能举"萤火之光"，为创新照亮前程！

魏泽龙
2024年1月

目录

第1章 技术与经济发展 ……………………………………………… (001)
开篇案例：大科学装置值得投入么？……………………………… (001)
1.1 经济发展 …………………………………………………… (002)
1.2 产业与经济发展 …………………………………………… (005)
1.3 技术与产业 ………………………………………………… (007)
1.4 研发投入与产业创新 ……………………………………… (009)
1.5 改革开放以来不同阶段的企业创新特点 ………………… (010)

第2章 创新战略 …………………………………………………… (017)
开篇案例：突破"卡脖子"技术的企业为什么难以获益？……… (017)
2.1 领先战略与跟随战略 ……………………………………… (018)
2.2 创新对象与技术创新战略 ………………………………… (020)

第3章 技术及创新的本质过程 …………………………………… (026)
开篇案例：科研成果谁来转化？ ………………………………… (026)
3.1 技术的三个要素 …………………………………………… (028)
3.2 技术创新的本质过程 ……………………………………… (033)
3.3 创新体系的建设标准 ……………………………………… (037)

第4章 技术曲线与技术系统的进化 ……………………………… (040)
开篇案例：技术系统演化的内生动力是什么？ ………………… (040)
4.1 技术进步的S形曲线 ……………………………………… (042)
4.2 技术系统进化法则 ………………………………………… (044)

第5章 个体创造力 ………………………………………………… (054)
开篇案例：从李约瑟难题到钱学森之问 ………………………… (054)

5.1 个体创造力的内涵与特征 ………………………………………… (057)
5.2 个体创造过程 ……………………………………………………… (058)
5.3 个体创造力的来源 ………………………………………………… (061)

第 6 章　TRIZ 创新方法 ……………………………………………… (065)

开篇案例：从爱迪生到阿奇舒勒 ………………………………………… (065)
6.1 偶然性创新方法与系统性创新方法 ……………………………… (067)
6.2 TRIZ 创新思想及方法体系 ………………………………………… (073)

第 7 章　个体创新到组织创新 ……………………………………… (082)

开篇案例："老字号"为何难以长大？ …………………………………… (082)
7.1 隐性知识与显性知识 ……………………………………………… (083)
7.2 知识转换的四种模式 ……………………………………………… (084)
7.3 组织知识创造过程的五个阶段 …………………………………… (086)
7.4 知识创造的组织特性 ……………………………………………… (087)
7.5 知识创造过程的"承上启下"管理过程 …………………………… (088)

第 8 章　创新项目管理 ……………………………………………… (090)

开篇案例：技术明星的迷茫——技术到管理的转折性革命 ………… (090)
8.1 创新项目、类型与目标 …………………………………………… (092)
8.2 门径管理 …………………………………………………………… (095)
8.3 敏捷开发 …………………………………………………………… (099)
8.4 创新项目的组织形式 ……………………………………………… (105)

第 9 章　多项目管理与创新平台 …………………………………… (110)

开篇案例：从项目到平台 ………………………………………………… (110)
9.1 多创新项目管理的困难 …………………………………………… (112)
9.2 集成产品开发体系 ………………………………………………… (113)
9.3 技术平台与新产品开发 …………………………………………… (115)
9.4 市场需求与销售分离 ……………………………………………… (119)

第 10 章　开放创新与企业创新生态系统 ………………………… (121)

开篇案例：ARM 的生态之路 …………………………………………… (121)
10.1 开放创新 ………………………………………………………… (122)
10.2 创新生态系统 …………………………………………………… (125)

第 11 章 双元创新 ·· (131)

开篇案例:持续创新就能基业常青吗? ······························· (131)
11.1 双元创新及维度 ·· (132)
11.2 双元创新悖论 ·· (134)
11.3 双元创新的组织形式 ·· (135)

第 12 章 颠覆式创新 ·· (139)

开篇案例:农夫山泉有点甜 ·· (139)
12.1 颠覆式创新及其特点 ·· (139)
12.2 颠覆式创新的过程 ·· (141)
12.3 能力不对称与价值创新 ·· (143)
12.4 价值曲线的动态性 ·· (146)

第 13 章 创新合法性管理 ·· (149)

开篇案例:创新者心中的"魔法"与顾客心中的"魔鬼" ··········· (149)
13.1 合法性与创新收益 ·· (150)
13.2 合法性的异质性 ·· (152)
13.3 合法性构建策略 ·· (153)
13.4 合法性的维持战略 ·· (154)
13.5 合法性的修复战略 ·· (154)

第 14 章 创新扩散与成长 ·· (157)

开篇案例:好产品如何有好销路? ·· (157)
14.1 创新采纳者 ·· (158)
14.2 采纳决策的过程 ·· (161)
14.3 创新的认知属性 ·· (163)

第 15 章 创新收益保护 ·· (166)

开篇案例:在专利战火中成长 ·· (166)
15.1 跟随企业的模仿 ·· (167)
15.2 独占机制与技术保护策略 ·· (168)
15.3 互补性资产 ·· (168)
15.4 持续创新 ·· (169)

第16章 企业家精神与创新文化 (172)

  开篇案例：如何培养优秀的企业家？ (172)
  16.1 企业家与企业家精神 (172)
  16.2 创新文化的三个要素 (174)

第 1 章 技术与经济发展

大科学装置值得投入么?

2022年7月13—15日,"大科学装置前沿研究"专题讨论会在北京香山召开,会议聚焦大科学装置建设与应用,并对此展开了广泛讨论。除了备受关注的FAST(500米口径球面射电望远镜)之外,会议还讨论了粒子物理、核物理、强磁场、先进光源、中子源及交叉学科等大科学装置的相关问题。《中华人民共和国国民经济和社会发展第十四个五年规划和2035年远景目标纲要》提出:"支持北京、上海、粤港澳大湾区形成国际科技创新中心,建设北京怀柔、上海张江、大湾区、安徽合肥综合性国家科学中心,支持有条件的地方建设区域科技创新中心。强化国家自主创新示范区、高新技术产业开发区、经济技术开发区等创新功能。适度超前布局国家重大科技基础设施,提高共享水平和使用效率。集约化建设自然科技资源库、国家野外科学观测研究站(网)和科学大数据中心。加强高端科研仪器设备研发制造。构建国家科研论文和科技信息高端交流平台。"《中华人民共和国国民经济和社会发展第十四个五年规划和2035年远景目标纲要》提出建设4类国家重大科技基础设施,如表1-1所示。

表1-1 国家重大科技基础设施

类型	基础设施名称
战略导向型	建设空间环境地基监测网、高精度地基授时系统、大型低速风洞、海底科学观测网、空间环境地面模拟装置、聚变堆主机关键系统综合研究设施等
应用支撑型	建设高能同步辐射光源、高效低碳燃气轮机试验装置、超重力离心模拟与试验装置、加速器驱动嬗变研究装置、未来网络试验设施等
前瞻引领型	建设硬X射线自由电子激光装置、高海拔宇宙线观测站、综合极端条件实验装置、极深地下极低辐射本底前沿物理实验设施、精密重力测量研究设施、强流重离子加速器装置等
民生改善型	建设转化医学研究设施、多模态跨尺度生物医学成像设施、模式动物表型与遗传研究设施、地震科学实验场、地球系统数值模拟器等

欧盟在《里斯本条约》、"第六框架计划"等发展战略指导下,建设大量大科学装置。英国在2001年发布第一个《大科学装置战略路线图》。中国自1986年开始,不断加大大科学装置建设,截至2023年2月,我国在建和运行的大科学装置总量达57个,部分设施综合水平迈入全球"第一方阵";根据规划,"十四五"期间,我国拟新建20个左右的大科学装置,我国大科学装置建设迎来了实现历史性跨越的快速发展期。

然而,大科学装置建设由于耗资巨大也备受争议。例如,FAST 项目(见图 1-1),建在贵州的崇山峻岭之间,于 2011 年 3 月 25 日动工,2016 年 9 月 25 日主体完工,2020 年通过国家验收并正式运行,耗资近 12 个亿。很多大科学工程装置开工耗资动辄上百亿。尽管大科学装置是基础研究的重要支撑,但很多人经常提出质疑,认为没必要为了好奇心而浪费社会资源。

图 1-1　中国大科学装置建设——FAST 项目

思考问题:基础科学研究是否应该投入?耗资巨大的大科学装置真的有必要建设吗?

1.1　经济发展

纵观整个人类社会发展的历史,经济发展与价值观体系的变迁是社会发展的两条主线。价值观体系为经济发展指明了方向,经济发展也不断改变着我们对事物的价值判断,经济发展是整个人类社会发展的重要支撑。生产、交换、分配等经济活动的最终目的是为人类社会的发展谋福祉。各类美食的背后是整个餐饮产业、农副食品加工业、农业、畜牧业和生物育种产业;温馨的居住环境背后是房地产、勘察设计、建筑施工、水泥、建材、钢铁、施工机械、装修、家具、家电、银行、信贷、劳务外包等众多产业努力的结果;当我们驾车走在最美乡村的公路上,背后是汽车、电子信息、通信、基础设施建设、交通服务、稀有金属和采矿等产业。同时,对美丽衣衫的渴望不断拉动服装产业发展,对色彩的追求不断催生显示产业的升级,对自身素质提升的追求也让教育培训产业蓬勃发展。众多产业与基础的经济活动相互交织,经济活动总是追逐着人们的需求不断演进,需求的细分也催生产业走向分化。经济活动最根本的动力来源于社会需求,其本质上是人类为了满足自身需要而发展出来的资源转化系统。人类总是通过经济系统、利用自然资源和其他生物资源来满足自身的需求。因此,理解经济活动的动力和价值需要理解社会需求及其发展规律。

最早对社会需求进行描述的是马斯洛的需求层次理论。该理论认为人的需求包括生理需求、安全需求、社交(归属)需求、尊重需求、自我实现需求。生理需求是指维持生命需要的饮食、睡眠、呼吸、水等要素的需求。安全需求是对健康、人身安全、家庭安全、资产安全、工作保障等安全因素的需要。社交(归属)需求是对归属感,与别人建立友情、爱情、亲情的关系性需要。尊重需求包括对被别人尊重、成就、被关注、获得自尊和别人肯定的需要。自我实现需求则包括提升自我价值、激发自我潜能、实现独特理想的需要。更重要的是,马斯洛需求层次理论认为，社会需求是逐级提升的，当低一级的需求没有得到满足之前，更高一级的需求并不是十分重要；而当低一级的需求得到充分满足之后，更高一级需求的重要性会上升。

尽管马斯洛需求层次理论对社会需求进行了深刻描述，但该理论并未解释需求产生的原因。从需求来源来看，需求可以分为绝对需求和相对需求。

绝对需求根源于生物性需求，是独立个体以积极的心态获得生存而产生的需求。绝对需求包括马斯洛需求理论中提到的生理需求、安全需求和维持积极心态的精神需求。绝对需求具有均等性，这些需求不因人的社会差异而发生变化。绝对需求的满足源于个人占有生活所需产品和服务的质量和数量。例如，达到平均生活水平需要的住房需求、医疗需求、饮食需求、交通需求等，这类需求的满足依赖于经济系统提高供给来满足。

相对需求源于个体对社会差异的追求，主要通过社会比较来实现。这类需求的满足经常以牺牲相对弱势个体的心理满足感为代价。例如，消费者追求奢侈品的心理满足来源于对奢侈品的稀缺性占有，而不仅仅是功能质量。相互比较是很多人获得心理满足感的根本来源。然而，相对需求的满足无法完全依靠经济系统的发展来实现。从其特点来看，相对需求满足的来源往往具有社会的零和特征，一个主体的满意总是以另一个主体的不满意为代价。因此，相对需求的满足通常只能通过调整价值观体系，或者增加社会个体比较维度、提高标准多样性来实现。因此，与绝对需求相比，相对需求的满足无法通过经济系统来实现。从全社会需求来看，绝对需求的满足必须通过经济系统来实现，而相对需求则依赖价值观体系来实现。

经济系统的目标是通过不断增加产品与服务供给来满足社会绝对需求。经济增长一直是经济学关注的重要问题。经济增长的直接表现形式是产品与服务总量的增加，经常用国内生产总值（GDP）来衡量。根据国家统计局统计数据，截至 2021 年，中国 GDP 总量及人均 GDP 在过去 20 年间持续增长，2020 年，我国 GDP 现价总量达到 101.3567 万亿元，人均 7.18 万元。从产业结构来看，第一产业增长不大，第二产业和第三产业增长迅速。从 2012 年开始，第三产业的占比已经超过第二产业。2020 年，第三产业的占比达到 54.53%。从平均指标来看，2020 年我国人均占有 474.45 公斤粮食、4.19 公斤棉花、25.42 公斤油料、85.14 公斤糖、2 公斤茶叶、203.33 公斤水果、37.38 公斤猪牛羊肉、46.38 公斤水产、2.77 吨煤炭、32.54 米布、5512.76 千瓦时的电力。相比改革开放之前，我国人均占有的生活必需品数量急剧增加，生活得到极大改善，最低绝对需求得到广泛满足，基本消除绝对贫困。如果以经济总量作为发展目标，经济增长可以通过扩大需求、投资与扩大再生产、技术进步三条路径来实现。

1.1.1　扩大需求

需求包括国内需求和国际需求。国内需求的提高依赖国内居民减少储蓄、增加消费。国内需求的增长潜力受到人口数量、人口结构、消费结构、消费意愿、收入等因素的影响。从人口数量来看，2020 年我国人口 14.12 亿，其中城镇居民占比 63.89%，60 岁及以上人口 2.64 亿，65 岁及以上人口 1.91 亿，15~59 岁人口 8.94 亿。人口结构方面，城镇人口消费能力往往高于农村人口，年轻人更多是生活消费，而老年人更多是医疗消费。消费意愿也对需求增长有很大影响。消费与储蓄的平衡是很多顾客决策的核心问题。有的人偏向于储蓄，保障生活安全性，而有的人则会成为"月光族"，挣多少花多少。在众多因素中，人口数量是最根本的变量，因为每个人都有吃、穿、住、行、用的刚性需求。由于需求总量直接与人口数量相关，因此各个城市为了推动经济增长，都试图通过各种手段聚集人口。2022 年中国统计年报显示，全年社会消费品零售总额439733亿元,全年最终消费支出拉动国内生产总值增长1.0个百分点。

国际需求的增加则依靠扩大贸易额来实现。自2001年我国加入世界贸易组织以来,出口额增速提高,带动国内经济持续增长。目前我国主要出口地区是北美、欧盟和亚洲各国。由于不确定性因素和去全球化趋势的影响,国际需求增长受阻。然而,以开放共赢为基础的国际化分工一直是资源全球最优化配置的重要途径。国际需求的增速虽然放缓,但仍然是需求增长的重要来源。例如,国家统计局数据显示,2022年全年货物进出口总额418011.6亿元,货物和服务净出口拉动国内生产总值增长0.5个百分点。

1.1.2 投资与扩大再生产

除了内需和国际贸易,投资也是经济增长的重要动力。改革开放以来,我国比较依赖资源型经济增长方式。根据国家统计局数据,2020年能源消费总量是49.8亿吨标准煤,其中制造业消耗超过50%;从能源结构来看,煤炭占56.9%,石油占18.8%,天然气占8.4%,水电、核电、风能、太阳能等占15.9%。房地产和基础设施建设是拉动经济发展的重要引擎。然而,随着消费升级和技术水平的提高,新基建成为投资的重要内容。国家统计局2022年数据显示,全年全社会固定资产投资542365.74亿元,其中全年房地产开发投资128074.57亿元,占23.61%;第二产业固定资产(不含农户)投资额168171亿元,占31.01%。固定资产投资会拉动设计、建设、设备、工业、服务业等相关产业的持续增长,对经济增长有很强的促进作用。为了进一步提高经济发展质量,中国不断增加新基建投资,对高铁、轨道交通、5G基站、特高压、新能源充电桩、大数据中心、人工智能、工业互联网等领域进行重点投资。

1.1.3 技术进步

经济增长依赖于对资源的利用。然而,长期来看,资源的总体存量是有限的。利用资源产出更多的产品或服务才能实现社会深层次发展。例如,农业发展依赖的土地、水源、生物资源,工业发展依赖的铁矿、煤、石油、天然气、稀有金属等很多自然资源都难以再生。如果经济增长建立在自然资源的消耗上,这种增长往往难以持续。因此,经济增长必须建立在技术升级的基础上,高水平的经济增长往往体现的是高水平的资源投入产出比,而投入产出比反映在技术水平上。因此,技术水平的提高是经济发展的根本动力。

提高投入产出比是技术经济学派的核心主张。熊彼特的经济发展理论认为,经济增长不仅需要扩大再生产,也需要企业家以"创造性的破坏"打破经济均衡,实现对经济要素的重新组合。相比其他经济增长理论,创新学派的发展相对较晚。早期的经济学家更加关注均衡经济学,而创新学派的主张是通过创新打破均衡,从而推动经济发展。如果没有企业家对生产要素的重新组合,经济系统会持续重复扩展而没有质的提升。这种创造性的组合之所以经常是破坏式的,是因为重复的经济系统往往形成惯性,只有通过革命而非改良才能实现经济系统的重塑。内生经济增长理论的代表性学者保罗·罗默(Paul Romer)将技术创新纳入长期宏观经济分析,并发现知识才是经济长期增长的根本动力。由于知识具有共享性和非排他性,研发投入产生的知识存在报酬递增效应,打破了固定资产投资规模递减的规律,从而展示了知识对经济长期增长的重要作用。

首先,技术是生产活动能够开展的前提和社会发展的根本途径。任何生产活动都需要将资源转换为产品或服务,而这个过程中无一例外都需要技术来实现。由于资源是有限的,经济是否能够持续增长不仅看资源存量能否支持,还需要考虑资源利用效率是否得到提高。提高资源的投入产出比能够让同样的资源获得更高的产出,而提高投入产出比最根本的途径是提高各个环节的技术水平。因此,技术是资源能够转化为产品和服务的基础,也是实现需求升级的根本途径。一切社会组织最终都必须建立有利于技术进步的机制,否则难以获得持续的竞争优势。

其次,技术进步是企业超额利润的重要来源。经济学家熊彼特曾经认为,企业如果想获得超额利润,必须创造新材料、新工艺、新产品、新市场、新组织来重新组合资源。在充分竞争市场上,每个企业都只能实现弥补社会必要劳动时间的利润,无法实现超额利润。为了实现超额利润,企业必须通过创新改变投入产出比。为了实现创新,企业需要新的资本,而资本是有利息成本的。因此,企业家必须通过创新实现超过利息+平均利润的超额利润。诺贝尔经济学奖得主索洛也发现技术进步是经济增长最根本的动力,他的增长理论认为长期经济增长主要依靠技术进步,而不是依靠资本和劳动力的投入,并提出适度垄断的市场会促使技术进步,从而推动经济发展。

我们可以用专利申请量,以及单位资本、土地、劳动力、能源对GDP的边际贡献来衡量一个经济系统的技术水平。根据中国统计局统计数据,截至2022年底,国内有效发明专利335.1万件。世界银行统计数据显示,中国单位资本的投入对GDP的贡献相比美国、欧盟、日本仍然存在差距,但中国却是世界上资本效率提高最快的国家。同时,单位劳动力、土地、能源的GDP产出的边际贡献也显著提升。这说明中国经济在实现增长的同时,也同时实现了技术水平的提升。

为了推动社会进步,我国需要在R&D(研究与开发)和教育方面进行大量投入。根据中国第七次人口普查数据,2020年文盲率已经从1964年的33.58%下降到2.67%;大专以上毕业的人数,已经占到总人口的15.47%。美国受过大学教育的人口比例接近40%;印度受过大学教育的人口则只占到7.4%。在R&D投入方面,中国2021年R&D投入占GDP的2.43%,已经超过英国。以色列是世界各国中R&D投入占比最高的国家,占到GDP的5.4%,以色列也因此成为世界高端技术的重要输出国。

1.2 产业与经济发展

经济系统为整个社会的个体需要和组织需要提供产品或服务。在漫长的经济发展过程中,经济系统逐渐分化为不同层级的细分产业。每个细分产业满足吃、穿、住、行、用各类细分需求。很多行业报告中将行业划分为餐饮业、房地产业、交通运输业、通信行业、IT行业、医药行业等。按照产业门类,统计部门经常把产业划分为第一产业(农业)、第二产业(工业和建筑业)、第三产业(服务业)。

产业组织理论认为,产业是国家竞争力的根源。产业的兴衰直接影响地区经济和国家经济的成败。例如,英国依靠蒸汽机带动的纺织业和航海成为"日不落帝国",美国依靠互联网产业和汽车产业成为二战以后高速发展的国家。为了更好地发展经济,每个地区经常需要制定产业规划,在认真分析产业链和产业网络的基础上进行选择和定位,围绕定位形成产业集群,从而推动地区经济发展。

1.2.1 产业链、产业网络与产业生态

以往研究用产业链、产业网络与产业生态来描述产业。产业链是从初始原材料到半成品、产成品及服务的完整链条。例如,中药产业包括中药种植、中药炮制、中药销售、中药制剂等产业链环节。然而,各个产业环节一般很少是链条式的,而是多个链条形成的产业网络。例如,中药炮制环节还会涉及炮制工具、炮制设备生产等其他配套环节形成的网络。如果进一步扩大,整个中药产业的发展除了企业,还包括政府、银行、消费者、医生构成的相互影响的多个主体。产业生态是围绕产业价值创造形成的相互影响的产业组织形式。产业生态由产业链上下游企业、互补资源提供方、用户、政府、金融机构等主体构成。产业生态内的各个主体之间存在直接或间接的相互影响,这种影响可能存在很强的超模互补性。超模互补性是指 A 主体的发展会产生让 B 企业的发展更快或者更慢的效应。例如,新能源汽车产业生态中,充电桩数量的增多会促进新能源汽车的销售。充电桩企业与新能源汽车生产企业之间可能并没有直接的合作关系,但是两者的发展相互促进。

1.2.2 产业定位与集群

产业定位本质上是选择占据哪些产业位置的决策。产业集群是描述同类产业环节的地理性聚集现象。企业、政府部门经常需要根据内外部条件决定引入的产业环节。随着产业分工细化和地理性的扩展,产业链环节也在全球范围内进行了重新分工。不同地区根据自身要素条件选择集中发展某些产业链环节,在全球各个地方形成了不同的地理性专业集群。集群往往包括同类企业、零部件供应商、互补产品供应商、基础服务商、政府部门、智库、标准委员会、协会、高校等主体。

波特在《国家竞争优势》中提出了产业聚集的钻石模型(见图 1-2),强调国家的竞争优势最终落脚在产业竞争优势上。产业集群作为组织产业布局的重要方式,能够有效提高产业优势,集群内的企业能够相互配合形成 1+1>2 的互补效应。产业中各个企业的战略、结构和竞争,以及生产要素、需求条件共同影响着整个产业的集群优势。政府可以通过政策引导产业发展机会、聚集生产要素、生成需求条件、支持相关产业的发展,也能引导同业竞争和企业的发展战略,从而塑造优势产业。

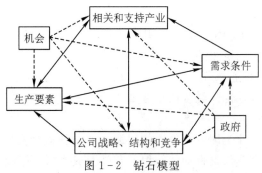

图 1-2 钻石模型

产业集群之所以对经济发展有很大的促进作用,是由于产业集群比分散的企业群更有优势。

第一,集群能够提高生产效率。首先,地理性集群能够让企业更容易获得员工和供应商。

由于同类企业在同一地区聚集，同类人才和供应商更容易通过共享和溢出来降低各个企业搜寻资源的成本。其次，集群内企业更容易获得专业化的信息，从而能够按照产业分工长期聚焦一个领域，在获得专业发展的同时也能够为配套企业提供更有效的支持。再次，集群能够创造互补效应。这种互补效应来源于共同满足客户能力的提高、营销资源的共享、生产制造资源的共享等。然后，集群能够更好地获取制度资源和公共资源。最后，集群提高了企业发展的动力。由于大量的企业聚集在一起，企业之间对彼此信息更加熟悉，更容易形成同类企业相互比较的压力，当地化竞争促使各企业努力提高经营效率。

第二，集群能够有效地促进创新与创业。首先，集群内的企业更容易接触到客户的最新需求和最新科技。很多重要的信息可以通过员工之间的非正式关系进行传播，这促进了企业的市场学习和技术学习，从而加快了创新。其次，集群大大提高了创新合作的机会，降低了创新成本，提高了创新柔性，更容易促使企业共同合作来满足客户需求。最后，集群有利于推动创业活动。集群吸引了创业需要的客户、资金、互补性资源、政策等多个要素，更有利于降低创业活动过程中资源搜寻的成本。

然而，集群的这些优势能否实现，取决于集群的结构特征。产业集群可以划分为合作中心型集群和专业竞争型集群。合作中心型集群通常是围绕龙头企业形成的集群。在这类集群中，中心企业与配套企业是集群的主要构成主体。地理上的聚集能够让中心企业降低成本，提高沟通效率和合作效率。很多地区通过"总部经济"，引入龙头企业，从而带动整个地区的经济发展。例如，西安引进三星电子，三星的供应商也将相继落户西安，成为推动西安经济发展的重要力量；合肥市政府通过发展显示面板制造企业，吸引了基板玻璃和显示应用企业落户，形成了显示产业聚集区域。

专业竞争型集群更多的是以同类企业为主。例如，温州小商品、亳州中药批发、临沂商品批发、佛山家具产业等都是著名的产业集群。在国际背景下，很少有国家能够全部完成所有的产业环节，大多数产业是在全球范围内分工协作，形成了全球范围内的产业集群。

1.3 技术与产业

整个经济体系的运行依靠产业的健康发展，而产业发展的质量和规模最终不仅取决于产业发展需要的资源，更取决于是否具备产业发展需要的技术基础。行业是基于技术路线形成的由多个主体组成的网络。由于企业为客户提供的完整解决方案需要的技术相当复杂，故其经常按照技术链条进行分工，每个企业占据技术链条上1个或多个位置。例如，汽车是由座椅、发动机、车桥、变速箱、电子、玻璃等诸多技术环节构成的。汽车行业背后是由铁矿、炼钢、铸件、零部件、整车、销售、售后等形成的产业链，这个产业链的背后是冶炼技术、金属加工技术、自动化技术、电子信息技术、发动机技术、总成技术、变速箱技术、生产装配技术构成的技术网络。产业链能否建立，取决于是否掌握产业链对应环节的技术和技术转化成产业所需要的资源。技术链的完备性直接决定了产业链的完备性。鉴于技术的重要性，各个国家对核心技术都采取了严格的保护措施。

很多国家和地区之所以不具备完整的产业链，主要是因为缺乏背后的核心技术。缺乏核心技术导致产业发展出现短板，从而经常导致经济增长的外流。目前中国仍然存在诸多产业链环节无法自主的现象，如《科技日报》曾经对中国目前面临的35项"卡脖子"技术进行了详细报道，包括光刻机、芯片、操作系统、航空发动机短舱、触觉传感器、真空蒸镀机、手机射频器件、iCLIP技术（一种新兴的实验技术，是研究新药的最关键的技术之一）、重型燃气轮机、激光雷达、适航标准、高端电容电阻、核心工业软件、氧化铟锡（ITO）靶材、核心算法、航空钢材、铣刀、高端轴承钢、高压柱塞泵、航空设计软件、光刻胶、高压共轨系统、透射式电镜、掘进机主轴承、微球、水下连接器、燃料电池关键材料、高端焊接电源、锂电池隔膜、医学影像设备元器件、超精密抛光工艺、环氧树脂、高强度不锈钢、数据库管理系统、扫描电镜等。这些技术的缺失导致中国在相关产业环节没有产品供给，中国市场的需求被国外公司满足，造成大量经济增长外流，并对中国的产业安全造成了威胁。

阿瑟在《技术的本质》中指出，经济是技术的表达。尽管经济发展依靠资本、劳动力、土地、技术、数据等要素，但技术要素在经济发展中具有核心地位。从逻辑上来看，土地、资本和劳动力本身不具备价值属性，是技术赋予了资本、劳动力和土地真正的价值。当我们掌握了农耕技术，土地才成为我们财富的来源。当现代化的生产技术需要更多的劳动力，劳动力才真正找到发挥作用的沃土。只有在简单生产中，资本、劳动力和土地等资源要素才会凸显。在技术供给稀缺的高科技行业，资源就会变成技术的配角。在风险投资行业，技术好的项目往往备受关注，成为众多资本争抢的对象。一般而言，往往是技术创业者挑选投资者而不是投资者挑选创业项目。

企业作为技术网络的节点，其竞争优势最终取决于所处技术节点的核心性。产业组织理论提出，产业链中有些节点具有很强的位置优势，而有些节点却没有持续盈利能力。产业组织理论根据五力模型对每个产业链位置进行评估，从而识别出关键位置。基于资源的理论则进一步指出，企业能否占据较好的产业链位置，关键取决于能否掌控有价值、稀缺、难以模仿、难以替代的核心资源。这些核心资源可能是技术、资本、品牌、位置、市场渠道、制造资源等各类资源。然而，在高技术产业中，核心技术经常是产业位置优势的根本支撑。

国家和地区的经济发展依靠产业，而产业的发展依靠底层的技术体系。然而，技术体系是不断革新的，当技术体系转向全新的技术路线，依赖原有技术体系建立起来的产业体系会逐渐走向没落。因此，地区经济的持续发展需要平衡既定产业与新产业之间的双元关系。现有产业体系的应用性扩展与全新产业的探索之间的平衡经常成为制约创新增长的根本原因。例如，我国东北地区由于未能在原有产业周期结束之后重塑新的产业发展路径而增长乏力，很多资源型经济区域在创新转型阶段面对不断增长的经济压力，对未来发展方向充满疑惑；从历史上来看，英国依靠纺织和航海行业成为"日不落帝国"，却由于未能及时找到新的产业路径而逐渐落后于美国。

原有产业与新产业难以平衡的根本原因在于区域创新体系缺乏双元创新能力，未能实现应用性区域创新与探索性区域创新的有效平衡。应用性区域创新是指围绕现有产业进行的延续性创新，这些创新活动由于目标明确、创新可预测性强、回报稳定、周期短等优点而吸引了更多的创新资源。而探索性创新活动往往技术成熟度低、不确定性程度高、投资回收期长，因而难以得到足够的创新资源。例如，尽管各地鼓励战略新兴产业的发展，但是适合这些产业发展的区域创新系统经常与现有区域创新系统不能很好兼容，从而制约了这些产业的快速发展。在战略性新兴产业中，反而是扩展速度快、投资较少的互联网、人工智能和大数据产业得到了更多的资源支持，这对研发周期长的核心技术产生了一定程度的挤出效应。因此，平衡现有产业升级与新产业塑造是实现区域经济持续增长的重要任务。

1.4 研发投入与产业创新

新产业的塑造首先需要研发出新技术,研发是新技术产生的直接来源。任何一个国家的经济发展都必须解决新技术来源的问题。新技术要么来源于技术转移,要么来源于自主研发。中共中央总书记习近平在《高举中国特色社会主义伟大旗帜 为全面建设社会主义现代化国家而团结奋斗——在中国共产党第二十次全国代表大会上的报告》中提出,实现高水平科技自立自强,进入创新型国家前列。2023年2月21日,中共中央总书记习近平在中共中央政治局第三次集体学习时强调,加强基础研究,是实现高水平科技自立自强的迫切要求,是建设世界科技强国的必由之路。任何一个国家,只靠外部的技术输入很难有经济发展的主动权。研发投入,尤其是对基础研究的持续投入是创造新技术、塑造新产业的根本路径。为了提高研发投入的效能,需要注意研发投入强度、研发投入结构和研发主体的作用。

1.4.1 研发投入强度

研发活动与其他活动一样,都需要持续的资金、人员、时间、设备的投入才能获得成功。足够的研发投入是保障研发活动的基础。我们经常采用研发投入占GDP的比例来评价国家研发投入的强度,用研发投入占企业销售收入的比例来评价企业的研发强度。中国国家统计局数据显示,2021年中国的研发投入为2.80万亿元,占GDP的2.43%。世界上研发强度最高的国家是以色列,其研发强度为5.44%,韩国为4.82%,瑞典为3.52%,美国为3.45%,日本为3.26%,澳大利亚为3.2%,德国为3.14%,欧盟为2.32%,俄罗斯为1.098%。世界银行采用单位资本的GDP产出来衡量经济发展。相关数据显示,研发强度与单位资本的GDP产出呈现出显著的强相关关系(见图1-3)。

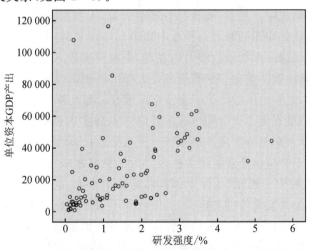

图1-3 2021年世界各国研发强度与单位资本GDP产出的关系

1.4.2 研发投入的结构与效能

研发投入的结构是指不同研发活动投入的相对比例。研发投入一般区分为基础研发、应用性研发和试验发展研发三类。基础研发活动致力于发现最基本的现象和效应,具有很强的公共性;应用性研发面向具体问题,以如何应用技术解决问题为研发目标;试验发展类的研发活动主要通过技术改造,对现有的材料、试验设备、工艺流程进行改进性的研发活动。中国2021年的基础研究投入为1817亿元,占全社会研发投入的6.50%,仍然需要进一步提高。最新研究发现,基础研发对提高创新质量的作用更强。除研发投入结构之外,研发投入的效能也是研发管理中关心的核心问题。研发投入的效能是指研发投入产出研发结果的能力。中共中央总书记习近平在《高举中国特色社会主义伟大旗帜 为全面建设社会主义现代化国家而团结奋斗——在中国共产党第二十次全国代表大会上的报告》中提出,加快实施创新驱动发展战略。提升科技投入效能,深化财政科技经费分配使用机制改革,激发创新活力。

1.4.3　研发投入的主体

研发效能的提高需要改变研发体制机制来实现,那究竟由国家公共机构还是市场主体来进行研发?经济学家认为,研发投入应该由公共机构来进行,如高校、科研院所。一些经济学家经常将R&D投入当成公共产品,理由是R&D产生的知识转移成本很低,很容易被学到,相比于R&D投入而言,学习成本太低。由于研发产出是公共品,故企业可以直接获得其他企业或者高校R&D产生的知识,而不需要自己进行研发投入。这种属性导致研发活动的大量投资无法得到收益补偿。作为市场主体,研发的巨大投入难以获得收益,导致市场主体没有动力进行研发投入。最终将导致没有市场主体开展研发活动,生产系统的技术水平就会维持不变,经济增长将依靠规模化复制现有技术系统来实现。这种低水平的复制造成资源的不充分利用,也导致经济发展无法持续。

科恩等引入吸收能力的观点,重新改变经济学对研发投入的看法。如果仅仅看研发投入创造知识的直接效应,很多企业不会愿意投入研发活动而倾向于模仿,公共研发投入甚至会对企业研发投入存在挤出效应。然而,吸收能力理论认为,研发投入还有另外一个作用,就是提高了企业吸收和利用外部知识的能力。行业中知识外溢现象越明显,越需要企业进行研发投入来吸收这些外溢的知识。根据吸收能力的观点,企业研发投入的差异最终会导致不同的吸收能力,从而带来创新绩效的差异。尽管研发投入产出的知识存在溢出效应,但是如果别的企业并不具备吸收能力,这些溢出的知识不会被全部吸收。与此同时,研发投入让企业更容易识别有价值的外部知识,更有能力整合利用这些外部知识来实现创新突破。知识越是复杂的行业,越需要提高研发投入来充分利用外部知识。更重要的是,从吸收能力理论来看,高校、研究所的公共研发投入并不会挤出企业的研发投入。为了更好地吸收公共技术,企业也需要通过研发投入来提高吸收能力。因此,从国家创新体系分工来看,高校和企业都是研发投入的主体。高校更应该侧重公共品属性的基础研究,而企业不仅需要在私有属性的技术和产品方面加大投入,也需要进一步向有深度的基础研究方向进行必要的研发投入。尽管企业进行基础研究的投入有限,这些投入不一定能带来直接产出,但是能够帮助企业更容易吸收和利用高校研发出的公共技术。

1.5　改革开放以来不同阶段的企业创新特点

熊彼特的经济理论、内生增长理论都指出,创新是经济发展的核心动力。在资源有限的条件下，创新成为实现可持续发展的必然选择和国家创新战略的核心内容。党的二十大报告指出："必须坚持科技是第一生产力、人才是第一资源、创新是第一动力，深入实施科教兴国战略、人才强国战略、创新驱动发展战略，开辟发展新领域新赛道，不断塑造发展新动能新优势。"企业作为市场驱动型创新的主体，一直是国家创新体系中的核心力量。自1978年改革开放以来，中国企业的创新升级已经历经40多年，每个阶段都呈现出不同的特征。

1. 1978—1988年：努力学习，克服短缺

在第一个阶段，整个中国最明显的特征就是短缺，由于当时所有产品都极度缺乏，加快基本生活用品的生产成为经济发展的关键任务。然而，当时中国企业对管理（如产品质量）的重视程度不够。针对这种情况，原国家经委专门对国外的18种管理方法进行推广，希望企业通过努力学习国外的先进管理方法，改进管理，提高效率，克服短缺。在此情况下，中国企业开始学习国外的企业管理方法，其中学习日本的管理方法最多，管理创新开始走进企业思考的范畴。例如，长春一汽学习日本的"看板管理"方法，对生产管理进行了明显的改进。在学习管理方法的同时，国家开始要求企业重视质量，以提高产品质量为基本创新目标，将产品按质量区分为合格品、一等品、优良品。然而，由于当时供不应求，许多企业仍然以扩大产量为主要工作，对产品质量并不重视，许多企业的产品质量无法达标。当时一些具有长远眼光的企业负责人敏锐地感到提高产品质量的重要性，下大气力提高产品质量。轰动一时的张瑞敏砸冰箱事件就是该时期的典型事件。当时的海尔通过引进德国冰箱生产技术，所生产的冰箱在市场上供不应求。为了加快生产，质量工作被忽视，导致一些产品的质量不合格。按照当时的情况，即使产品有些问题，市场也愿意接受。但是，当时的厂长张瑞敏坚持质量为先。为教育员工，张瑞敏专门对不合格冰箱进行现场砸毁，展示了当时企业家努力提高质量的决心和质量为本的远见卓识。

这一时期的经济体制主要是计划经济。在"铁饭碗""铁工资"的束缚下，众多企业亏损严重。1984年，以马胜利为代表的企业家以自荐的形式，提出承包石家庄造纸厂。这种管理创新被政府接纳，并逐渐推广，成为中国企业向现代公司迈进的重要尝试。例如，汪海通过买断式承包激发了员工的积极性和工作效率，成为青岛双星发展的重要动力。承包制的推广让众多企业重新焕发活力。然而，由于承包制仍然未能改变所有者缺位的根本问题，国有企业被承包后出现了资产利用短期化等诸多问题，这进一步触发了向所有权层面深入改革的思考。

这一阶段国家层面更多关注的是通过改革开放改变产业结构不协调的问题，并努力通过激发市场活力、优化产业结构来克服当时供给短缺的困难，国家推出的系列政策对促进企业的创新产生了持续作用。1979年，国务院政府工作报告提出搞好国民经济的"调整、改革、整顿、提高"八字方针。1980年正式设立深圳、珠海、汕头和厦门4个经济特区，探索市场经济的发展经验。1981年进行扩大企业自主权试点工作，正式提出多种经济形式和经营方式可以长期并存，加快了推进市场主体成熟的步伐。1982年中共中央正式肯定了包产到户，并正式提出要建设中国特色的社会主义。1984年中国进一步开放14个沿海城市，并提出兴办经济技术开发区，进一步激发国内经济活力。1985年中共中央发布《关于科学技术体制改革的决定》，提出经济建设必须依靠科学技术的观点，将依靠科技推动经济发展纳入思考范畴。1986年制定的"七五"计划第一次在国家层面提到"产业政策"，提出了产业结构调整的方向。同年，国家制定了《高技术研究发展计划纲要》，并正式设立"863"计划，持续推动中国科技的迅速发展。同年，国务院还提出国有企业可以采用租赁、承包经营、股份制改革等多种方式提高活力。

1988年国务院决定扩大沿海经济开放区，新划入沿海经济开放区的有140个市、县，并重新修改宪法，确定了私营经济的合法定位，为私营经济的后期发展奠定了坚实的制度基础。在改革开放和市场化改革的鼓励下，企业按照国家的指示来实践新的管理方法。国家放权让利和承包制的做法鼓励企业加快生产与供给，通过模仿创新和渐进创新的方式对生产效率进行改进。然而，承包制自身的不足带来了严重的短期行为。更重要的是，承包期限较短而创新需要的时间很长，这种不匹配导致企业创新权力和动力不足，创新也并未成为企业的核心战略。

在学术研究方面，这一时期中国几乎没有自己的理论研究，主要是介绍国外的创新方法和理论，基本是对国外研究的全盘复制。同时，主要载体也是影印本的书籍，没有专门的学术期刊。这一时期，最典型的两本书是1980年出版的《国外经济管理名著丛书》和1985年出版的《管理现代化》，它们对国外创新理论、方法和实践的介绍，让中国企业和学者接触到了全新理念，激发了推进创新研究和改革的动力。

2. 1989—1998年：引进消化，完善提高

在这个阶段，国家经济发展的主导战略是出口。企业充分利用我国要素资源成本低的优势，通过引进和消化国外技术来实现工艺创新，快速形成规模，不断扩大出口。企业的市场化导向进一步增强，开始关注如何通过创新提高效率和降低成本（价格）。张瑞敏和柳传志是当时具有代表性的企业家。张瑞敏率先提出服务市场的理念，并以"市场链"为纽带创造性地开展了业务流程再造，使海尔成为国内流程再造的标杆学习企业。柳传志带领联想在电脑关税下降带来的市场竞争中脱颖而出，使联想成为中国国内市场销量第一的企业，联想也成为蓝色科技海洋中依靠贸、工、技发展模式的代表。与此同时，许多国有企业也感到以往体制无法适应市场需求，必须进行改革和创新。邯钢就是一个典型代表。为了提高企业的市场竞争力，邯钢努力降低成本，在企业内部模拟市场运行，形成了以成本否决为核心的集约经营模式，创造了"邯钢模式"。这一模式试图通过模拟市场给内部增加动力，让企业成为市场的主体，加快了制度创新的步伐，成为国有企业以市场为基准进行决策的重要实践。这个时期，市场导向的创新开始受到重视，生产规模不断扩大，市场上经常出现价格战。

为了不断提升产品品质和产业技术水平，国家开始关注高新技术。鼓励高新技术企业发展的一系列措施正式拉开了我国高新技术发展的序幕，这对我国高新技术发展产生了巨大的推动作用，为中国经济的创新转型奠定了坚实的基础。1991年，国务院发布《关于批准国家高新技术产业开发区和有关政策规定的通知》，授权国家科委组织开展国家高新技术产业开发区内国家高新技术企业认定工作，并配套制定了财政、税收、金融、贸易等一系列优惠政策。高新技术企业纷纷设立，正式开启了高新技术发展的快车道。1992年国务院颁布《国家中长期科学技术发展纲领》，1993年正式设立"211工程"，我国国家创新体系更加完善。在高新技术企业发展的初始阶段，技术创新主要还是以引进生产线为主，企业对前沿技术的消化吸收能力和再创新能力不足，基础条件保障也不足。1995年，《中共中央 国务院关于加速科学技术进步的决定》强调，必须在学习、引进国外先进技术的同时，提高国家的自主研究开发能力。1997年，我国推出国家重点基础研究发展计划（"973计划"）。在实体产业加快创新的同时，互联网产业悄然萌发。1997年网易成立，1998年网易推出免费邮箱业务。1998年张朝阳正式成立搜狐，也给中国带来了风险投资。也是1998年，腾讯成立，企鹅头像成为中国人熟知的互联网标志。美国人率先开放的互联网技术成为中国BAT（百度、阿里巴巴、腾讯）巨头成长的基石，让互联网成为中国这个人口大国独树一帜的产业。互联网与数字创新成为中国创新的新特

点,为管理创新、商业模式创新、技术创新以及社会服务创新开创了新的路径。

与此同时,我国企业的制度创新加快。特别是1992年南方谈话从根本上解除了把计划经济和市场经济看作属于社会基本制度范畴的思想束缚,为市场经济改革扫除了思想和意识形态上的障碍,我国社会主义市场经济体制确立,成为后续市场化改革的前提。针对国有企业的体制,中国从上到下开始探索按照市场规律发展企业的经验。国家于1993年颁布了《中华人民共和国公司法》,从法律层面对公司的组织和行为进行了规范。朱镕基同志任国务院副总理以后,1994年按照"产权清晰、权责明确、政企分开、管理科学"的要求推动企业改制,特别是国有企业制度创新成为企业创新的重要内容。1996年3月,全国人大通过了《国民经济和社会发展"九五"计划和2010年远景目标纲要》,这是社会主义经济条件下第一个中长期计划,提出实现经济体制要从传统的计划经济体制走向社会主义市场经济体制。同时,在制度层面确定了市场经济体制改革方向,且国务院确定了100家企业作为企业制度建设试点单位。在这种情况下,大量企业开始探索现代企业制度,企业制度创新受到关注。例如,徐工集团、沈阳机床厂、秦川机床等企业通过股份改制成功实现扭亏。这次国有企业所有制层面的改革,为市场导向的制度设计奠定了坚实的基础。国有企业的市场地位凸显,成为市场经济的重要力量和中国特色社会主义市场经济的重要体现形式。制度创新激发了企业生产积极性和创新活力。然而,随着所有制改制的结束,政府和很多学者发现单靠制度创新不能塑造国有企业的国际竞争力,仍然需要在建设现代企业制度的同时加快塑造技术创新竞争力。

伴随技术引进和国有企业改革的深入,创新研究迅速成为整个管理学界关注的焦点。从研究的内容上来看,这一时期创新学术研究开始从零星的探讨转向系统思考。众多研究开始关注技术创新的决策机制、动力机制和能力体系,探究创新策略、技术创新与扩散的关键要素,关注"二次创新"与后发优势,逐渐形成了引进、消化、吸收、再创新的研究范式。在研究方法方面,这一时期的创新研究仍然以概念和思想探讨为主,开始尝试理论分析与数据分析相互印证的实证研究方法。

3. 1999—2008年:加快探索,奋起追赶

1997年亚洲金融危机爆发,并迅速波及东南亚等国家,众多企业的经营出现困难。关键时刻,中国承诺人民币不贬值,阻止了金融危机的进一步蔓延,但同时也给中国出口造成了一定的压力,外销产品转向国内销售,众多国企产品价格持续下降。为了改变这种局面,1998年国有企业实行减员增效,大量员工下岗再就业。与此同时,为了扩大市场范围,在政府的长期努力下,2001年12月11日,中国正式加入世界贸易组织(WTO),中国对外开放进入新的阶段。加入WTO极大地扩展了中国企业的市场空间,凭借低廉的劳动力和完备的制造企业,"中国制造"很快进入全球市场。同时,国内有效的金融制度创新让国有企业创新不断加速,进一步激发了企业的创新活力,成功扭转了经济发展的困局。从经济发展的全局来看,很多行业已经从短缺经济中走出来,甚至在某些行业出现了过剩。在投资、出口和消费的拉动下,经济增长很快进入快车道。伴随市场供给的增加和需求的满足,需求升级加速。在市场需求升级的拉动下,众多企业开始从低端创新走向高端创新。许多企业采取了合资、合作,甚至收购国外先进企业的方式来试图推动本企业创新,实现了快速成长。TCL集团收购法国汤姆逊公司就是一个典型代表。

随着技术能力的提升和对高端技术需求的增长,引进、消化吸收的创新模式逐渐暴露出短板,自主创新不足与缺乏核心技术成为制约中国企业创新升级的主要障碍,自主创新的呼声越

来越高。1999年《中共中央、国务院关于加强技术创新、发展高科技、实现产业化的决定》出台，突出了高新技术产业领域自主创新的重要性。2006年，我国提出了"自主创新，建设创新型国家"的战略目标，并发布了《国家中长期科学和技术发展规划纲要（2006—2020年）》，总结出了"自主创新，重点跨越，支撑发展，引领未来"的指导方针。同时，国家还颁布了《中华人民共和国科学技术普及法》《中华人民共和国专利法》等一系列鼓励自主创新的法律，推出了国家科技创新工程、国家大学科技园、知识创新工程等重大专项计划。这些政策、法律的出台，系统地搭建了国家创新体系的制度基础，为中国企业的创新提供了系统支撑。

在创新政策的引导下，众多民营企业开始探索自主创新。例如，华为、阿里巴巴等企业在创新方面持续投入，依赖创新获得快速增长，成为众多企业创新发展的榜样。1999年，华为正式启动IBM的IPD（集成产品开发）咨询，开始打造自身的创新管理体系，为后期的持续创新奠定了坚实的基础。在众多企业持续关注技术创新和产品创新的同时，互联网产业在2003年全国抗击"非典"的热潮中加速腾飞，抗击"非典"带来的物理距离感加强了大家对互联网的依赖，激发了人们互联网创业的极大热忱。2003年5月淘宝成立，2004年京东正式开展网上业务。这个阶段，技术创新与商业模式创新并举，尤其是以互联网为基础的商业模式创新不断更新，成为经济活动中的新力量。然而，尽管这个阶段众多企业已经开始依靠创新塑造竞争优势，但这些创新仍然难以帮助中国企业获得最核心的技术。众多企业在互联网泡沫中重新思考硬科技的价值，在对互联网的争议中逐渐认识到如何突破核心技术塑造国际竞争力才是最关键的问题。

创新的实际需要促使学术界针对自主创新开展研究。李垣教授在国际上第一次正式定义了自主创新的内涵，并在国际期刊上发表了该成果。后续很多学者开始将自主创新作为研究中国企业创新的重要主题。创新研究开始从内部创新战略、创新组织、外部合作、产业集群和国家创新系统等多个层面探索推动自主创新和原始创新的关键要素。在研究方法方面，这一时期创新研究方法实现与国际接轨，中国创新领域的研究成果开始在国际顶级期刊发表。

4. 2009年至今：加速创新，实现突破

2008年次贷危机爆发，严重影响国内众多制造企业的生存。在应对国际金融危机的反思中，社会各界开始重新审视中国制造和国际创新网络的定位。在批评行业过剩、反思中国经济的创新含量的基础上，经济增长方式开始从数量驱动、要素驱动向质量驱动和创新驱动全面转型。2010年，胡锦涛同志提出加快经济结构调整，加快科技创新。社会各界开始关注核心技术的创新，特别是2017—2018年，核心技术创新已经成为一个全社会关心的焦点问题。2022年党的二十大报告中提出"实现高水平科技自立自强"的目标，坚持创新在我国现代化建设全局中的核心地位成为社会各界的共识。由于产业升级的紧迫性和高端竞争的加剧，企业创新向自主创新发展，企业开始关注内部创新能力体系和外部创新生态的构建。例如，华为作为创新驱动发展的典型代表，在平台创新体系的支撑下超越思科，成为核心路由器市场的领导品牌。

从国家层面看，以往引进、消化、吸收、再创新的追赶模式已经无法支撑可持续发展，为此国家出台了重要政策，推动关键技术和战略新兴产业发展。2010年，《国务院关于加快培育和发展战略性新兴产业的决定》颁布，换道超车成为中国创新的新战略；2012年中共中央、国务院印发《关于深化科技体制改革加快国家创新体系建设的意见》，提出建立企业主导产业技术研发创新的体制机制；同年，国家启动"万人计划"。2015年提出并实施《中国制造2025》，以推

动核心制造技术创新;2015年,李克强同志在政府工作报告中提出"大众创业、万众创新"。习近平总书记提出,"创新是引领发展的第一动力"。2015年,我国发布《促进大数据发展行动纲要》《关于深化体制机制改革加快实施创新驱动发展战略的若干意见》,2016年进一步推出《国家创新驱动发展战略纲要》等重要政策。同时,中美贸易争端让更多的企业重新聚焦关键技术,在对虚拟经济的反思中,重新寻找"硬科技"突破之路。越来越多的企业发现依靠市场导向的创新只能在短时间内赢得竞争,"硬科技"支撑的产业发展才是长久战略。2017年,"硬科技"成为创新领域响亮的号角,同年世界首台单光子量子计算机在中国诞生,我国自主研发的首款C919大型客机首飞成功。为了鼓励关键技术领域的突破创新,我国进一步修改了相关法律和政策,如进一步修正《中华人民共和国专利法》加强知识产权保护力度,修正了《中华人民共和国促进科技成果转化法》;2022年党的二十大报告进一步提出"加快构建新发展格局,着力推动高质量发展"。然而,到目前为止,核心技术掌握不足仍然是中国众多企业的创新难题。众多企业仍然没有实现通过探索性创新塑造全球竞争力,中国处在关键创新驱动发展的转折点上。

这一时期学术界开始从关注创新能力转向关注创新生态、商业模式创新与技术创新的协同、关键技术突破等主题,学者们开始关注开放创新、创新网络、创新生态对企业创新的影响机制。尤其是随着中国互联网产业的迅速增长和大数据、人工智能产业的迅速崛起,数字化创新成为全球学者关注的中国创新现象。

参考文献

[1] SOLOW R M. A contribution to the theory of economic growth[J]. Quarterly Journal of Economics, 1956, 70(1): 65-94.

[2] SOLOW R M. Technical change and the aggregate production function[J]. Review of Economics and Statistics, 1957, 39(3): 312-320.

[3] SOLOW R M. Growth theory and after[J]. American Economic Review, 1988, 78(3): 307-317.

[4] SOLOW R M. Perspectives on growth theory[J]. Journal of Economic Perspectives, 1994, 8(1): 45-54.

[5] SOLOW R M. Applying growth theory across countries[J]. World Bank Economic Review, 2001, 15(2): 283-288.

[6] SOLOW R M. The last 50 years in growth theory and the next 10[J]. Oxford Review of Economic Policy, 2007, 23(1): 3-14.

[7] SOLOW R M. Resources and economic growth[J]. The American Economist, 2016, 61(1): 52-60.

[8] IAMMARINO S, MCCANN P. The structure and evolution of industrial clusters: Transactions, technology and knowledge spillovers[J]. Research Policy, 2006, 35(7): 1018-1036.

[9] CHYI Y L, LAI Y M, LIU W H. Knowledge spillovers and firm performance in the high-technology industrial cluster[J]. Research Policy, 2012, 41(3): 556-564.

[10] MERCEDES D, MICHAEL E P, SCOTT S. Clusters, convergence, and economic performance[J]. Research Policy, 2014, 43(10): 1785-1799.

[11] 王楠. 中国改革开放三十年的技术进步与经济增长:基于TFP的实证研究[J]. 经济研究导刊, 2009(31): 1-2.

[12] 苏志庆, 陈银娥. 知识贸易、技术进步与经济增长[J]. 经济研究, 2014, 49(8): 133-145.

[13] 苏治, 徐淑丹. 中国技术进步与经济增长收敛性测度:基于创新与效率的视角[J]. 中国社会科学, 2015(7): 4-25.

[14] 李垣, 魏泽龙. 中国企业创新40年[J]. 科研管理, 2019, 40(6): 1-8.

[15] 杨俊, 李小明, 黄守军. 大数据、技术进步与经济增长:大数据作为生产要素的一个内生增长理论[J]. 经济研究, 2022, 57(4): 103-119.

[16] 陈本炎, 魏宇, 官雨娴. 产业集群与经济增长:基于西部地区装备制造业集群的实证分析[J]. 工业技术经济, 2014, 33(7): 19-25.

[17] 王炜瀚. 再论波特《国家竞争优势》的谬误:对Howard Davies与Paul Ellis(2000)论文的迟到回应[J]. 管理世界, 2010(10): 167-168.

[18] MICHAEL E P. The contributions of industrial organization to strategic management[J]. Academy of Management Review, 1981, 6(4): 609-620.

[19] MCGAHAN A M, MICHAEL E P. How much does industry matter, really?[J]. Strategic Management Journal, 1997, 18: 15-30.

[20] MICHAEL E P. The competitive advantage of nations[M]. New York: Free Press, 1990.

第 2 章 创新战略

 开篇案例

突破"卡脖子"技术的企业为什么难以获益?

2019年5月16日,美国将华为列入"实体清单",要求美国企业必须经过美国商务部许可,才能向华为提供产品。随之而来的各种限制不断升级,引起了世界的极大关注,也让"卡脖子"技术迅速成为中国各界关注的焦点。《科技日报》更是通过连续报道,列出了35项"卡脖子"技术,这些技术直接影响了人民美好生活向往中的各类产品的供给。"卡脖子"非常形象地描述了这类关键技术的特征,这类技术是我们生产中必需的却没完全掌握的技术。在新型国际环境下,关键技术的突破成为实现中国创新梦想的核心方向。然而,尽管我们坚信突破"卡脖子"技术一定能够帮助中国企业塑造国际创新竞争力,但是,众多突破了"卡脖子"技术的企业并不能获益,甚至深陷"创新获益陷阱"而举步维艰。

如果问我们生活中最离不开什么,估计很多人首推智能手机。手机、笔记本电脑、电视等都成为我们美好生活中不可或缺的产品。如果由于"卡脖子"技术的制裁和限制而不能使用这些产品,这是我们很难接受的。华为事件让很多人认识到芯片在手机中的核心地位。然而,除了芯片,玻璃基板也是被长期"卡脖子"的技术,在2008年之前,中国没有企业可以生产。2008年,R公司与X光电两家公司终于突破了该技术。

R公司是我国显示器件领域中最具竞争力的企业之一。公司成立于1992年7月,1996年5月在上海证券交易所上市。公司作为中国显示器件行业的一支重要力量,多年来致力于显示器件的生产、销售与研发,在电子信息产业重要产品技术领域创造了多个"中国第一"。公司拥有玻璃基板国家实验室,具备高世代玻璃基板研究开发、实验验证、设计仿真及工程试验的能力,形成了关键技术自主研发科学平台。

R公司液晶玻璃基板生产水平已达全球一流,是中国第一家、全球第五家拥有该生产技术和生产能力的企业。公司原主营业务为彩色显像管的生产、销售。随着液晶平板显示业务的发展,彩管市场急剧萎缩,彩管厂商纷纷转行。2012年11月,公司在消化完全部库存后关闭了彩管生产线。为更好地应对显示器件行业的技术变化,加快推进公司产业转型,公司紧紧抓住国家发展战略性新兴产业的机遇,决定投资建设液晶玻璃基板项目。玻璃基板核心技术掌握在美国康宁、日本板硝子和旭硝子等少数几家外国厂商手中,全球基板的主要供应商为美国的康宁公司。美国康宁公司和日本几家公司占据了市场99%的份额,其余厂商份额不足1%。作为建设"制造强国"的中国而言,面板行业的发展存在受制于外国企业的可能性,也触发了"面板行业的担忧"。

图 2-1 是 2008 年以来 R 公司玻璃基板业务毛利率的情况。公司年报显示,2008 年公司突破该技术,2011 年实现销售。在 2008 年到 2017 年的 10 年里,公司一直在坚持。2020 年,玻璃基板业务的毛利率由于疫情带来的需求增长而大幅提升,然而,净利润的突破仍然十分艰难。

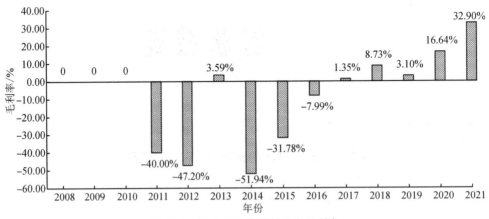

图 2-1　R 公司玻璃基板业务毛利率

R 公司的故事只是很多突破"卡脖子"技术企业的一个缩影,大量突破"卡脖子"技术的企业并没有顺利实现盈利。

思考问题:众多突破关键技术的企业为什么会盈利困难?创新突围的道路到底如何走?

2.1　领先战略与跟随战略

技术创新战略是对技术创新的方向、目标定位以及路径的全局性、整体性的谋划。在过去的 40 多年里,中国企业不断通过引进、消化、吸收、再创新,突破了诸多技术难题。伴随着一系列技术问题的突破,要突破的技术也越来越难。众多突破"卡脖子"技术的企业尽管在创新方面进行了大量投资,努力突破创新瓶颈,但是最终未能获得收益。如何破除创新困局,成为创新战略决策中的重要问题。创新战略可以从多个维度进行划分,从创新内容来看,可以划分为工艺创新与产品创新、突破创新与渐进创新、应用性创新与探索性创新、颠覆性创新与延续性创新等;从战略定位来看,可以划分为领先战略与跟随战略。

领先战略是指为了引领技术发展、市场趋势而进行开创性探索的创新战略。跟随战略是指在模仿和改进领先企业创新成果的基础上进行创新的战略。领先战略和跟随战略作为两类基本的创新战略,具有各自的优势和劣势,企业需要根据自身的资源和能力以及所处的市场环境,制定与自身发展相适应的战略。

2.1.1　领先战略

采用领先战略的企业的定位是成为市场的领导者。采用领先战略的企业经常开展原始创新,往往以最新的材料、工艺、产品性能占据高端市场,实现超额利润。领先战略一般有以下特点:

第一,市场定位方面,采用领先战略的企业往往定位高端市场,率先推出新材料、新工艺和新产品来引领市场的发展。不论是 2B 市场(面向企业的市场)还是 2C 市场(面向消费者的市场)中,高端市场追求品牌价值、优越性能,而对价格不敏感,追捧领先、稀缺、高质高价为特征的产品或服务。高端市场往往客户数量较少,市场容量并不大,但是利润率较高。

第二,技术定位方面,采用领先战略的企业倾向于自主研发最领先的技术,往往不屑于模仿,而是致力于开发能够改变格局的全新产品。这些企业具有很强的前瞻性和创新性,坚持让创新成为战略发展中的核心。由于领先者的技术突破是企业长期技术积累和技术探索的产物,因此采用领先战略的企业能够较早地建立其他企业难以攻破的技术壁垒。他们可以通过申请专利保护等方式,在相当长一段时间内将竞争者挡在市场之外,并且在企业认为必要时,还可以通过技术转让等方式获利。

第三,生产方面,采用领先战略的企业往往更依赖内部生产而不是外部合作,强调通过内部可控的质量体系来保证高质量生产,通过优先积累生产技能和管理方面的经验建立产品质量优势。

采用领先战略的优点在于,企业可以通过塑造先动优势,树立创新者和领导者的品牌,成为高质高价的代表,通过较高的溢价来实现收益。采用领先战略能够帮助企业率先占领市场资源和技术资源,建立良好的市场品牌。例如,隐形冠军企业会致力于开发价格比同行高25%的产品和服务来实现盈利。

企业采用领先战略也存在着不足。首先,企业采用领先战略本身存在着较大风险。由于新产品开发的起点较高,技术方案的可行性存在着较大的不确定性,一旦失败会造成企业巨大的财产损失。同时,这类新产品的市场需求(特别是潜在需求)存在很大的不确定性,顾客可能不愿意为产品买单。因此,企业也承担着较高的市场风险。其次,创新收益可能被跟随者或模仿者攫取。在知识产权制度不完备的情况下,企业创新的成果容易被他人剽窃,特别是在企业缺乏技术商业化所需要的互补资产时,创新收益往往会被掌握关键互补性资产的企业攫取。

采用领先战略的企业一般需要具备以下能力:第一,要有充足的人力、财力和物力资源,能够保证高额的研发投入;第二,要有强大的市场洞察能力,善于捕获和开发潜在的市场机会;第三,要具备领先技术成功商业化所需要的关键互补性资产,各部门之间具有较强的协调性;第四,在组织内要形成激励创新、勇担风险的机制,打造面向长期成功的企业价值观和文化;第五,要具有很强的自有知识产权保护意识和知识产权法律基础。

2.1.2 跟随战略

企业采用跟随战略的目标是在模仿和借鉴领先企业产品的基础上获取创新收益。跟随战略具有以下几个方面特点:

第一,市场定位方面,采用跟随战略的企业往往定位中低端市场,客户往往是追求性价比和低成本的人群(或企业)。在这些市场上,客户往往受到了领先用户的影响才购买新产品。在这些市场上,由于产品的市场接受度和性能已经被领先企业验证,故市场推广风险较小。在这些市场上,客户往往不愿意承担风险,更多的是跟随式购买,他们看重的不是产品更高的性能,而是产品的性价比。

第二,技术来源方面,跟随企业往往在创新方向、技术路线、产品规格方面紧跟领先企业。值得强调的是,跟随不是简单抄袭和模仿。采用跟随战略的企业经常通过情景化改进、增加新功能、改进适应性和可靠性等方式进行模仿创新,这些企业经常通过 80% 的性能与 50% 的价格形成的性价比吸引客户。这种跟随也经常通过与领先企业合资合作、研发联盟等多种形式开展,借助领先企业的技术进行适应性改进来共同开发中低端市场。

第三,生产方面,采用跟随战略的企业往往强调通过扩大生产规模来降低成本。企业强调质量性能与低价格形成的性价比优势,更倾向于投入产能来提高产量,而不是通过研发来提高质量。

采用跟随战略的企业主要通过提高产品的性价比、降低价格或者提高市场进入速度来赢得客户。该类产品已被实践证明具有良好的市场前景,市场风险较小。由于领先企业已经开发了新产品的所有功能模块,采用跟随战略的企业可以显著减少开发费用,缩短开发周期。研究表明,模仿能够让企业的研发成本降低75%。由于采用跟随战略的企业是对领先者产品的模仿和改进,因此企业可以在原有产品的基础上扬长避短,开发出性能、质量和价格更优的新产品,从而提升产品的市场竞争能力。采用跟随战略的企业可以汲取领先者在新产品市场营销策略上的经验和教训,提高策略的有效性,更顺利地将仿制、改进后的新产品推入市场。

但是,企业采用跟随战略也存在着不足。首先,采用跟随战略的企业很难获得较高的溢价。由于目标用户更看重性价比,故这些客户往往不愿意支付较高溢价。另外,同类产品的领先品牌在用户心目中会形成"先入为主"的品牌效应,而改变这种效应就要求本企业拥有更为强劲的营销实力,或者本企业的产品在性能、质量和价格等方面更具优势。例如,中国众多性能可以比肩世界领先品牌的产品也往往难以赢得高端用户,很难获得较高的溢价。其次,跟随企业往往伴随着同行的激烈竞争。采用跟随战略相比领先战略,企业的创新难度更小,往往会有大量的企业跟进,导致竞争激烈,大幅度拉低市场价格。最后,跟随企业会遭遇领先企业的竞争性反应。领先企业往往依靠技术壁垒,塑造垄断竞争地位,通过获取高溢价来创造高利润。例如,康宁公司就曾称其制造玻璃基板的"溢流下拉法"为"印钞术"。由于玻璃基板工艺难度大,故垄断地位让玻璃基板的定价权牢牢掌握在康宁公司手中。康宁公司全球76个高炉就像"印钞机",为康宁公司创造源源不断的利润。当跟随企业突破领先企业的技术壁垒时,占据有利市场地位的领先企业经常对跟随企业发动竞争性降价、市场封锁、知识产权诉讼,让跟随企业难以实现盈利。

采用跟随战略的企业一般需要具备以下能力:第一,要拥有高水平的技术情报搜集能力,能够迅速掌握新产品开发的最新成果信息;第二,要有较强的研发能力,能迅速吸收别人的成果并进行改进;第三,要有较强的生产能力,能快速仿制改进后生产;第四,要有较强的市场推广能力,能够将改进后的产品迅速推入市场。

2.2 创新对象与技术创新战略

根据创新对象的不同,技术创新也可划分为产品创新、材料创新、工艺创新。

2.2.1 产品创新

产品是客户用来实现功能的物理载体。企业经常通过改变产品的技术模块及其结构来实现全新性能与用途,从而创造出全新的产品。因此,产品创新策略可以进一步划分为架构创新和模块创新。

1. 架构创新

产品是各个技术模块通过结构链接起来的。例如,汽车是由发动机、变速箱、车架、车身、车灯、刹车、控制系统等模块构成的。架构创新是指企业通过重新改变模块之间的链接结构从而实现新产品开发的创新策略。值得强调的是,架构创新并不是不改变模块的界面和物理属性,而是保持模块组件的核心不变,依靠对模块链接方式进行精巧的设计而实现创新。很多产品的改变更多的是架构上的改变,企业经常对现有技术模块进行创造性的组合和集成来实现新产品的开发。小米公司是架构创新的典型代表。以小米手机为例,其核心供应商达到了数百家,小米科技负责人表示"没有集成创新,就没有企业的快速发展"。小米手机成功的原因首先在于它解决了这些硬件集成中的技术难题,小米强大的资源整合能力造就了其良好的成本控制水平,使得其能够以较低的成本创造出性能较高的集成式产品。小米手机能获得成功,还在于其拥有良好的顾客需求洞察能力。小米公司通过建立论坛和粉丝群,让用户不断地为产品的创新和改进提供意见,使其发现了更多集成创新的机会。正是依靠强大的集成创新能力,自第一代手机发布以来,小米手机一直深受顾客的认可和喜爱,在 2023 年全球智能手机市场,小米以 1.459 亿台的出货量排名第三,仅次于苹果和三星。

2. 模块创新

与架构创新不同,模块创新策略强调更新产品模块来实现新产品开发。模块创新策略旨在改变组件的核心原理而保留产品的结构体系。模块创新不是对原有组件的重新集成,而是创造全新的技术模块。如果改变的是核心功能模块,那么模块创新会带来产品革命。例如,新能源汽车改变的是能源模块,直接导致全新汽车的出现。相比于架构创新而言,模块创新需要更精深的专业知识,往往能够带来改变格局的新产品。模块创新经常也会改变产品架构。例如,新能源汽车更换了能源模块的同时,也不再需要变速箱和其他部件,带来了整车的结构性改变。

2.2.2 材料创新

产品优良的性能不仅取决于模块质量、结构设计,还受到材料的影响。材料创新是指研发或采用全新材料制造产品的创新过程。例如,传统的菜刀是钢的,而有的公司将其换成陶瓷,制成陶瓷刀具。再如,如意集团通过研发纺纱技术,创造出具有世界水平的"如意坊",实现了精纺产品的突破。材料是构成产品的物质基础,材料的性能在很大程度上能够直接影响产品的质量。比如,新型电池材料决定着新能源汽车的续航能力和快充时效,高性能高铁材料关系着高速铁路的质量和安全。而很多技术领域之所以难以突破,往往是由于材料性能达不到要求。

例如,日本 Komatsu Seiren 公司(小松精练株式会社)创建了一种名为 CABKOMA 链杆的全新热塑性碳纤维,使用编绳技术将七根覆盖有玻璃纤维的碳纤维线拧成一股,使用树脂浸渍,可使其形成钢丝状。这种产品最大的特点是轻、牢、不生锈,其重量只有钢的五分之一,强度却约是钢的十倍,具备了坚牢且柔韧的特点。在地震频繁的日本,如今正在逐步推广使用 CABKOMA 作为抗震加固材料。再如,来自斯德哥尔摩的皇家理工学院(KTH)的一组研究人员研发了一种透明木头。这种材料通过化学的方式将光植入木材,木材内部的多渗水孔基质被这种透明聚合物浸染,从而使表面变得非常透亮,这种透明木头可以直接让光照程度提升几个数量级。由于木头里面的细胞结构仍然会反弹一部分光,所以光不会直射入人眼,使人看东西的时候会更加舒服。还如,磷光水泥是一种添加磷光材料的水泥混合物,磷光元素在白天吸收阳光,晚上照亮人行道甚至是汽车道路,可能让道路无须任何人工能源而自我照明。特殊磷光水泥制造就像普通水泥一样,磷光材料不会改变最终产品的结构。这种新型智能材料大部分应用于建筑市场,还可用于无法导入电力的空间,或者其他任何想要照明或标记的位置。

2.2.3 工艺创新

好的产品性能和质量与生产工艺有密切联系。尤其是在非集成性行业中,工艺水平直接决定了产品的质量和性能。例如,玻璃并不是由各个零部件集合而成的,而是非集成性产品。玻璃生产工艺直接决定了玻璃的品质。因此,企业经常需要研发新工艺来实现产品性能的提高。工艺创新是指企业研发产品生产过程的创新活动。

产品工艺不仅决定了产品的品质,还会直接影响产品的生产成本和生产速度。对很多新产品而言,从实验室开发到批量生产仍需要大量的工艺路线设计工作,对整个工艺流程缺陷的识别与改进是决定产品质量的重中之重。如果批量生产的工艺流程不合格或者不完善,就会造成产品质量不达标或者制造成本居高不下等问题。例如,在医药生物技术领域,我国的上游基础研究仅比国际先进水平落后3~5年,但是下游工艺水平却至少相差15年。

例如,Uniform Wares(统一洁具)是于2009年创立的一家腕表制造商,最近该公司为其最新 Preci DriveM-Line 系列产品设计并开发了一款独特的增材制造编织表带。Uniform Wares 原本采用的是传统网纹表带,后来伦敦金属3D打印公司 Betatype 向 Uniform Wares 建议通过3D打印技术制作任何纹理或纹路的编织表带,以简化工艺、创新材料。此外,为确保扣接牢固,表带上采用微型齿扣和新型方向扣设计,这只能通过增材制造工艺实现。通过控制激光扫描路径、曝光设置和表带上各个链节的材料微观结构(精确到微米),Betatype 实现了表带的最佳装配性能和机械性能。

Uniform Wares 和 Betatype 利用合作的优势,打造出最适合增材制造工艺的设计,制成比以往任何设计都更加精密、复杂的表带。

再如,浙江镨美科智能刺绣设备有限公司是专业制作、销售刺绣纺织机械的企业,随着机械设备的日益复杂化和智能化,传统的故障诊断技术已无法满足复杂系统的故障诊断要求。公司研发人员在自动化绣花机故障诊断试验中,使用千眼狼X113高速摄像机对高速运行的设备进行视频采集。高速摄像机进行每秒数千帧的拍摄采集,可清晰观察机械挑线杆、压脚、旋梭运行过程中绣花线的运动状态,精确定位故障点产生的时间,还原故障点产生时设备的运动状态,从而改进设备生产工艺。

参考文献

[1] LIEBERMAN M B, MONTGOMERY D B. First-mover advantages[J]. Strategic Management Journal, 1988, 9: 41-58.

[2] KERIN R A, VARADARAJAN P R, PETERSON R A. First-mover advantage: A synthesis, conceptual framework, and research propositions[J]. Journal of Marketing, 1992, 56(4): 33-52.

[3] LIEBERMAN M B, MONTGOMERY D B. First-mover (dis)advantages: Retrospective and link with the resource-based view[J]. Strategic Management Journal, 1998, 19(12): 1111-1125.

[4] SUAREZ F F, LANZOLLA G. The role of environmental dynamics in building a first mover advantage theory[J]. Academy of Management Review, 2007, 32(2): 377-392.

[5] SHORT J C, PAYNE G T. First movers and performance: Timing is everything[J]. Academy of Management Review, 2008, 33(1): 267-269.

[6] MAKADOK R. Can first-mover and early-mover advantages be sustained in an industry with low barriers to entry/imitation? [J]. Strategic Management Journal, 1998, 19(7): 683-696.

[7] CARPENTER G S, NAKAMOTO K. Consumer preference formation and pioneering advantage[J]. Journal of Marketing Research, 1989, 26(3): 285-298.

[8] ROBINSON W T, MIN S. Is the first to market the first to fail? Empirical evidence for industrial goods businesses[J]. Journal of Marketing Research, 2002, 39(1): 120-128.

[9] SCHILLING M A. Technology success and failure in winner-take-all markets: The impact of learning orientation, timing, and network externalities[J]. Academy of Management Journal, 2002, 45(2): 387-398.

[10] FRANCO A M, SARKAR M B, AGARWAL R, et al. Swift and smart: The moderating effects of technological capabilities on the market pioneering-firm survival relationship[J]. Management Science, 2009, 55(11): 1842-1860.

[11] DOBREV S D, GOTSOPOULOS A. Legitimacy vacuum, structural imprinting, and the first mover disadvantage[J]. Academy of Management Journal, 2010, 53(5): 1153-1174.

[12] SUAREZ F F, LANZOLLA G. Considerations for a stronger first mover advantage theory[J]. Academy of Management Review, 2008, 33(1): 269-270.

[13] SHANKAR V, CARPENTER G S, KRISHNAMURTHI L. Late mover advantage: How innovative late entrants outsell pioneers[J]. Journal of Marketing Research, 1998, 35(1): 54-70.

[14] QUERBES A, FRENKEN K. Evolving user needs and late-mover advantage[J]. Strategic Organization, 2017, 15(1): 67-90.

[15] MIN S, KALWANI M U, ROBINSON W T. Market pioneer and early follower survival risks: A contingency analysis of really new versus incrementally new product-markets[J]. Journal of Marketing, 2006, 70(1): 15-33.

[16] BOYD J L, BRESSER R K F. Performance implications of delayed competitive responses: Evidence from the U.S. retail industry[J]. Strategic Management Journal, 2008, 29(10): 1077-1096.

[17] LEE H, SMITH K G, GRIMM C M, et al. Timing, order and durability of new product advantages with imitation[J]. Strategic Management Journal, 2000, 21(1): 23-30.

[18] TEECE D J, PISANO G, SHUEN A. Dynamic capabilities and strategic management [J]. Strategic Management Journal, 1997, 18(7): 509-533.

[19] SABATIER M, CHOLLET B. Is there a first mover advantage in science? Pioneering behavior and scientific production in nanotechnology[J]. Research Policy, 2017, 46(2): 522-533.

[20] DOHA A, PAGELL M, SWINK M, et al. The imitator's dilemma: Why imitators should break out of imitation[J]. Journal of Product Innovation Management, 2018, 35(4): 543-564.

[21] CHANG M H, HARRINGTON J E, Jr. Innovators, imitators, and the evolving architecture of problem-solving networks[J]. Organization Science, 2007, 18(4): 648-666.

[22] SUN J, DEBO L G, KEKRE S, et al. Component-based technology transfer in the presence of potential imitators[J]. Management Science, 2010, 56(3): 536-552.

[23] MASSINI S, LEWIN A Y, GREVE H R. Innovators and imitators: Organizational reference groups and adoption of organizational routines[J]. Research Policy, 2005, 34(10): 1550-1569.

[24] VAN DEN BULTE C, JOSHI Y V. New product diffusion with influentials and imitators[J]. Marketing Science, 2007, 26(3): 400-421.

[25] LUO Y D, TUNG R L. International expansion of emerging market enterprises: A springboard perspective[J]. Journal of International Business Studies, 2007, 38(4): 481-498.

[26] LUO Y D, TUNG R L. A general theory of springboard MNEs[J]. Journal of International Business Studies, 2017, 49(2), 129-152.

[27] 吴晓波,马如飞,毛茜敏. 基于二次创新动态过程的组织学习模式演进:杭氧1996—2008纵向案例研究[J]. 管理世界,2009(2): 152-164.

[28] 吴晓波. 二次创新的周期与企业组织学习模式[J]. 管理世界,1995(3): 168-172.

[29] 吴晓波,倪义芳. 二次创新与我国制造业全球化竞争战略[J]. 科研管理,2001(3):43-52.

[30] LI Y, WEI Z L, LIU Y. Strategic orientations, knowledge acquisition and firm performance:The perspective of the vendor in cross-border outsourcing[J]. Journal of Management Studies, 2010, 47(8): 1457-1482.

[31] DEWAR R D, DUTTON J E. The adoption of radical and incremental innovations:An empirical analysis[J]. Management Science, 1986, 32(11): 1422-1433.

[32] ULRICH K. The role of product architecture in the manufacturing firm[J]. Research Policy, 1995, 24(3): 419-440.

[33] HENDERSON R M, CLARK K B. Architectural innovation: The reconfiguration of existing product technologies and the failure of established firms[J]. Administrative Science Quarterly, 1990, 35(1): 9-30.

[34] PARK W Y, TANGPONG C, RO Y K, et al. The design sourcing choice and technological performance in the upscale and downscale markets of an architectural

innovation[J]. Journal of Operations Management, 2022, 68(3): 218-240.

[35] PARK W Y, TANGPONG C. Performance and survival implications of sourcing choice sequence across an architectural innovation life cycle[J]. Journal of Operations Management, 2021, 67(6): 656-679.

[36] ALBERT D, SIGGELKOW N. Architectural search and innovation[J]. Organization Science, 2021, 33(1): 275-292.

[37] HABIB T, KRISTIANSEN J N, RANA M B, et al. Revisiting the role of modular innovation in technological radicalness and architectural change of products: The case of tesla X and Roomba[J]. Technovation, 2020, 98: 34-50.

[38] HENDERSON R. Innovation in the 21st century: Architectural change, purpose, and the challenges of our time[J]. Management Science, 2020, 67(9): 5479-5488.

[39] PARK W Y, RO Y K, KIM N. Architectural innovation and the emergence of a dominant design: The effects of strategic sourcing on performance[J]. Research Policy, 2018, 47(1): 326-341.

[40] JASPERS F, PRENCIPE A, VAN DEN ENDE J. Organizinginterindustry architectural innovations: Evidence from mobile communication applications[J]. Journal of Product Innovation Management, 2012, 29(3): 419-431.

[41] GALUNIC D C, EISENHARDT K M. Architectural innovation and modular corporate forms[J]. Academy of Management Journal, 2001, 44(6): 1229-1249.

[42] WEI Z L, SUN L L. How to leverage manufacturing digitalization for green process innovation: An information processing perspective[J]. Industrial Management & Data Systems, 2021, 121(5): 1026-1044.

[43] LAGER T. A conceptual framework for platform-based design of non-assembled products[J]. Technovation, 2017, 68: 20-34.

第 3 章
技术及创新的本质过程

开篇案例

科研成果谁来转化?

王伟(化名),男,中国科学院某研究所研究员。20世纪80年代末,王伟大学毕业后被保送到中国科学院某研究所硕博连读,博士毕业后留在该研究所从事科研工作,先后在国内外刊物上发表了30余篇论文。在多年的科研工作中,王伟承担了多项国家级重大科研项目和与企业合作研究课题,在水产动物病害防治、营养与饲料等领域有七项成果达到国际领先或国际先进水平,并获数项省、市科技进步奖,一项专利产品曾获全国发明展览会金奖。王伟的研究领域以应用基础性研究为主。在研究生学习期间,他就常在养殖场工作,有很多接触实践的机会。1998年,他的一项科研成果经鉴定以后,进行了为期四年的产品开发与技术推广活动。在这期间,他与许多水产养殖户和水产企业广泛开展交流与合作,积累了丰富的实践经验。凭借多年的实践经验和丰硕的学术成果,王伟受邀为多家大型水产企业提供技术指导或技术配方,与企业建立了良好的合作关系,也得到了企业和养殖户的广泛好评,在水产行业享有较高的美誉度。

2003年初,王伟突然接到了单位领导的开会通知。很快他了解了本次会议的目的:P公司主动找到研究所领导,希望进行产学研合作,共同建立水产科技企业,同时对方提出的前提条件之一是必须由王伟出任总经理。对于这突如其来的邀请,王伟顿时顾虑重重:尽管与一些企业合作过,但自己并没有真正经营管理过企业,缺乏相应的企业管理经验。经过一番思考,王伟选择了谢绝,理由是自己不具备企业管理方面的能力。面对王伟婉拒的态度,P公司高管早已做好了充分的准备。P公司高管与王伟深度交谈,详细介绍了未来公司的美好愿景,并表达了P公司高管对他的信任,同时表示会派一名副总辅助他进行管理工作,他本人的主要任务就是负责产品研发方面的工作,至于企业管理能力可以通过实践的锻炼逐渐提高。研究所的领导也与王伟进行沟通,认为这是一次科研机构与企业加强交流合作、促进科研人员与企业结合的好机会,鼓励王伟不要有顾虑,积极应对企业管理方面的挑战。

P公司为了激励王伟加入合资公司的工作,向研究所提出了一些建议:合资公司成立后,研究所以技术入股可获得30%的股份,其中一半股份即15%的股份归王伟所有;未来在公司经营期间,王伟所有的关系和待遇等仍保留在研究所不变,可以继续承担国家项目以及指导研究生,课题组工作也保持不变。其实,王伟内心也有创业的志向,只是面对突如其来的机会感到无所适从,尤其是对自己的企业管理能力有所顾虑,因而迟迟难以下定决心。在P公司的热切邀请和研究所领导的大力支持下,王伟在犹豫和冲动的矛盾中接受了邀请。2003年底,P

公司与中科院某研究所合作成立的 M 水产饲料有限公司（以下简称 M 公司）正式挂牌，P 公司以现金投入占有 70% 的股份，研究所以技术、品牌投入占有 30% 的股份。

P 公司履行了当初的承诺，向 M 公司派了一名副总和一名会计。M 公司的其他生产、营销等人员均由王伟招聘，公司经营管理团队也由王伟组建。公司的骨干人员多数是同行企业中的专业人员，均为不到 30 岁的年轻人，他们大多是在王伟从事技术服务时所共事的同事，而且也是慕王伟的名而来。凭借王伟多年的科研经验以及与企业的长期合作，加上创业团队均由专业人员构成，新产品开发工作进展异常顺利。2004 年 3 月，M 公司开始正式投产，饲料产品以安全、有效、环保为特色，借助市场的东风，依托科研的品牌，迅速占领市场，并获得了广大养殖户的认可，销量节节攀升，甚至出现供不应求的局面。

然而，伴随公司快速发展而来的管理事务，令王伟感受到了不同的压力：从企业管理决策，到工商税务，再到员工工作生活问题，各种各样的事务都成了他每天管理工作所必须面对的一部分。2006 年，市场形势急转直下。由于水产行业效益可观，饲料生产厂家骤增，市场竞争也日趋激烈，一些生产企业采取大量赊销的方式引发恶性竞争。在这种形势下，M 公司也不得不同样采取赊销的方式。面对赊销带来的财务风险问题，管理层决定采取一定的限制措施，但直接造成了下半年销量锐减。王伟对公司经营的现状忧心忡忡，他不断向各大股东提出建议，得到的反馈却令他倍感失望：股东均表达了对其工作的认可和支持，而在对 M 公司的监督管理方面，并没有像王伟所期望的那样予以实质性的帮助。最终，2006 年该公司销售收入和利润均出现一定程度的下滑，应收款也大幅增加。这一系列的事件让 M 公司在较短的时间内陷入经营上的窘境，王伟更是觉得身心俱疲。在各种不利的影响事件里，最让王伟担心的是应收款。在持续低迷的市场环境下，一些厂家不断降低饲料价格，继续以大量赊销来进行恶性竞争。在这种形势下，M 公司个别地区的营销人员为了获得更多的年终奖金，采用"赌博式"的销售方式，将产品赊销给无法支付现金的经销商，再由经销商通过赊销的方式销售给养殖户。其中，相当一部分经销商只有十多万元的固定资产，而赊销的业务量则达到百万元甚至更高。当 M 公司在催收货款无果，向法院申请予以强制执行时，经常出现对方无固定资产予以赔付的情况，大量的资金无法及时收回。

2008 年，M 公司的产品质量一度出现下滑，在市场上造成了负面反应。王伟倍感肩上的担子越来越重：研究所的科研任务重、行业持续低迷、市场压力增大、公司的各种问题（如货款回收不及时、呆账坏账增加、应收款过大、产品质量问题等）……这些问题一时间蜂拥而至。在过去两年经营管理中，王伟一直将公司出现的问题归于自己的能力不够，认为是自己没有及早发现问题，没有能够及时采取有效的措施。在工资福利上，他主动要求自己的薪水是中层管理人员的一半。然而，自己的苦心操劳并未带来理想的结果。更重要的是，亲人对他长期的辛劳也表示非常担心。公司建立之初承诺的 15% 的股份一直没有带来真正的回报。与此同时，研究所各位同事正在申报国家的大项目。因此，2009 年初，王伟在公司董事会上郑重地提交了自己在 M 公司的最后一份工作汇报，同时也递交了辞职报告。尽管董事会再三挽留，王伟还是坚决地辞去了总经理职务，仅保留技术总监职务，重新回到研究所从事科研工作。

回到研究所后，王伟与课题组成员主持了两项国家 863 重大课题，获得近千万元的研发经费。王伟对水产行业有多年的深入了解，创业期间与众多客户和同行企业建立了良好的关系。因此，课题组始终把研究需要解决的问题放在重要位置。为了加深对实践问题的理解，课题组安排专人负责与企业联络，每年能承担数项横向研发课题。在承担科研任务的同时，王伟尝试建立了核心技术创新转化平台,依靠技术转让、技术合作、技术入股等形式与企业开展多层次的合作。由于核心技术创新转化平台的广谱性,因此在扩大了与企业合作规模的同时,也降低了研发的成本,进一步提高了研发的效率,科技成果得到迅速推广。

资料来源:本案例节选于中国管理案例共享中心,由中国科学技术大学管理学院黄攸立、王雷和李强撰写。

思考问题:科学家创业过程中存在哪些难以解决的矛盾?

技术是产业发展的基础,也是理解世界的根本视角。我们经常借助新技术的诞生,发现世界让人惊诧的一面。农业技术让我们能够种植桑麻稻菽来满足衣食,建筑技术让人们能够建造房子以"大庇天下寒士俱欢颜",高铁让我们都成了"神行太保",飞机让人类真正实现了"飞上天"的梦想,核技术让人类发现微小质量中蕴含着巨大能量……总之,一系列技术和发明是让我们生活日新月异的根本力量。然而,尽管新技术能够催生新的产业,具有改变世界的巨大力量,但通向新技术的道路却从来都是通向光明的"黑胡同"。多少人在追逐"像鸟一样飞行"的梦想中跌落,多少人在对新技术的执着中落魄,每个新技术背后都是光明与黑暗交织的故事和"吹尽狂沙始到金"的艰辛。

全世界致力于创新研究的学者都试图探索创新的规律,以系统和有组织的手段来减少创新挫折,照亮创新之路。然而,究竟如何创新才能让创新少走弯路?无论是个人、团队、企业还是国家,要想让技术创新少走弯路,必须对技术及创新的规律有深刻理解。要理清创造新技术的规律,首先要回答技术的本质究竟是什么的问题,需要进一步剖析技术的构成,并在理解技术要素的基础上,探索创新的本质过程和规律。

3.1 技术的三个要素

理解技术创新的第一步是要了解技术的核心要素。虽然我们对技术这个名词并不陌生,但是当我们仔细思考技术本质上到底是什么的时候,却经常觉得很模糊。创新实践中,为了更好地分配创新资源,指导和组织创新活动,我们经常需要界定哪些才算新技术,究竟如何才能提高技术的新颖性。不论是个体提高技术创造力,还是对技术创新活动进行合理分工组织,都需要进一步理解技术的内部构成。如果不能拆解出技术的核心要素,我们很难有指导大家开发新技术的先见之明。例如,很多研究发现交叉组合能够带来创新,但是对于要开发新技术的人而言,究竟需要组合什么呢?如何组合?到哪里去交叉?我们需要评价技术的新颖性,但是究竟如何才算新,又新在哪里呢?由于对技术的核心要素缺乏了解,所以很多人甚至经常"倒果为因",误以为影响大或者市场大的技术最新。

如果我们把技术分解,技术包含哪些要素呢?例如,当我们拿起石头打烂核桃的时候,打烂核桃的外壳是我们的目标,而这个过程我们利用了重力效应。不仅如此,有人拿起石头敲击核桃,也有人拿起石头让它自由落体。从整个过程来看,我们是控制和利用了重力效应来打开核桃的外壳。从本质上来看,技术是控制现象或效应实现目的的手段。当我们发现并控制了青霉菌抑制葡萄球菌的现象,实现了伤口消炎;控制电磁效应产生动力,开启了电气革命;控制和利用 U-235 的核裂变反应,带来了核能;控制和利用干细胞来实现自我修复;等等。如果将技术拆解,任何一项技术包括三个要素:目的、现象或效应、链接。

3.1.1 目的

任何技术都有目的。如果我们要开发一项技术，首先要明确的就是要实现的目的。然而，在创新实践中，清晰界定技术开发的目的并不容易。这种难度来源于视角的差异性和目的本身的特征。

1. 用户目标视角与物理视角

在创新过程中，企业经常通过访问、观察以及大数据分析方法来探索客户对产品的需求。然而，很多企业发现这些活动经常不能准确地定义客户的需求。究其原因在于，企业经常采用物理视角，即将目的的物理载体作为调研的焦点，更多地关注技术功能性目的。企业经常直接询问客户对产品需要什么功能、尺寸和其他物理属性的意见。例如，很多公司调研的时候经常问：“您对我们的××产品或服务还有哪些建议？”客户面对这种类型的询问，经常是就现在产品的颜色、尺寸、操作习惯、产品功能实现等情况进行反馈。在整个询问过程中，将话题锚定在了现有的产品和服务上，导致很难对客户的终极目标有更深入的探查。更重要的是，客户往往不够专业，尤其是对高新技术而言，很多客户自身也不知道该如何描述想要的功能。

另外，技术的物理载体本身不具备目的性，如电热效应不具备社会的目的性。电热效应的目的取决于其情景化的用途，站在不同立场上，看到的用途并不相同。对于技术要实现的目的，不同部门的人员经常仁者见仁、智者见智。从销售端来看，客户购买的是实现的功能，而不是物理载体本身。因此，探查技术要实现的目的首先就需要转换观察问题的视角，从产品或服务视角转向用户目标视角。

用户目标视角是指从用户在特定情境下要实现的进步或解决的问题角度分析产品或者服务的功能。企业经常以为知道用户想要什么，但是对市场如何反应却只能靠运气。更多的企业在调研市场时关注的点不是客户试图干什么，而是站在自身角度如何改善产品、增加收益或增加产品的差异，而忽略了用户是否会为这些差异买单的问题。很多公司关注的是顾客特质、产品属性、竞争对手和趋势，对情景关注不够多。

例如，A咨询公司发现，某连锁店为如何增加奶昔销量绞尽脑汁，为了满足更多的潜在奶昔消费者需求，连锁店找来典型用户询问：如何改进能够让大家多买点奶昔？更稠点，还是降价？但是，尽管企业按照客户要求做了，效果依然不明显。A公司的咨询人员采用用户目标视角，跳出产品视角，从任务角度思考，重点分析用户生活中出现了什么任务需要解决，是什么促使他来买奶昔。同时，咨询人员通过18个小时来回答下列问题：客户是什么时候来的？是自己来还是和家人朋友一块来？带走还是在这儿吃？他们发现，很多客户9点左右独自来，只买奶昔，而且买完直接走。咨询人员问客户：如果不买奶昔，买什么可以实现你想做的事？他们发现客户之所以买奶昔是因为：开车时间很长，路上很无聊，奶昔相比香蕉、士力架、面包可以更好地帮他们充饥、打发时间，且又不耽误开车。

用户在不同场景下完成的任务应该是分析的焦点，不同场景的异质性和嵌入性决定了对客户或者对产品特征进行直接平均描述是没有意义的，也不可能让同一款产品适应所有的场景。用户目标视角要求企业界定技术系统目的时，需要识别：①用户在特定情境下要实现的进步；②实现进步遇到的障碍；③用户现在的变通方法；④现有方法的缺陷；⑤克服障碍的潜在方法；⑥方案落地涉及的利益相关者及其动力。

2. 目的本身的隐性程度

很多时候创新需要发现的是隐性需求。隐性需求具有显著的情境化特征，只有在情境中才能够全面地感受到隐性需求的全貌。尤其是与人的感受和操作过程有关的客户需求，往往需要通过体验式和浸入式的调研才能够获得，必须在逻辑的指引下走入客户的工作情境和生活情境中才能够收集到这些信息。

值得注意的是，为了收集更多的信息，很多公司相信大数据的作用，但是这经常带来"相关性陷阱"和"大数据陷阱"。虽然我们可以通过大量数据识别到相同的模式和关联性，但这种关联性和模式如果不能引导我们分析出顾客购买产品背后的因果关系，仍然难以让我们新开发的产品热卖。同时，不能将因果关系和相关关系混为一谈。相关关系是指事物变化之间表现出来的联系。因果关系是指一个事物的变化引起别的事物变化的关系特征。相关关系与因果关系有本质差异。两个事物相关有时候并不是相互影响的结果，而是时空同步导致的。早期的创业研究发现学历低与创业成就有显著的相关关系，越是成功的企业家越是学历低，这本质上反映的是生存型创业的第一代企业家的学历特征，而不是因果关系。

为了更好地利用大数据帮企业发现隐性需求，企业需要注意分析和解释数据之间的因果关系。例如，乐高的数据显示，85%的乐高产品卖给了男孩而只有15%的产品卖给了女孩。根据该数据，乐高的市场总监认为男孩喜欢玩乐高而女孩不喜欢。因此，乐高将市场营销的重点围绕男孩展开。然而，最终发现效果并不明显。继任的市场总监则发现是乐高的设计更吸引男孩而不是女孩不喜欢乐高。数据之所以呈现出这样的结果，是男孩喜欢1个人玩乐高，而女孩喜欢几个人一起玩。因此，企业重新设计了乐高的女孩款，受到了女孩们的追捧。更重要的是，隐性需求往往隐藏在"小数据"中。新的市场动向往往都是低频信号，而不是高频信号。因此，对数据的解读比数据更加重要。

3. 目的的多维性：功能性、社会性、情感性

由于目的不仅涉及以物理载体为中心的功能性目的，还涉及体验性的社会性和情感性目的，因此，如果不采用体验、观察、访谈等方法，很难将目的探测清楚。体验过程中的共情由于很难用数字化的手段来体现，故需要很高的共情技能才能获得。

功能性目标可以从物理载体和用户价值方面进行定义。从物理载体角度，功能性目标是指物理性能上要实现的指标绩效。例如，硬度、刚度、尺寸、耗电量、耐腐蚀性、振动频率等。从用户价值角度，功能性目标是指为客户实现的进步，包括省钱、省时间、降低风险，以及信息链接等。然而，很多技术实现的功能是社会性的，如保健品除了用来补充营养，还能作为礼品帮助用户实现社交功能；灯不仅能够照明，还能用来塑造各种情感色调。工程技术人员往往关注物理功能，而对用户功能、社会功能和情感功能关注不足。站在用户的角度，客户购买的是功能而不是技术本身。例如，洗衣粉的功能是能让衣服变干净。

在不同行业中，几类功能的重要性不同。在面向企业的业务中，物理功能和用户功能往往更加重要。而在消费端的产品创新中，社会功能和情感功能备受关注。例如，小米公司的快速成长更多的不是技术上物理功能的突破，而是对消费者使用体验精心设计的结果，公司更多地关注了用户功能、社会功能和情感功能的设计。

4. 目的的多元性与冲突

目的的社会嵌入性决定了不同利益相关者关注的目的往往差异很大。更重要的是,不同利益相关者的目的经常相互矛盾。例如,共享单车在使用过程中不仅涉及用户,还会涉及环卫工人、社区物业、校园管理者等多个利益相关者主体。尽管企业通过创造"随停随走"的体验极大地方便了用户,然而环卫工人、社区物业和校园管理者却看到的是"随停随走"带来的乱停乱放问题,这与有序管理的目标形成冲突,这种冲突导致很多社区、学校抵制共享单车进入。

由于目的的复杂性,为了更好地定义目的,需要建立情景思维。情景思维是指从客户所在情景出发去定义目的的思维方式。任何功能的实现都需要一个完整的系统。客户的目的需要活动系统来实现,单个要素是无法帮助客户实现目的的。这个特点决定除了目的的社会嵌入性特征之外,技术设计也需要充分考虑技术系统需要的情景要素。

3.1.2 现象或效应

现象或效应是指客观存在的事物特征及其联系模式。例如,热胀冷缩、电的热效应、涡流效应、青霉菌抑制葡萄球菌的现象等。控制现象或效应是我们开发技术的前提。对现象或效应控制得越好,我们越容易开发出稳定的技术。而对现象或效应的控制能力取决于对它们的理解有多深入。例如,荷叶不沾水的现象大家都非常熟悉,如果我们能够利用这一现象,就能开发出很多有用的产品。凡是在水给我们带来苦恼的场景中,我们都可以找到应用的方法。例如,雨伞如果像荷叶一样不沾水我们就不用再撑开晾干,如果衣服不沾水我们甚至不再需要雨伞,如果地板和墙壁不沾水我们就不用担心滑倒,手机和键盘不沾水我们就不用再担心洒落的咖啡。然而,我们仅仅了解荷叶不沾水,还不足以支撑我们利用这个现象,我们需要了解背后的机制和规律。有人拿着一片荷叶放到仪器下面观看,发现荷叶不沾水是因为表层有 6～12 微米的突起,这种凹凸不平的表面和水分子的表面张力才是荷叶不沾水的根本原因。于是,一种新的材料便被制造出来,这种材料被制成涂料、雨伞、衣服等多种产品。因此,只要现象或效应能够被控制,那么我们就可以产生有价值的创新。

现象或效应来源于人类对客观世界的认识,其主要来源包括直接经验和间接发现。在缺乏观察世界的先进工具之前,人类利用自己的眼、耳、鼻、舌去观察、感受世界,并根据对经验的总结归纳,发现了很多现象或效应。例如,石头可以砸开核桃、火能生热、"月晕而风,础润而雨"、刺激穴位能止痛、人参能提神补气等。基于对经验的归纳和反思,人类也建立起了对世界的诸多理论。间接发现是指人类借助工具和研究方法间接发现新现象或新效应的过程。例如,借助显微镜,巴纳德观察到细菌是疾病产生的重要原因;借助理论推理和精确测量,人类发现了原子核、电子、DNA、射线等。目前,科学研究发现几乎都要借助先进的仪器和设备,有些大科学装置成为高精尖科技研究不可缺少的基础设施。

对于技术开发而言,来源是直接经验还是间接发现并不是最重要的,重要的是对现象或效应的精准描述,而对现象或效应的描述依赖的不是工具本身,而是理性思考的准确性。为现象或效应建立准确的理解,往往需要借助世界观和研究过程建立的理论框架。精确的理解帮助我们更好地控制现象或效应来实现目的。当个体或者组织控制的现象或效应越多,对现象或效应的控制越精准,创新能力也就越强。

因此,为了更好地控制和利用现象或效应来提高创新能力,我们不仅要发现新现象或效应,还需要对现象或效应建立理论,并对理论的精度进行不断检验和修正,这个过程被称为科学研究。科学研究是发现和解释新现象或新效应的活动。为了探明新现象或新效应的规律,科学研究首先要解决现象或效应的分离问题,将现象或效应从复杂的世界中分离出来,在控制性实验环境或极化环境中对现象或效应进行研究。此外,科学研究还必须解决对现象或效应的测量问题、新现象或新效应出现的因果关系及可靠性问题,以及控制现象或效应的设备开发问题。

值得注意的是,尽管科学研究强调现象或效应的独立规律,但控制这些现象或效应实现目的却需要很多要素组合成解决方案。例如,弗莱明发现青霉菌抑制葡萄球菌的现象之后,需要重复培养青霉菌,对毒理和病理进行检验并与其他手段结合才能够利用在临床上,这个过程经历了13年时间。值得强调的是,科学研究过程中经常聚焦于新现象或新效应本身。这些新现象或新效应的作用并不是内生的,而是依赖环境而存在的。因此,很多新现象或新效应的作用往往是后验和情景化的。例如,布尔代数始于逻辑推演,而直到软件算法的开发遇到难题时人们才发现了布尔代数发挥作用的恰当情景;核物理既可以开发核电站,也可能用做核弹,其用途取决于社会目的而不是物理属性。

3.1.3 链接

科学研究致力于发现新现象或新效应并建立能够精准描述现象或效应的理论。然而,新现象或新效应的价值并不是内生的。换句话说,新现象或新效应的价值不是自身定义的。例如,核物理只是让我们知道了原子核内部的现象或效应,并不具有任何价值。这些现象或效应的发现要想被控制和利用而达成目的,还需要第三个要素——链接。

图3-1展示了3个利用大气压原理来解决矿山抽水问题而制造的蒸汽机。蒸汽机经常被误解是瓦特的发明。其实,早在瓦特之前,萨弗里就根据蒸汽冷凝带来的负压效应实现了矿山抽水,然而,却由于无法适应矿山深度的变化而无法推广。面对同样的问题,使用同样的原理,纽卡门组合使用了杠杆效应,让矿山抽水问题得到普遍解决。纽卡门蒸汽机也在矿山上成功应用30多年,直到瓦特改进并推出了自己的蒸汽机才退出历史舞台。纽卡门的蒸汽机应用十分广泛,以至于大学中有专门教授纽卡门蒸汽机的课程。瓦特就是在实验室中了解到纽卡门蒸汽机的。在理解了纽卡门蒸汽机能源效率低的主要原因以后,瓦特利用分离冷凝的方式成功改进了纽卡门蒸汽机,从而让蒸汽机成为通用动力来源,掀起了工业革命。

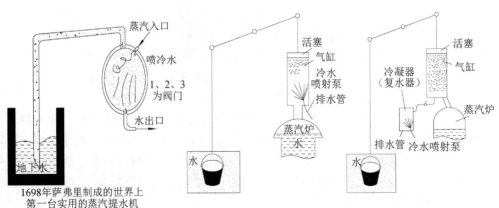

图3-1 蒸汽机的3个原型

值得注意的是，三位发明人要解决的问题和使用的负压效应完全相同，所不同的是利用现象或效应解决问题的装置不同。萨弗里的蒸汽机比较简单，纽卡门则组合了杠杆原理，瓦特则进一步利用了冷凝环节。因此，利用同样的现象或效应来实现目的存在不同的链接方式。对企业层面的技术创新而言，创新的本质过程就是链接。

链接是为了实现目的而设计的现象或效应的组合结构。技术目的的实现往往依赖多个现象或效应构成的系统。为了实现技术创新目标，我们不仅需要明确地界定目的，找到能够实现目的的现象或效应，还需要设计链接两者的组合结构。这个过程需要产生技术方案，并用物理载体实现技术方案。创新过程中包含两种链接：逻辑链接与物理链接。

逻辑链接是指现象或效应的特征与目的之间建立的逻辑联系。逻辑链接经常需要将现象或效应的知识和与目的相关的知识整合，从而产生逻辑思路和概念框架。逻辑链接的常见载体是技术问题的解决方案。建立逻辑链接的效率和质量对创新绩效有显著影响。例如，同时期发现青霉菌抑制葡萄球菌现象的有很多人，而弗莱明马上认识到这个现象可以用来治疗炎症。弗莱明早年从军，他知道战场减员主要是由于感染，而感染的罪魁祸首就是葡萄球菌。由于弗莱明同时了解现象和目的，因此他比别人更容易发现创新机会。相关研究发现，影响世界发展的重要专利中，36.79%来源于高校和研究所，21.76%来源于企业家本人，27.72%来源于公司的工程师，7.62%来源于技工，只有6.11%来源于用户。可以发现，越是深度理解现象或效应，深度理解目的的主体越容易在两者之间建立链接，从而创新能力越强。

物理链接是指现象或效应及其组合实现目的的物理载体之间的结构。目的的实现不仅需要在逻辑上建立可行的方案，还需要将方案转化为恰当的物理载体。物理载体经常是机器、工艺、产品、服务等。物理链接表现为物理载体之间的人际接触、地理接触、物理接触、信息链接、能量链接等。

逻辑链接与物理链接是相互依存的。逻辑链接往往借助理论上的逻辑推理来实现，逻辑链接如果对物理载体的特征缺乏了解，往往只能是逻辑存在，而无法落地实施。这也是很多公司重视研发经验的原因，因为技术高手对领域内的模块有充足的信息，能够提出落地的逻辑链接方案。相反，如果物理链接未能抽象成逻辑链接，也往往难以跳出情景载体，带来创新实验成本过高和不可持续性问题。我们经常见到很多工程师处于"能干不能说"的状态，能够进行物理链接，却很难抽象成逻辑链接，这导致很多链接环节的技术知识往往难以脱离载体而得到传承，这些技术活也往往随着技术高手的离开而随之消失。

3.2 技术创新的本质过程

对于技术创新的过程，以往学者更多地区分为市场拉动过程、技术推动过程、市场与技术耦合过程等。但是，这些过程的描述并没有深入创新的本质过程中。如果我们要实现技术创新，首先需要了解什么样的技术才算新技术。技术的三个要素为我们建立这种指导性的评价奠定了基础。从技术的三个要素来看，我们能看到以下三类新技术：

(1)以新目的为中心的新技术。这类新技术实质上是控制同样的现象或效应来实现新的目的。例如,核能从军事领域转移到能源领域;空调原来主要用在工厂里除湿,后来被推广到家用领域;医药从治疗情景被用到美容领域等。这类创新更多是将原有的现象或效应推广到其他的应用场景,实现新的目的,从而创造新的技术、工艺、产品和服务。

(2)以新现象或效应为中心的新技术。这类新技术往往引入了全新的现象或效应来更好地实现原有的目的。这些新的现象或效应可以来自人类的最新发现,也可以来源于其他技术领域。例如,干细胞医疗更多地依赖干细胞的最新研究;激光打印的诞生得益于将晶体管制造领域的光学微影技术引入打印机领域。

(3)以新链接为中心的新技术。这类新技术改变的不是现象或效应,也不是目的,而是两者之间的逻辑链接和物理链接。例如,瓦特的蒸汽机并没有对纽卡门蒸汽机中的负压效应和杠杆效应进行替换,更多是通过增加冷凝箱来提高整个系统的热工效率。

不论是从目的开始寻找新现象或效应,从现象或效应开始寻找新目的,还是对原有的链接结构进行重新设计,创新最终实现的是重新链接。从社会分工来看,发现现象或效应属于高校和科研院所的工作,而企业的创新更多是利用高校和科研院所发现的现象或效应来实现目的。企业技术创新的核心功能就落在链接上。因此,企业的技术创新是现象或效应与目的的重新链接活动。创新活动是包括定义目的、搜寻新现象或效应、物化原型、解决次生性问题和获取收益五个步骤的循环过程(见图3-2)。

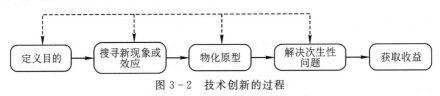

图3-2 技术创新的过程

3.2.1 定义目的

技术是控制现象或效应实现目的的手段。定义目的是创新过程的开始。即使是以现象或效应为中心的创新,也必须从目的的探索和定义开始。现象或效应本身的价值不是由自身决定的,而是由目的决定的。清晰地界定技术创新的目的不仅为现象或效应的搜寻指明了方向,也为管理整个创新过程确定了标准。

目的最终的定义形式包括四个层次,即物理性目的、使用性目的、情感性目的和社会性目的,物理性目的是使用性目的、情感性目的、社会性目的的技术基础。

(1)使用性目的:使用性目的是创新要实现的基本功能。使用性目的的定义往往取决于用户要解决的问题或者要实现的进步具体是什么。对创新而言,我们经常需要根据对用户问题的分析来提炼产品和服务要实现的基本功能。

(2)情感性目的:情感性目的更多地描述用户在使用产品过程中的情感体验和满足的情感需要。技术创新不仅需要实现基本功能,还需要为用户塑造良好的使用体验。很多产品本身就是为了满足情感需要,比如电影、咖啡等。

(3)社会性目的:很多产品和技术的目的是为了实现社会需要,如友情、尊重和社会地位需要等。

(4)物理性目的:物理功能的定义往往用物理性能参数和技术标准来描述。例如,我们家里的灯按照物理参数实现照度、尺寸、颜色等。社会性、情感性、使用性目的都要以物理性目的作为载体(见图 3-3)。物理性目的经常体现在要实现的技术功能上，可以使用元件及元件之间的作用来描述。对物理性目的的定义，经常需要跳出物理载体的参数，抽象到功能层面来描述。例如，火车、飞机、汽车虽然物理形式不同，但都是为了实现人的远距离移动这一功能。

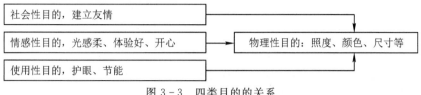

图 3-3　四类目的的关系

定义目的必须首先清楚地回答 8 个关键问题：①用户所在的特定情境是什么？②该情境中有哪些利益相关者？③是为谁创新？④用户要实现的进步及解决的障碍是什么？⑤当前用户的替代方案及优缺点是什么？⑥技术达到的功能性目的、社会性目的及情感性目的是什么？⑦用户的各个目的之间的关系是什么？⑧其他利益相关者对用户目的有哪些要求，这些要求之间的关系是什么？

3.2.2　搜寻新现象或效应

在定义了目的之后，需要根据目的搜寻能够实现目的的现象或效应。在创新实践过程中，同一领域利用的现象或效应具有很大的相似性。围绕现有的技术进行改进是众多企业日常经营的常态，然而，要实现真正的创新往往需要利用全新的现象或效应来塑造新的技术路线，这经常需要企业开展跨领域搜寻。

然而，究竟如何在大量的现象或效应中进行有效搜寻？为了更精准、有效地搜寻，企业需要功能导向的搜寻。功能导向的搜寻是指跳出物理载体性能指标的限制，按照最终功能需要搜寻新现象或新效应的活动。这一点尤其关键，从具体物理情境中抽象出需要的一般功能，会帮助企业更精准地进行大范围搜寻。例如，早期的喷墨打印机主要依靠瞬间加热电热丝让墨水喷出来实现打印，为了提高打印的精细度，各个企业都努力提高喷头密度、降低电热丝的直径，然而这种改进的幅度越来越小，整个行业陷入红海竞争。为了大幅度提高打印精度，企业需要采用新的现象或效应，即换一条技术路线。为此，企业首先需要跳出对电热丝数量、直径、材料特性这些指标的描述，以更高的层次描述喷头的功能。改进材料、直径主要是为了缩小墨点，从最终的显示需要来看，主要是为了显示微小化。按照显示微小化的功能要求，搜寻能够同样实现微小显示的技术领域，相关公司发现晶体管制造领域也在探索微小显示，但是这个功能是通过光学微影技术实现的。相关公司最终将光学微影技术引入打印机领域，从而创造了激光打印机，将显示精度提高 30 多倍，大幅度拉开了竞争差距。

3.2.3　物化原型

物化是指将产生的如何利用现象或效应实现目的的逻辑链接转化为物理链接的过程。这个过程必须找到元件、部件或其他物理载体制作成的工艺、产品、服务。这个过程经常是迭代进行的，很多创新在这个阶段很难找到专门为该创新准备好的专用零件、部件。因此，越是新颖性高的创新，越会面临资源限制。创新者往往只能在现有的资源中去寻找可以暂时替代使用的物理载体,这个过程被称为资源拼凑。拼凑是不得已而为之。由于缺乏专用资源,只好通过转换现有能获得的资源来制作技术工艺、产品或者服务。创造性的拼凑能够抢占创新先机,塑造先动优势,最大限度地降低试错成本。

原型是为了降低试错成本、提高沟通效率而开发出的样品。原型一般只具备最核心的功能,用来验证核心原理是否可行,并根据反馈来对原型以及逻辑链接进行重新修正。原型是所有创新项目开发过程中的重要步骤。在难度小的创新中,很多企业开发的实验原型可能与最终产品差异并不大;而在难度大的创新中,则需要花更多的时间和精力来对原型进行不断迭代修正,利用反馈逐渐逼近最终产品,这个过程被称为迭代创新。迭代创新首先要求开发出原型,并根据客户和实验反馈快速迭代,降低创新的风险,而不是一次性地将所有的产品功能都开发到尽善尽美。

最低可用性产品(minimum viable product, MVP)是企业为了降低学习成本、提高学习效率而开发的简化产品。迭代创新强调,首先要开发出一个最低可用性产品,然后让客户参与创新过程。同时,根据客户的反馈和使用反馈不断改进,而不是一次将产品全部功能开发完再让客户去使用。

3.2.4 解决次生性问题

次生性问题是造成众多创新失败的突出原因。创新的失败可以归为两类问题:元问题和次生性问题。元问题是指创新项目在初始阶段信息不充分或分析能力有限带来的创新障碍。例如,客户需求分析、资源分析、技术分析不充分导致创新过程中遭遇市场障碍、资源浪费、技术返工等。这类问题只要前期工作准备充分,就能够较好地降低创新风险。然而,次生性问题是很多企业容易忽视,造成众多创新失败的重要原因。次生性问题是企业的创新行动触发的反馈性障碍。例如,风电推广过程中触发了电网不稳定性风险而入网困难;化疗和放疗在治疗癌症过程中触发了正常细胞的凋亡且使抵抗力急剧降低。

次生性问题很难采用传统风险管理的思路来消除,其根本特征是后发性和内生性。次生性问题经常是前期活动触发出来的,是前期创新过程催生的。在创新过程没有开始之前,次生性问题还不存在。究竟哪些次生性问题会出现,取决于开始的产品创新的活动内容,其在创新活动之前不容易被识别出来。常见的次生性问题包括技术类次生性问题、市场类次生性问题及组织类次生性问题。

技术类次生性问题是指在创新过程中,采用的技术措施触发的负面技术障碍。例如,以微型发动机为基础制造的汽车速度很快,但是速度快导致颠簸增加、安全问题凸显;喷气式发动机让飞机升空高度大幅提高,但是导致飞机在跨越密度不同的气层时容易出现倒吸现象;保温杯让我们把热水随身携带,但保温让我们在口渴的时候需要等待更长时间。技术的进步总是在不断解决次生性问题的过程中演进的。然而,值得注意的是,解决次生性问题的通常是新企业而不是原创企业。原创企业常对次生性问题缺乏准备,一旦出现需要解决问题的时候已经资源耗尽,让后来的企业捷足先登,让自己的失败变成了别人的成功之母。

市场类次生性问题是指创新活动触发的客户、竞争对手、供应商等市场主体的负面反馈。例如,R公司突破"卡脖子"技术实现玻璃基板的国产化,触发了领先企业的竞争性降价而难以持续盈利。大量实现技术突破的企业,对领先企业的竞争性反应准备不足,导致一旦出现往往措手不及。有些创新活动尽管为客户解决了很重要的问题,但是由于同时触发了客户的焦虑和担心而无法实现销售。

组织类次生性问题是指创新活动触发的社会和内部组织的负面反馈。

次生性问题具有典型的时间滞后性和高风险性。从发生的时间来看,次生性问题一般是企业创新活动开始以后触发出来的,在企业没有开展创新活动之前还不存在。滞后性是导致企业难以事前准备的重要原因。更重要的是,前期的创新活动经常耗费了大量的资源,当次生性问题出现需要进一步投入资源的时候往往后继无力,从而带来连锁反应导致创新失败风险急剧增加。

3.2.5 获取收益

创新最后是为了获取收益。这种收益可以是经济收益,也可以是环境收益或者社会收益。创新研究更多关注经济收益,绿色技术创新更加关注环境收益,而公共领域的技术创新更加关注社会收益。例如,医疗技术、灌溉技术、育种技术等本身创造的不仅是经济收益,还会对整个社会福利及生物多样性产生重要影响。

收益获取遇到的关键障碍包括:市场开发的合法性建立、市场规模扩大遇到的扩散困难、竞争对手的反应、互补性资产及知识产权保护等。这些困难经常让创新难以获得较好的收益。后续章节中会详细介绍这些困难以及创新理论对这些主题的研究结论。

3.3 创新体系的建设标准

清晰地界定技术的三个要素和创新的本质过程,有利于为创新体系的建设建立明确的标准。我们在不同层面讨论创新体系,如企业创新体系、创新生态、产业创新体系、区域创新体系以及国家创新系统等,这些创新体系建设未能达到预期目标的重要原因是创新体系建设的标准并不明确。因此,明确创新体系建设的标准非常关键。按照创新的本质过程,为了有效开展创新活动,理想的创新体系必须满足以下四个标准。

3.3.1 有利于对需求和目的的深刻认识

创新的成功依赖于目标的实现。对产品创新而言,目标的实现经常表现为销售额和利润的提高,而销售额和利润的提高来源于对客户问题的解决和对客户需求的满足。创新本质上是现象或效应与需求重新链接的活动。明确客户需求和创新要解决的问题,提高理解客户的能力,对创新的成功至关重要。因此,好的创新体系必须有利于我们对需求和目的的深刻认识。

组织专门的时间、人员、小组甚至部门对需求的精准理解是创新体系建设过程中要考虑的重要内容。然而,在很多企业中,对需求的认真研究经常并不是日常活动而是偶尔为之,很多需要收集和研究的工作是销售员兼职完成的。

3.3.2 有利于对技术模块的深度积累

对现象或效应的深度积累是创新能力的重要基础。现象或效应的发现与解释是科学研究的主要任务。对企业而言,其主要任务是利用现象或效应来帮助客户解决问题。在企业的研发活动中,现象或效应经常被封装在技术模块中,企业利用这些技术模块按照一定的结构链接起来开发产品或提供服务,来帮助客户解决问题。然而,实现这种链接和设计仍然需要对现象或效应的规律有深刻理解和积累。企业对现象或效应的规律了解越透彻,越有能力精准地控制这些现象或效应来实现目的。例如,只是观察到荷叶不沾水难以开发出新的产品,如果了解到 6~12 微米的凸起是荷叶不沾水的根源,就能很好地利用这种现象生产不沾水的材料。

对技术模块的理解并非易事,这经常需要非常细致的分工和理性学习。在创新活动中,需要把技术与产品及解决方案设计进行更为细致的分工。然而,很多企业往往并没有区分解决方案、产品和技术,将技术与产品混为一谈。同时,对技术的理解是在产品开发过程中完成的,而缺乏对技术模块化和归一化管理。这经常造成新产品开发型号很多,但是却始终未能积累起更深层的技术,经常在新产品的更新换代中,降低了对新技术的敏感性和前瞻性。

3.3.3 有利于链接的专业化

现象或效应与目的往往有不同的链接方式。有经验的工程师往往更擅长开发新的架构来实现目的。架构创新的本质就是对现有模块的结构进行改进,以更好地实现目的。例如,小米科技擅长根据对需求的精准了解设计新的产品架构。设计思维作为典型的创新思想,尤其看重产品架构的设计。例如,华为进入欧洲市场时,通过重新设计分布式基站,改变了原来宏基站的结构,从而解决了欧洲通信运营商的痛点。

链接的实现也同样需要专业化分工。创新需要链接技术模块与客户需求,而这些知识和模块分布在销售部、生产部、研发部、采购部等众多部门,这也是跨部门协作对创新成功至关重要的原因。然而,实现高质量的链接并不容易。链接不仅需要组织分工,还需要对现象或效应和需求都非常了解才能实现。很多创新项目执行过程中,往往分工不当、遭遇"部门墙"而无法实现协同。产学研体系中,链接困难是导致高校成果转化难题的重要因素。在并行结构的产学研体系中,链接更为容易,而在串行结构的产学研体系中,链接则需要精心设计。

3.3.4 有利于迭代解决次生性问题

对于很多难度较大的创新,次生性问题是创新成功的重要障碍。次生性问题由于具有反馈性特征,故需要在遇到问题的时候重新组织创新资源。例如,在研发过程中解决了结构问题,却引发了材料问题;提高了性能 A,却导致 B 性能恶化。因此,创新需要具备足够的柔性,以利于创新主体重新寻找新模块、新合作伙伴、新市场。

为了有利于迭代解决次生性问题,创新体系需要有广泛的技术基础、资源柔性和合作关系。保持一定的资源冗余、必要的授权和广泛的合作链接,经常能够帮助企业在遇到次生性问题的时候重新组合创新资源。

参考文献

[1] 黄攸立,王雷,李强. 一个科研人员的 CEO 之旅[EB/OL]. [2023-07-15]. http://www.cmcc-dlut.cn/Cases/CasesDownLoad/1/580.

[2] 阿瑟. 技术的本质:技术是什么,它是如何进化的[M]. 曹东溟,王健,译. 杭州:浙江人民出版社,2014.

[3] 克里斯坦森,霍尔,迪伦,等. 创新者的任务[M]. 红慧芳,译. 北京:中信出版社,2019.

[4] 曼恩. 系统性创新手册:管理版[M]. 陈光,周贤永,刘斌,等译. 北京:机械工业出版

社，2020．

[5] 胡佐超. 影响世界的发明专利[M]. 北京:清华大学出版社，2010．

[6] NAUMANN J D, JENKINS A M. Prototyping: The new paradigm for systems development[J]. MIS Quarterly, 1982, 6(3): 29-44.

[7] D'ADDERIO L. Crafting the virtual prototype: How firms integrate knowledge and capabilities across organisational boundaries[J]. Research Policy, 2001, 30(9): 1409-1424.

[8] BENMAHMOUD-JOUINI S, MIDLER C. Unpacking the notion of prototype archetypes in the early phase of an innovation process[J]. Creativity and Innovation Management, 2020, 29(1): 49-71.

[9] ALTHUIZEN N, CHEN B. Crowdsourcing ideas using product prototypes: The joint effect of prototype enhancement and the product design goal on idea novelty[J]. Management Science, 2022, 68(4): 3008-3025.

[10] BOGERS M, HORST W. Collaborative prototyping: Cross-fertilization of knowledge in prototype-driven problem solving[J]. Journal of Product Innovation Management, 2014, 31(4): 744-764.

[11] BAKER T, NELSON R E. Creating something from nothing: Resource construction through entrepreneurial bricolage[J]. Administrative Science Quarterly, 2005, 50(3): 329-366.

[12] GARUD R, KARNOE P. Bricolage versus breakthrough: Distributed and embedded agency in technology entrepreneurship[J]. Research Policy, 2003, 32(2): 277-300.

[13] DESA G, BASU S. Optimization or bricolage? Overcoming resource constraints in global social entrepreneurship[J]. Strategic Entrepreneurship Journal, 2013, 7(1): 26-49.

[14] SENYARD J, BAKER T, STEFFENS P, et al. Bricolage as a path toinnovativeness for resource-constrained new firms[J]. Journal of Product Innovation Management, 2014, 31(2): 211-230.

[15] DUYMEDJIAN R, RÜLING C-C. Towards a foundation of bricolage in organization and management theory[J]. Organization Studies, 2010, 31(2): 133-151.

[16] REYPENS L, BACQ S, MILANOV H. Beyond bricolage: Early-stage technology venture resource mobilization in resource-scarce contexts[J]. Journal of Business Venturing, 2021, 36(4): 90-122.

[17] VON HIPPEL E, VON KROGH G. Crossroads-identifying viable "need-solution pairs": Problem solving without problem formulation[J]. Organization Science, 2016, 27(1): 207-221.

[18] VON HIPPEL E, KAULARTZ S. Next-generation consumer innovation search: Identifying early-stage need-solution pairs on the web[J]. Research Policy, 2021, 50(8): 72-85.

[19] STOCK-HOMBURG R M, HEALD S L M, HOLTHAUS C, et al. Need-solution pair recognition by household sector individuals: Evidence, and a cognitive mechanism explanation[J]. Research Policy, 2021, 50(8): 32-48.

第 4 章 技术曲线与技术系统的进化

开篇案例

技术系统演化的内生动力是什么?

比亚迪股份有限公司成立于1995年,总部在广东深圳,目前拥有约22万员工,总占地面积近1800万平方米,已经在全球建立了30多个生产基地。比亚迪在北京、上海、天津、陕西、广东等地均建有基地,国内生产基地总面积近700万平方米。比亚迪在美国、荷兰、日本、韩国等发达国家,印度等发展中国家设有分公司或办事处。王传福是比亚迪的创始人,他以电池为起点,开始了比亚迪民族自主品牌的创业历程。

1993年,王传福所在的研究院想在深圳成立一家电池公司,王传福因其对电池领域研究的熟悉进而担任比格电池有限公司总经理一职。由于多年从事电池相关材料的钻研工作,王传福对电池行业以及现有技术已经有了清楚的了解。那时日本充电电池一统天下,中国很多电池厂商仅是买进日本电芯进行组装。一天,王传福在国际电池行业动态上看到日本国内将不再生产镍镉电池的消息,他意识到,镍镉电池的国际生产中心将发生大规模转移,这将是中国发展电池的一大契机。1995年,29岁的王传福携手几十个小伙伴一道在广东深圳成立了比亚迪股份有限公司,并且开始从事电池研发与制造活动。

比亚迪采取"半自动化加人工"的方式生产,在低端市场短时间内就取得了一定的成绩。1997年,在金融风暴冲击整个东南亚时,比亚迪依靠其低成本优势迅速抢占了全球近40%的市场份额,成为镍镉电池生产商中的领头羊。在镍镉电池领域站稳脚跟之后,王传福紧接着抓住了第二次机会,开始研发蓄电池市场具有核心技术的产品镍氢电池和锂电池。尽管当时日本掌握着锂电池研发的核心技术,但王传福始终坚信自己可以把握这一机会,让比亚迪迈上新的台阶。

2000年,比亚迪成为摩托罗拉第一个中国锂离子电池供应商。2002年,比亚迪成为诺基亚第一个中国锂离子电池供应商。比亚迪微电子的多款集成电路及功率器件新产品已获得包括诺基亚、三星在内的多家国际知名公司的认证和大批量使用。比亚迪从电池业务入手,从镍镉电池转向锂电池领域,一举成为国内一流的电池生产商。2003年,刚带领比亚迪夺得好成绩的王传福,突然向外界宣布,"下半辈子就干汽车了"。虽然比亚迪从信息技术产品代工和研发制造起步,已经发展成为世界第一大充电电池的生产商,同时镍镉电池、手机锂电池的销量稳居世界前列,但是电池领域已经无法再进行深入发展。2003年,国内汽车市场正在日益膨胀,为了获得汽车生产许可证,比亚迪决定收购秦川汽车。2003年,比亚迪成功收购秦川汽车77%股权,此举标志着比亚迪正式进入汽车生产领域,成为继吉利之后国内第二家民营汽车生

产商。就在王传福将这个消息公之于众时,比亚迪当天的股价下降了一半,而且在短期内连连大跌,市值蒸发掉 30 多亿。当时吉利汽车统治着自主品牌市场,很多人并不看好比亚迪。2006—2010 年,比亚迪迎来了高速发展的时期,年销量连续翻番,仅用 7 年时间便达到了 100 万辆的产销规模。

2009 年 7 月 26 日,比亚迪宣布将以 6000 万元收购湖南美的客车的全部股权,之后整合了汽车下游销售产业链。电动车属于新能源汽车,比亚迪响应政府号召,致力于推动新能源汽车的发展。比亚迪·秦是比亚迪股份有限公司自主研发的 DM 二代(在纯电动和混合动力两种模式间进行切换)高性能三厢轿车。2012 年 4 月 23 日,比亚迪·秦与 F3 速锐、E6 先行者、S6、G6、F0 等车型亮相北京车展,比亚迪在现场还发布了三项世界级顶尖技术。秦是比亚迪在全新平台上开发的一款全新插电式双模电动车,既可充电又可用油,用电用油模式自由切换。

比亚迪静默中干了一件大事,让众人惊诧:成立比亚迪微电子,进军半导体,做绝缘栅双极型晶体管(IGBT)芯片。电机与动力电池一样,是电动车三大核心部件之一,而这个核心部件的核心,是驱动电机的 IGBT 芯片。小小一块 IGBT 芯片,决定了车辆的扭矩和最大输出功率,俗称电力电子行业的中央处理器(CPU)。IGBT 是发展新能源汽车的核心技术之一,约占到整车成本的 5%,仅次于动力电池。2008 年 10 月,比亚迪斥资 1.7 亿元收购宁波中纬半导体晶圆厂,改名为宁波半导体。同年,比亚迪在深圳新建了 IGBT 模块封装工厂。通过此次并购,比亚迪进一步整合电动车上游产业,加速电动车商业化。2014 年,比亚迪自主研发的芯片开始组装成 IGBT 模块,并试装在公司自产的 E6 纯电动车上,实现了依靠比亚迪体系内的新能源汽车,带动上游芯片的销售,并推动其下一步的技术研发。当大多数企业在 IGBT 芯片上受制于人时,比亚迪却成功掌控了整个电动汽车产业链。

2016 年 10 月,比亚迪成功进入轨道交通产业。2018 年,西安质监局制定并发布《胶轮有轨电车交通系统设计规范》《胶轮有轨电车交通系统施工及验收规范》两项"云巴"地方标准,标志着西安"云巴"项目进入实质性阶段,而西安也将成为全国首个投用"云巴"的城市。2018 年 9 月 5 日,以"开放·创未来"为主题的比亚迪全球开发者大会在深圳举行,比亚迪"D＋＋开放生态"正式发布。此前比亚迪发布了 DiLink 智能网联系统,可以看出比亚迪超级智能出行生态体系已经完成搭建,比亚迪开始走向开放生态。比亚迪正在智能领域布局开放的造车模式。比亚迪的"D＋＋开放生态"基于的是全球最新汽车智能化体系结构和安全策略,能够为开发者提供接口、车辆数据与控制权限。并且集聚世界范围内开发者的聪明才智后,"D＋＋开放生态"将会衍生出众多车载应用,并且为比亚迪的用户带来前所未有的出行体验。在物联网技术应用下,"D＋＋开放生态"系统将成为 3.0 时代开源的车载智能开发平台,有望重新定义车联网发展模式。并且,比亚迪的"D＋＋汽车生态"也有望将汽车变成一个可以移动的智能空间。

资料来源:本案例节选于中国管理案例共享中心,由吉林大学管理学院的葛宝山教授,吉林大学管理学院硕士研究生赵丽仪撰写。

思考问题:从技术发展角度来看,比亚迪技术演化遵循哪些规律?

为了更好地组织创新活动,企业不仅需要了解创新的本质过程,还需要从产业角度理解整个技术系统的进化过程。这有利于技术路线的战略布局、预测技术研发方向、制定技术战略、选择创新时机、进行专利布局、建立研发项目的筛选标准,也有利于按照演化规律创造新技术。

4.1 技术进步的 S 形曲线

任何行业都是为了解决客户问题而逐渐形成的。解决客户问题在技术方面体现为技术性能逐步满足功能性要求、社会性要求和情感性要求的过程。对技术进步的研究发现,整个行业的技术性能随着时间呈现出阶段性特征,且随着研发投入的增加,技术性能的变化呈现出阶段性规律。理论上用技术曲线来描述这种规律。技术曲线是用来描述研发投入与性能指标之间关系的曲线。随着行业研发投入的增加,技术的性能指标呈现出 4 个阶段:婴儿期、成长期、成熟期和衰退期。

4.1.1 婴儿期

新技术在婴儿期往往体现在科学原型或工业原型上。早期创业者利用最新物理、化学和生物现象或效应发现,开发出第一代新产品或元件,此时,很多创业者团队会利用同样的现象或效应开发出不同的技术方案。由于不同的团队对技术实现的路线有很大差异,研发力量非常分散,故性能的完善非常缓慢。这个阶段产生的专利级别很高,但专利数量较少。由于性能改善往往存在很多难题,研发成本高、客户认可度低,因此新技术还很难为创业公司带来较好的经济收益。

这一阶段的关键是降低迭代成本以免出局,与客户建立紧密的反馈机制,提高迭代质量,加快迭代速度。孤注一掷的创新投入往往会带来更大的失败,精心计划与小步快跑结合的方式往往更容易成功。当技术性能开始被更多的客户接受时,新技术就能站稳脚跟,进入快速成长期。

4.1.2 成长期

成长期的新技术得到了市场的广泛认可,不断扩大的影响往往吸引大量的风险投资。某些技术路线从竞争中脱颖而出,成为主导设计。主导设计是被整个行业普遍采用的技术方案。围绕主导设计,行业标准逐步建立,行业分工逐渐细化。资本投入和主导技术路线上的持续投入,使技术性能得到急速提升。这个阶段产生的专利级别开始下降,但专利数量增多。新技术明朗的市场前景和快速上升的销售收入,让投资者蜂拥而至,为企业加快技术进步提供了强有力的资源支持。

该阶段研发主导路线清楚,关键技术点和实现路径比较明确,这个阶段的创新以投入规模和组织效率最为关键。竞争的关键是创新的质量和速度。为了更好地开展创新活动,企业需要依赖良好的创新组织体系,加大研发投入,提高创新速度和质量。

4.1.3 成熟期

进入成熟期,技术性能水平已经达到最佳甚至接近极限,技术性能增长放缓。规模化复制成为企业成长的关键,创新的主要内容也从以产品或服务性能为导向的创新转向以成本和质量为导向的工艺创新。这个阶段产生的专利仍然数量很大,但专利级别会更低,大多数是改进型的专利。此时,专利的贡献度已经大不如前,需要警惕垃圾专利以有效使用专利费用。

对进入技术成熟期的企业而言,创新的关键是如何避免路径依赖。企业需要及时建立双元组织和内部孵化体系,避免现有体系干扰未来技术的布局。常见的问题是,很多企业经常"起个大早,赶个晚集",对新技术缺乏有效的组织,导致在新的技术领域逐渐落后。

4.1.4 衰退期

成熟期后,系统面临的是衰退期。此时技术系统已达到极限,该系统因不再有需求的支撑而面临淘汰。技术极限的产生有两种原因:物理极限和边际效用递减。首先,任何技术载体都有物理上的极限,既定的物理极限往往限制了技术的进一步发展。例如,电子芯片的集成度已经接近 1 纳米;喷墨打印机喷头上放置的电热丝逐渐趋近极限;基因端粒分裂 50 次以后就变得分裂乏力,无法继续分裂。极限往往可以采用效应相关的公式推演出来。在达到物理极限以后,加大研发投入已经没有效果。

其次,边际效用递减也会让技术进步停滞。由于边际效用递减或替代技术的发展,市场不愿继续为技术进步付出更多代价,资本也丧失了投入动力。例如,硬盘从 10 G 扩展到 20 G,用户愿意多付 1 倍的价格,而从 1 T 扩展到 2 T,很多用户就不再愿意多付 1 倍的价格;侯氏制碱法推出以后,原有的制碱工艺迅速退出市场。尽管原有工艺还有提升空间,但市场方面已经无法吸纳更多的资源了。在技术系统达到极限以后,不一定马上衰退,可能长期持续,也可能由于材料或基础技术的突破而突破技术极限,从而死灰复燃。

分清技术进步的阶段非常重要,且在不同的技术阶段,技术竞争的关键点不同。在婴儿期,各类技术型创业企业各自采用不同的技术结构来实现目的,技术路线多样性很高,竞争的关键是谁能够帮助客户解决问题,只要技术功能实现就能够胜出。然而,这个阶段企业往往很难盈利。为了能够实现盈利,企业必须解决技术不能稳定工作的问题或者进行商业模式创新。进入成长期,技术进步需要不断改进产品的性能指标,竞争的关键是哪些企业能够让性能快速提升,以更高的性能吸引客户。当性能提升放缓,技术进入成熟期,技术进步方向逐渐转向功效,向提高效率降低成本、提高产品质量的一致性和可靠性方向努力,且竞争的焦点也会从技术性能转向成本。此时,企业仅仅依靠生产管理和内部效率提升提高竞争力已经非常困难,需要在成熟期后期就开始布局下一条技术路线。重要的是,新技术路线的技术顶点要比原有的技术路线技术顶点高才有竞争力。技术进步的 S 形曲线如图 4-1 所示。

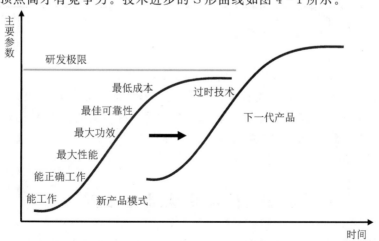

图 4-1 技术进步的 S 形曲线

那究竟如何才能判断技术所处的阶段呢？在S形曲线的4个阶段中，性能参数、专利等级、专利数量、经济收益有明显差异，可以帮助我们对技术系统进化的阶段进行初步判断。在婴儿期，性能提高非常缓慢，但是这个阶段解决的都是核心功能问题，专利数量并不多，专利级别很高，且由于市场接受缓慢、前期投入大而回报少，所以经济收益较低。在成长期，核心功能已经顺利实现，行业中出现主导设计。整个行业按照主导设计出现更细致的分工，性能参数快速攀升，但是专利级别会下降。专利级别下降过程中，各个细分市场会催生情景化创新，所以专利级别会有先降后升然后降低的波动。专利数量逐渐增加，经济收益也由于市场扩散速度加快而快速提升。到技术系统的成熟期，技术上要解决的问题更多的是细节上的完善，或者为了扩展市场附加一些没有必要的功能。系统内部技术改进的空间已经非常小，主要依赖外部的技术发展来推动，此时改进型的专利数量很多，但是重要的专利非常少。成熟期技术系统的经济收益由于市场逐渐走向成本竞争，市场结构稳定，整体规模达到饱和，销售额会很高，但是利润率普遍下降。在技术系统的衰退期，技术进步逐渐停滞，专利级别和专利数量下降，经济收益也出现下滑。技术进步的S形曲线各阶段的特征如图4-2所示。

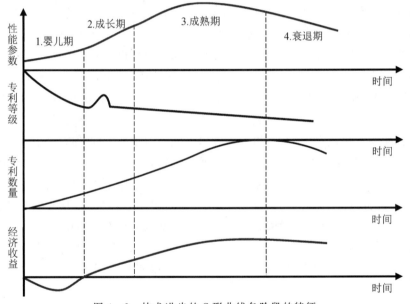

图4-2　技术进步的S形曲线各阶段的特征

技术路线按照婴儿期、成长期、成熟期和衰退期4个阶段逐渐演化。技术在演化过程中需要不断地克服各种难题。从更微观的角度来看，每个技术子系统的演化也是一条技术曲线。从更宏观的角度来看，不断产生的新技术路线也形成了不断演进的技术曲线族。例如，燃油车的动力系统、传输系统、执行系统、控制系统各自都有自己的子系统，子系统有自己的技术曲线，形成了嵌套结构的S形曲线族。

4.2　技术系统进化法则

利用同样的现象或效应实现目的的技术路线往往呈现出很强的多样性，究竟哪些技术路线能够最终胜出？这是技术预测领域关心的重点问题。这些问题的回答能够帮助创新企业明确研发规划方向和实现路径。TRIZ 创新方法的研究中,对 250 万份专利为基础的技术系统进行详细分析后发现,技术系统最终按照八个方向进化。推动技术系统进化的动力是技术性问题的不断涌现与解决。伴随技术问题的不断解决,技术系统从简单的元件逐渐进化成嵌套结构的复杂技术系统。例如,汽车从最初的简单结构经过 100 多年的进化,已经变得非常复杂。

尽管经典 TRIZ 理论强调技术演化,但新技术的进化终究是人和组织创新的结果,进化的根本动力终究是客户。客户可能是政府、企业、个体消费者或者其他的组织。正是客户的购买激励着人和组织不断地改进新技术,让技术不断演进。对企业而言,创新动力来源于内在的企业家精神和来自用户、竞争对手及其他利益相关者的压力。因此,客户任务的达成和为客户创造价值是技术进化的根本动力。客户目标的达成程度、达成的效率和成本、协调性、适应性、兼容性、易用可控等要求推动了技术的不断演进。

技术系统进化法则如图 4-3 所示。

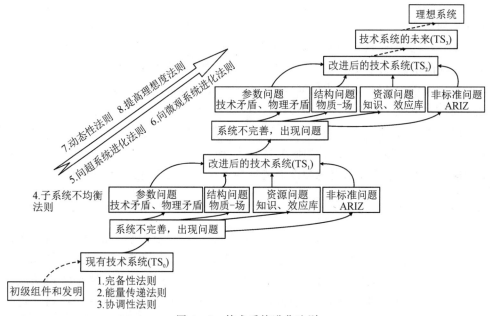

图 4-3 技术系统进化法则

4.2.1 提高理想度法则

如果我们问这样一个问题:技术演化的终极理想是什么? 这个问题的答案就蕴含在理想度法则中。TRIZ 理论发现,技术不论怎么演化总是沿着提高理想度的方向前进。理想度法则是技术系统进化的根本性法则,这一法则指明了技术系统进化的最终方向。理想度是指技术系统逼近理想状态的程度。那么,技术系统的理想状态究竟如何衡量呢? 前面我们讨论到,技术的本质是控制现象或效应实现目的的手段。无论我们开发什么样的技术系统,最终都是要实现我们想要的目的,也就是实现有用功能。然而,这个过程一定会耗用资源,从而产生成本。更重要的是,一个普遍的观察发现,技术系统实现有用功能的同时也会伴生有害功能。例如,发动机加快了汽车行驶速度,对我们是有用的功能,但是高速同时带来了不安全;为了使打桩更加省力,我们把桩头做成尖的,但是尖的桩头的承重能力就会变差。这种功能的二元性来源于世界的整体性和功能的线性特征。对于技术系统而言,我们想要的最理想的状态是只有有用功能,而没有有害功能和成本;或者说,技术进步的目标是让有用功能逼近无限大、有害功能和成本逼近无限小。符合这个标准的技术路线才是理想的技术路线。

理想度的计算公式如下:

$$理想度 = \frac{\sum 有用功能}{\sum 有害功能 + 成本}$$

根据理想度法则,理想的技术进步要符合4个标准:①有用功能增加;②有害功能降低;③没有让系统更加复杂;④没有引入新的有害功能。可以通过以下4条路径提高理想度:①增加系统的功能;②裁剪元件或传输尽可能多的功能到工作元件上(元件多用性);③将一些系统功能转移到超系统或外部环境中;④利用内部或外部已经存在的可利用的资源。

理想度法则本质上为思考技术进步的方向提供了最终指引。依赖当前情景、当前经验的局部搜寻是创新的根本障碍。限于当前问题的改进型目标和局部目标,在能够触及的经验范围内进行搜寻,很多创新仅仅是局部最优解,而不具备长期竞争力。理想度能够帮助企业跳出现有技术经验的限制,开展更加有效的逆向思维,从"是什么"转变到"应该是什么"。从最理想情景开展逆向思考,可以扩大思维的开放性,从而提高创新能力。历史表明,任何不从理想度角度处理问题的组织终将从市场上消失。

利用理想度法则,企业需要循环回答7个问题:①系统的最终目的是什么?②最终理想解是什么?③什么阻止你实现最终理想解?④它为什么会阻止你?⑤怎样能使阻止你实现最终理想解的事物消失?⑥有什么资源可以创造这些条件?⑦是否有人已经解决了这个问题?

4.2.2 完备性法则

按照技术系统进化的阶段,完备性法则是早期进化的首要原则。完备性法则是指技术系统从不完备向完备进化的规律。一个完备的技术系统包括执行装置、动力装置、传输装置和控制装置(见图4-4)。完备性法则的潜在假定是任何技术都依赖一个系统来实现功能。对一个技术系统而言,我们经常只能看到执行装置,其他的动力装置、传输装置和控制装置都嵌入在环境中。例如,菜刀作为实现切菜目的的执行装置,只有菜刀是无法切菜的,我们必须手持菜刀(传输装置)、肌肉发力(动力装置)、手眼并用(控制装置)才能完成切菜。注意到这一点非常重要,如果只是看到菜刀而看不到其他要素,我们很可能对一个技术系统缺乏完备性的描述,很难看清技术系统的全局。

当我们要求更高的切菜速度、更高的准确度和更均匀的厚度(有用功能),切菜不容易切到手(有害功能),以及更低的人工成本(成本)时,我们常用的菜刀系统往往很难胜任。这时我们经常需要开发完备性更高的切菜系统,将刀片、动力、传输和控制装置集成起来,变成理想度更高的工作系统。我们在很多工业领域也经常看到这种进化趋势,即从核心的装置发展成完备的技术系统。在农业领域,收割开始是人拿着镰刀(执行装置)完成的。为了提高效率,新型的手持电机收割机(镰刀+连杆+电机)出现了。在有毒有害场所,越来越多的人采用无人机执行巡检,自动巡检机器人完全替代人来完成作业。在人机交互界面的进化中,用设备来代替人工实现工业化和自动化的趋势仍然在继续。

技术系统一般朝着完备性标准逐步进化,如图 4-5 所示。在初始阶段只有执行装置,为了更好地传递动力逐渐增加传输装置,为了更加省力增加动力装置。最难增加的元件是控制元件,尤其是智能控制元件。当系统集成了执行、传输、动力和控制装置,完备性法则方向的结构性进化就会停滞,进化的重点就会从完备性转移到能量传递法则和协调性法则。

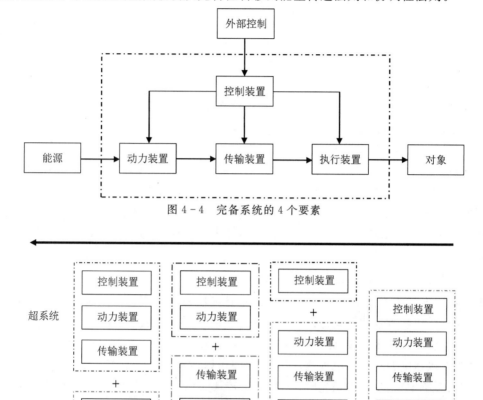

图 4-4 完备系统的 4 个要素

图 4-5 完备性进化过程

4.2.3 能量传递法则

任何完备的技术系统都需要耗用能量,更重要的是,系统元件之间必须借助能量传递来实现协同作用。能量包括机械能(动能和势能)、电能、磁场能、热能等。能量传递存在问题经常造成功能无法实现、有害功能出现或成本过高,为了实现功能和降低能量损耗,能量传递法则提出了 3 个进化要求。

1. 能量必须传递到系统的各个组件上

系统中的组件都需要直接或者间接地得到能量才能起作用。能量必须能够从能量源流向技术系统的所有元件;如果某个元件接收不到能量,就不能发挥作用,这会影响到技术系统的整体功能。例如,控制元件必须与所有元件有能量传递,否则就会出现失控。例如,智能手机的各个零件都需要电能才能正常工作。如果某个零部件无法接收到电流,那么这些零部件就会失效,造成整个系统无法正常工作。再如,在传感器的设计中,经常用气体带电来测量挥发性气体。然而,环境中存在的电磁干扰会让电场失效,从而导致能量传递无法实现,导致测量失真。

2. 技术系统的进化应该沿着使能量流动路径缩短的方向发展,以减少能量损失

结构确定以后,能耗是所有工作装置的设计中关心的核心问题。降低能量损失既能够降低成本,也能够减少由于能量损失带来的功能下降和有害功能。例如,远距离输电过程中,能量传递递减导致电线变软、电力无法远距离传送,而采用高压方法减少了能量损失。降低能量损失是很多机械结构设计、控制系统设计关心的核心问题。

造成能量损失的主要原因是路径太长。一旦路径较长,摩擦、能量传导性差、能量场不稳定和传输装置的复杂性都会导致能量衰减。例如,摩擦的存在让能量在传递过程中不仅会损耗,还会产生热效应,故降低摩擦能让能量损失降低,提高机械能的传递效率。如果能量传导性差,也容易导致能量在传递中衰减。因此,众多设备设计中采用补偿方式来弥补能量损失带来的影响,或者使用能量传导性良好的物质来提高能量传递效率,用容易控制的场来替代不容易控制的场。在装置系统设计中,也经常需要重新设计传输装置来降低能量损耗。例如,新能源汽车的设计中主要是通过重新设计传输装置,让能量直接传输到执行装置来缩短能量传递路径。

3. 减少能量转换次数/信息传递的层级

能量消耗不仅与路径长度有关系,也与能量转换次数有关系。很多装置能量转换次数过多,就很容易造成能量衰减。能量每转换1次都会有损耗,转换次数越少,能量损失越小。例如,汽车发动机40%～50%的能量供热量散失,20%供给其他设备,30%～40%的能量驱动车辆;电动机直接将电能转换成机械能,能量转化率可以达到70%～80%。

在技术系统中,不仅有能量传递,也有信息传递。信息传递的原则也与能量传递法则相同。信息传递与能量传递都需要缩短传递路径、减少转换次数,才能够降低损耗和误差。例如,信息需要传递到所有相关的人员、活动和物质载体上,信息在传递过程中也可能产生衰减和扭曲。转换的链条越长、转换次数越多,信息出现的扭曲和误差越大。在技术系统设计中,不仅需要考虑能量传递的完备性、路径长度和转换次数,还需要考虑信息流的完备性、路径长度和转换次数。

4.2.4 协调性法则

系统功能的实现往往依靠核心的执行装置,但是核心执行装置的功能需要与互补性模块之间协调。整个系统模块之间的不协调经常是功能无法有效发挥、有害功能产生以及成本较高的重要原因。因此,协调性是技术系统设计中必须要解决的问题。协调问题经常表现在形状不协调、材料不协调、各个性能参数之间不协调、形状与动作不协调以及频率不协调等方面。

1. 形状结构上的协调

功能往往依赖系统内部各个零部件之间的相互作用链来实现。相互作用的界面是功能传递的关键环节。相互作用是否充分、是否产生有害作用,与零部件形状直接相关。系统各个零部件之间形状结构上的协调是改进效能的重要方面。这些改进设计包括:接触表面的优化,如从光滑表面到粗糙表面来提高摩擦力;试图改变表面形状与人体结构相符合,从而提高使用的

舒适度;将作用面从平面结构改变成曲面和复杂表面,如方向盘的表面从平面变成曲面,变成复杂结构更舒适;不改变表面结构,把结构从实心变成中空、多孔、毛细、动态内部结构,如砖从实心的变成多孔结构,功能不会衰减而重量更轻。

2. 形状与动作协调

零部件之间除了形状要协调,还需要注意各种运动形式与接触表面之间有匹配关系。旋转运动和直线往复运动需要的结构特征不同。改进运动形式与表面形状之间的匹配程度,能够进一步提高系统效能。

例如,相对运动的形状由点→线→面→体趋势进化,润滑功能可以通过粉末、圆柱、圆球、液体来实现,存储从单机存储→双机存储→网络存储→云存储;也有反向进化趋势,如由体→面→线→点进化。进化方向取决于功能的性质,提高有用功能和降低有害功能可能需要的进化方向不同。

3. 频率/节奏协调

工作频率、节奏的协调是系统各个模块能够共同工作的关键。例如,调整振动频率降低噪声,调整各个要素的工作节拍可以提高生产效率。飞机设计师安东尼·富克及他的同伴们发明使用凸轮的射击同步协调器,避免飞机上机枪扫射会击穿前置的螺旋桨叶片,通过协调频率让子弹通过扇叶转动空隙射出,避免了整体结构的调整。

4. 材料协调

相互作用的两个零部件之间的作用界面和相互运动能否具有可靠性,经常与材料特性有关,更换材料让各个模块之间更协调是重要的设计思路。例如,压电陶瓷在产生振动的工作过程中,随着时间的推移会发热,造成功率输出不稳定。在材料的设计中,两种相互作用的模块材料经常会造成功能达不到或产生有害作用。为了实现功能或者降低有害作用,我们经常需要注意两个模块的材料性能是否有差异或者相同。例如,刹车片与刹车盘使用类似属性的材料,铅笔与橡皮使用功能相反的材料,为了避免相互反应而使用惰性材料等。通过使用相同材料、相似属性材料、功能相反材料、惰性材料等,经常能够克服创新中的困难。

5. 性能参数之间的协调

本质上讲,形状、频率、材料性能最终体现在参数上。功能的实现最终要依赖静态和动态性能参数之间的协调。如果性能参数之间不协调甚至出现矛盾,功能的实现就会出现困难。创新难题经常体现为某功能需要的参数改善以后,其他模块的参数出现不协调。例如,增大执行装置的重量,就需要相应增加动力;汽车速度提高以后,就需要相应地增加减震性能。各个性能参数的协调性原则要求改变系统内部的某个部件的性能,就要相应地调整别的部件的性能参数或者其他性能维度。

4.2.5 动态性法则

适应性经常是产品开发过程中关心的核心问题。如果产品适应性太差,用户使用过程中环境变化或者使用场景的变化容易导致功能失效,产品的销售就会非常困难。因此,技术系统不仅要实现内部协调,还需要适应环境的动态变化,更好地满足用户不同情境下的需要。为了提高性能的稳定性和鲁棒性,企业经常需要扩大功能的适用范围,让技术系统沿着动态性法则进化,以增加环境适应性。这种适应性包括以下 3 个方面。

1. 增加链接自由度和柔性化法则

分割和柔性是增加功能适应范围的重要途径。分割和柔性主要是在结构上进行改进,例如,让技术系统结构链接更加自由、柔性更强,能够增加物理载体的可分割性和适应性,以满足用户柔性化需要和不同场景下的需要。例如,将家具做成模块化和可自由组装的,方便生产、运输、安装和维修,也方便用户根据不同使用场景重新组合。基于柔性链接的折叠床、折叠座椅,以及柔性更强的显示屏、柔性更强的材料,让用户可以根据自身的使用场景进行变换。自由度的实现可以通过将链接方式按照刚性链接→单铰链→多铰链→柔性体→气态/液态→场链接的趋势进行革新。

2. 增加可移动性法则

使用场景的转换经常也会伴随位置变化的需要,移动是适应位置变化需要遵循的重要法则。让不能相对运动的模块之间可以运动,按照不可移动→部分可移动→高度可移动→整体可移动进化,能够更好地满足位置移动性的需要。我们生活中大部分用品都经常需要移动位置,不能移动的用品就很难满足要求,如能够上下移动的电脑支架、可以升降的床、汽车上能够移动的座椅等。再如,原来战斗机的设计中座椅是固定的,导致很多飞行员不能舒服地驾驶战斗机,从而导致性能发挥不出来,且对腿长的飞行员,踩到按钮的时候力量容易过大,而对腿短的飞行员则容易踩不到位。通过将固定的座椅设计成可移动的,则顺利解决了这一问题。

3. 增加可控性法则

技术系统的可控性,主要适应不同场景下的控制需要。控制现象或效应来实现目的的过程中,用户对任何技术系统的操控性能有潜在要求。增加可控性法则一般按照不可控制→直接控制→间接控制→反馈控制→自动控制→智能控制的路线进化,形成被动适应系统→分级适应系统→自适应控制系统的三级进化步骤。为了满足用户的需要,企业需要不断提高技术系统的可操控性。例如,有些灯长期亮着,只有管理机构能控制,一般用户无法控制,造成了不必要的浪费。从不可控到可控,可以让具体用的人根据需要自己直接控制,也可以用声控间接控制,或者灯可以随着光线的明暗智能开关。

动态性法则如图 4-6 所示。

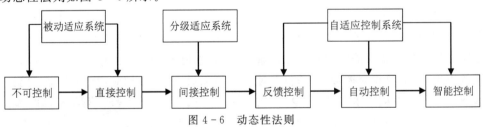

图 4-6 动态性法则

4.2.6 子系统不均衡法则

整个产品在进化的过程中往往也伴随着行业分工。尤其是当产业主导设计出现以后,整个技术系统逐渐围绕主导设计形成细致分工。主导设计之前,企业往往只能围绕核心模块,通过拼凑现有资源来建立原型,专用性零部件和其他互补性专有产业很少。主导设计的出现,为产业分工明确了技术分工的标准,也提供了技术分工的动力,各个子系统的专业性迅速提升。

然而，由于分工是在产业层面展开的，故各个公司通过技术标准进行沟通和协调。与原有的内部分工不同的是，跨企业的分工往往是通过市场化或者半市场化的合作来实现的。因此，专业化的同时也带来了协调困难。

各个子技术系统的原理限制和组织特征导致进化速度出现不平衡，在整个系统方面出现不均衡发展的状态。例如，CPU处理速度、内存等电脑硬件进步以后，软件相对滞后经常带来电脑一段时间运转速度加快，但是经过一段时间，操作系统、电影图像质量会随之跟进，又让电脑速度慢下来；汽车发动机性能提高以后，发现刹车系统跟不上或燃油控制系统跟不上，导致整个系统性能无法提高。可见，落后的子系统往往成为系统性能提升的瓶颈。

这一法则认为任何技术系统所包含的各个子系统并不是同步、均衡进化的，每个子系统都沿着自己的S形曲线向前发展。然而，究竟哪些子系统发展更快？研究发现，与主要有用功能的发展抵触最大的子系统往往发展最快，且注意力决定了资源投放，从而影响了进化速度（如船的动力、船体发展迅速，而缆绳基本没变化）。这种不均衡的进化经常会导致子系统之间出现矛盾，整个技术系统的进化速度受制于系统中发展最慢的子系统的进化速度。设计人员容易犯的错误是花费精力专注于系统中已经比较理想的重要子系统，而忽略了木桶效应中的短板，结果导致系统的发展缓慢。

子系统不均衡法则对创新活动和创新的组织设计有重要启示。首先，创新活动方面应该注意诊断技术性能进步的瓶颈，这些瓶颈可能不是主要功能而是互补性功能系统。解决瓶颈功能才能够真正实现整体性能的提升。在专利布局和创新战略布局的过程中，也应该从整个技术系统角度诊断可能出现的瓶颈环节，而不是只盯着核心功能。其次，在组织设计上需要注意子系统不均衡协调发展的问题。解决不协调问题的理想机制是层级制度而不是市场机制，采用市场机制往往协调速度更高，耗费的社会成本更大。层级制度利于协调，市场机制导向细分，细分带来精致，而协调善于实现复杂系统的建设。

4.2.7 向超系统进化法则

超系统是当前系统之外环境中与当前系统联系的要素构成的更大系统。技术系统一般会变得越来越复杂。这个过程的出现经常是由于大部分工程师倾向利用"加法"解决很多新的技术问题。例如，为了避免辐射加个金属外罩，为了消除风扇的噪声加隔音层，为了防止CPU过热加风扇等。当系统变得越来越复杂时，成本随之攀升，为了获得理想度的提高，复杂系统内部的进化空间耗尽，经常通过与超系统要素进行结合的方式来分摊成本或者引入额外收益。向超系统进化法则是指整个技术系统通过与超系统互动来实现发展。常见的向超系统进化的路径有以下两条。

1. 单系统→双系统→多系统的方向进化

当系统本身的功能进化达到顶点，经常需要从更高层面集成与当前系统功能有联系的其他系统来帮助用户更好地完成任务。这也是组合创新常用的逻辑，技术系统进化到最后经常走向集成，组合更多的功能来创造价值。我们经常见到一体化产品，如一体化打印机，集成了原来打印机、复印机、扫描仪的功能。用户试图通过花一次钱（成本）购买产品而获得更多的有用功能。例如，手机不仅能够通话，后来还可以发短信、发彩信、办公、看电影、打游戏等。集成更多的功能，往往创造了范围经济效果，为客户创造了价值。因此，系统往往根据用户在特定情境下要实现的目标集成更多的功能，通过这种方式满足用户任务多样性的要求，有效地提高产品创新的效果。

这种功能或者系统集成,可以是:①集成了实现同一功能的多个技术设计,如大小不同的扳手系统;②集成了实现不同功能的多个系统;③集成了相反功能,组成了完整的工作系统,如把铅笔和橡皮集成。

2. 技术系统进化到极限时,实现某项功能的子系统会从系统中剥离,转移至超系统

除了通过集成别的功能,技术系统进化到最后阶段,经常会反向进化,将子系统的功能交由超系统来完成,作为超系统的一部分,且在该子系统的功能得到改进的同时,也简化了原有的技术系统。原有系统经常变成平台产品,将很多功能转移到超系统中。例如智能手机,转变成了链接超系统功能组合的平台产品。是否将子系统功能转移到超系统中,不仅取决于原有系统日益增加的复杂度和成本,也取决于超系统中是否存在实现功能的资源。当系统越来越复杂时,发明过程中也经常采用裁剪的方法,用减法而不是加法来简化系统,从根本上消除加法带来的边际效用递减。

超系统进化法则如图 4-7 所示。

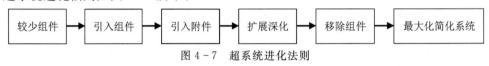

图 4-7 超系统进化法则

4.2.8 向微观系统进化法则

技术系统要实现的最终功能经常变化不大,而实现这些功能的现象或效应经常随着科学研究的深入而不断革新。从理想度提高的趋势来看,虽然控制更加微观的现象或效应的难度更高,但是功能精度更好、成本更低、有害作用更少。所以,我们总是希望通过科学研究不断地加深对世界基本现象或效应的认识,从而让我们能够更有效地控制更微观的现象或效应来实现目的,进而提高整个技术系统的理想度。因此,向微观系统进化是常见的系统进化法则,这个法则的进化过程往往伴随着更微观现象或效应以及能量场的利用。

例如,机械切割,我们最早利用金刚石,后来利用高压水枪/刀,现在用激光来实现。针灸用的针,由于金太软银太脆,古代的针灸针很粗而且很稀缺。随着冶金技术提高,出现了钢针,从古代较粗的针逐渐进化成现在的 0.18 毫米的细针乃至电针。我们身边很多产品都由于科技发展而呈现微型化趋势,如微型显示器、微型传感器、微型电机、微型手术机器人、微型陀螺仪等相继出现。

参考文献

[1] 阿奇舒勒. 创新算法:TRIZ、系统创新与技术创造力[M]. 谭培波,茹海燕,译. 武汉:华中科技大学出版社,2008.

[2] 曼恩. 系统性创新手册[M]. 陈光,周贤永,刘斌,译. 北京:机械工业出版社,2020.

[3] 颜惠庚,李耀中. 技术创新方法入门:TRIZ 基础[M]. 北京:化学工业出版社,2011.

[4] 颜惠庚,李耀中. 技术创新方法提高:TRIZ 流程与工具[M]. 北京:化学工业出版社,2012.

[5] 颜惠庚,李耀中. 技术创新方法实战:TRIZ 训练与应用[M]. 北京:化学工业出版社,2013.

[6] 赵敏,张武城,王冠殊. TRIZ 进阶及实战:大道至简的发明方法[M]. 北京:机械工业出版社,2015.

[7] ADNER R, KAPOOR R. Innovation ecosystems and the pace of substitution: Re-examining technology S-curves[J]. Strategic Management Journal, 2016, 37(4): 625-648.

[8] ANDERSON P, TUSHMAN M L. Technological discontinuities and dominant designs: A cyclical model of technological change[J]. Administrative Science Quarterly, 1990, 35(4): 604-633.

[9] SUAREZ F F, UTTERBACK J M. Dominant designs and the survival of firms[J]. Strategic Management Journal, 1995, 16(6): 415-430.

[10] MURMANN J P, FRENKEN K. Toward a systematic framework for research on dominant designs, technological innovations, and industrial change[J]. Research Policy, 2006, 35(7): 925-952.

[11] SUAREZ F F, GRODAL S, GOTSOPOULOS A. Perfect timing? Dominant category, dominant design, and the window of opportunity for firm entry[J]. Strategic Management Journal, 2015, 36(3): 437-448.

[12] ADNER R, LEVINTHAL D. Demand heterogeneity and technology evolution: Implications for product and process innovation[J]. Management Science, 2001, 47(5): 611-628.

第 5 章
个体创造力

 开篇案例

从李约瑟难题到钱学森之问

英国科技史学家李约瑟撰写了七卷本的《中国科学技术史》。在撰写专著的过程中,李约瑟产生了疑问:"为什么近代科学没有在中国(或印度)文明中产生而只诞生于欧洲?""为什么从公元前世纪到公元世纪,中国文明比西方文明在自然知识应用方面更加有效?"这些疑问成为李约瑟难题的源头。李约瑟难题又称李约瑟命题、李约瑟问题。从李约瑟提出的疑问来看,他主要表述两个问题。问题一:从公元前世纪到公元世纪,为什么中国在科学技术发明与应用方面成功地走在西方前面?问题二:为什么近代科学没有在具有悠久古老文明的中国产生,反而产生在欧洲?这些问题一直是科技史学界探讨的重要问题。这些问题归根到底落脚在个体的创造力上,在科技成为经济发展根本动力的新时代,社会发展越来越依赖创造性人才的培养。

1929 年,钱学森(1911 年 12 月 11 日—2009 年 10 月 31 日)考入交通大学机械工程学院,1935 年 9 月赴美国留学,获得麻省理工学院硕士学位、加州理工学院博士学位。钱学森为"两弹一星"的发展做出巨大贡献,是我国航天事业的奠基人,国家杰出贡献科学家。钱学森在空气动力学、航空工程、物理力学等领域都有开拓性贡献。同时,钱学森对人才培养有深刻思考。2009 年 11 月 11 日,安徽的《新安晚报》刊登了沈正斌等 11 人给教育部及全国教育界同仁发出的题为《让我们直面"钱学森之问"》的公开信。信中把钱老谈的关于什么样的大学办学模式才有利于培养科技创新人才的问题,归纳为"为什么我们的学校总是培养不出杰出人才?"并把这句话说成是"钱学森之问"。

不论是李约瑟难题还是钱学森之问,焦点都是人才问题,问题的本质都是个人创造力问题。从诺贝尔奖得主的国际分布情况来看(见表 5-1),截至 2021 年,美国的诺贝尔奖数量占全世界的 51.55%。从高校或科研机构的分布上来看(见表 5-2),前 50 名的高校占据了诺贝尔奖总数的 49.74%。在诺贝尔奖获得者数量排名前 50 的机构中,美国约占 50%。尽管诺贝尔奖数量并不能代表整个国家的科技实力,但中国在诺贝尔奖方面的表现与其经济地位和人口数量极不相称。另外,印度人口众多,诺贝尔奖得主也仅有 1 位。因此,到底如何培养创新型人才,是创造性研究中需要考虑的重要问题。

第5章 个体创造力

表 5-1 各国诺贝尔奖获得者数量统计

国家	数量	比例	国家	数量	比例
美国(USA)	398	51.55%	挪威(Norway)	5	0.65%
英国(United Kingdom)	97	12.56%	奥地利(Austria)	4	0.52%
德国(Germany)	84	10.88%	以色列(Israel)	4	0.52%
法国(France)	42	5.44%	阿根廷(Argentina)	2	0.26%
瑞士(Switzerland)	25	3.23%	中国(China)	2	0.26%
日本(Japan)	21	2.72%	葡萄牙(Portugal)	2	0.26%
瑞典(Sweden)	17	2.20%	捷克(Czech Republic)	1	0.13%
俄罗斯(Russia)	15	1.94%	芬兰(Finland)	1	0.13%
荷兰(Netherlands)	10	1.30%	匈牙利(Hungary)	1	0.13%
丹麦(Denmark)	9	1.17%	印度(India)	1	0.13%
加拿大(Canada)	8	1.04%	爱尔兰(Ireland)	1	0.13%
澳大利亚(Australia)	7	0.91%	西班牙(Spain)	1	0.13%
意大利(Italy)	7	0.91%	突尼斯(Tunisia)	1	0.13%
比利时(Belgium)	6	0.77%			

表 5-2 全球获诺贝尔奖数量排名前 50 的机构

序号	机构(高校或研究机构)名称	数量
1	哈佛大学(美国)	28
2	麻省理工学院(美国)	22
3	斯坦福大学(美国)	21
4	加利福尼亚大学伯克利分校(美国)	21
5	加州理工学院(美国)	20
6	剑桥大学(英国)	18
7	芝加哥大学(美国)	18
8	普林斯顿大学(美国)	17
9	洛克菲勒大学(美国)	13
10	霍华德·休斯医学研究所(美国)	12
11	剑桥分子生物学实验室(英国)	10
12	牛津大学(英国)	10
13	康奈尔大学(美国)	8
14	耶鲁大学(美国)	8
15	柏林大学(德国)	7
16	海德堡大学(德国)	7
17	哈佛医学院(美国)	7

续表

序号	机构(高校或研究机构)名称	数量
18	索邦大学(法国)	6
19	伦敦大学(英国)	6
20	伦敦大学学院(英国)	6
21	巴斯德研究院(法国)	5
22	哥廷根大学(德国)	5
23	俄罗斯科学院物理研究所(俄罗斯)	5
24	乌普萨拉大学(瑞典)	5
25	美国国立卫生研究院(美国)	5
26	加利福尼亚大学洛杉矶分校(美国)	5
27	加利福尼亚大学圣塔芭芭拉分校(美国)	5
28	得克萨斯大学西南医学中心(美国)	5
29	法兰西公学院(法国)	4
30	京都大学(日本)	4
31	卡罗林斯卡学院(瑞典)	4
32	欧洲核子研究组织(瑞士)	4
33	苏黎世联邦理工学院(瑞士)	4
34	IBM苏黎世研究实验室(瑞士)	4
35	帝国理工学院(英国)	4
36	约翰·霍普金斯大学医学院(美国)	4
37	洛克菲勒医学研究所(美国)	4
38	伊利诺伊大学(美国)	4
39	宾夕法尼亚大学(美国)	4
40	华盛顿大学(美国)	4
41	圣路易斯华盛顿大学(美国)	4
42	巴黎高等师范学院(法国)	3
43	基尔大学(德国)	3
44	莱顿大学(荷兰)	3
45	俄罗斯科学院(俄罗斯)	3
46	莫斯科大学(俄罗斯)	3
47	贝尔实验室(美国)	3
48	福瑞德·哈金森癌症研究中心(美国)	3
49	LIGO/VIRGO团队	3
50	哥本哈根大学(丹麦)	3

思考问题: 我们需要培养什么样的创造力？创造力的来源是什么？

5.1 个体创造力的内涵与特征

个体创造是知识的根本来源,个体创造力是创新活动的重要基础。根据科技自立自强的战略需要,高校是基础研究的学术高地,企业是技术创新的根本主体。企业知识的积累经常依赖现有员工的技术创造和新员工的技术输入。尽管组织学习理论认为企业可以将个体组织起来实现集体学习和创造,但是个体学习仍然是这种学习的微观基础。人工智能尽管随着 ChatGPT 深入人心,但依赖人工智能实现创造仍然十分困难。个人依然是创造活动的主体。"知识是被验证真实的信念",是人类对自然解释的结果。知识的主观性本质上决定了人是知识创造过程中无法取代的主体。

个体创造力是指创造新颖且有用的问题解决方案的能力。新颖性和有用性是创造力的两个核心要素。新颖性是指个体发现的问题解决方法与原有的问题解决方法有显著差异。新颖性可以区分为对创造性个体新、对企业新、对行业新等不同级别。对创造性个体新是指问题解决方法与个体原来使用的方法不同,但是对企业或者其他人而言可能并不新。区分不同的新颖性非常重要,对创造性个体新而对企业不新意味着这种新解决方法从本质上是个体学习行为,对提高个体工作绩效有帮助而对整个企业的价值可能较小。

有用性是指个体发现的问题解决方法能够实现价值目标而且具有较强的可行性。任何创造力需要有利于价值目标的实现,这样的导向有利于提高创造的有效性。这种理解适用于技术创造,也适用于科学创造。技术创造的目标是实现技术性能的提升,科学创造的目标是提高对现象的解释和预测能力。新的解决方案实现更高目标的过程往往是曲折的迭代过程。对有用性的强调并不是要求所有的新解决方案需要立刻见效,而是在创造过程中必须有清晰的目标指向。

我们不仅关心创造力的新颖性和有用性,还十分关心究竟如何培养创造力。早期研究认为创造力是内生的,很难通过教育来培养。然而,创造力过程学派的研究发现,创造是有规律的,是可以通过后天学习来培养的。创造力具有专业异质性和普遍性两个核心特征。

专业异质性是指个体创造力在一定程度上与专业领域有密切联系,在体现形式上会随着工作内容不同而不同。例如,销售人员的创造力体现在发现的销售方法上,生产工艺人员的创造力体现在工艺革新上,研发人员的创造力体现在新技术的创造和利用上,管理者的创造力体现在对管理方法的改变上,企业家的创造力在于发现新市场、新战略、新商业模式等。在社会层面,科学家的创造力体现在新现象或效应的发现上,政治家的创造力体现在新社会制度的建立和新政治格局的创造上,艺术家的创造力体现在新的艺术表现形式的创造上等。同时,有很多创造性体现在社会角色的融合上,多学科、多角色的交叉形成了新的创造性成果。

普遍性是指创造力是普遍存在的,并不是特有群体才有的特征。创造力是普通还是稀有的,一直是创造力研究关注的重要问题。然而,尽管创造力有量的差异,但创造力是人的普遍特征。首先,创造力是可以塑造的能力,并不是天赋异禀的结果,而是长期坚持刻意练习就可以塑造的。其次,创造性不仅体现在创造性工作中,也体现在日常生活和普通工作中。任何工作中都可以通过重新定义问题、寻找新的解决问题的方式来实现更好的价值。

5.2 个体创造过程

个体创造力的来源一直是心理学研究关注的根本问题。为了探究个体创造力的来源,全球学者进行了长达60年的研究。自吉尔福特(Guilford)开始,学术界一直将创造力的来源归因于个体本身的特质。这些研究大多数是通过倒果为因的方式来探究创造力的来源。例如,从爱因斯坦发现相对论的突出创造性来推断爱因斯坦的思考方式甚至大脑结构是创造性的来源。然而,在某个领域内有重大影响的成果就一定比生活中的创意创造性更强吗?有创造特质的人能源源不断地产生创造吗?

人格特质的研究多采用心理学内源式的测量方式,认为创造力来源与内在的人格特质相关,对个体如何与环境互动而产生创造性缺乏合理的解释。更重要的是,这种心理测量方式隐含了"只有少数人具有创造性"的预设,然而,目前学术界发现创造性是人的共性。因此,学者们的注意力从关注特质逐渐转变为关注创造过程,形成了过程学派。过程学派认为创造力就是解决问题的能力,是一个可以学习的过程,有据可循,并不神秘。

最新的研究进一步指出,创造本质上是创新者与情景互动的共建过程。"科学从根本上根植于对话当中。"因此,创造性研究不能执着于可控的实验,而是要投身于实地考察,对"活体"进行研究,理解创意从萌芽到成熟的真实过程。索耶(Sawyer)进一步提出,创造的源头不是意念而是行动。更重要的是,创造力具有典型的群体动力学特征。为了解释个体创造力的影响因素,需要关注个体创造的所有过程。以往研究发现,个体创造过程包括以下几个步骤。

5.2.1 发现和定义问题

发现和定义问题是创造的开始,也是最重要的过程。创造是定义和解决问题的过程。所有创造都是从识别和定义问题开始的。对好问题的审美能力,以及知道如何提出正确的问题,是创造的关键步骤。

然而,在实践过程中,能够一次把问题定义清楚的技术人员并不多,往往需要经过很多次重述和分析,才能够把问题定义得明确和准确。究其原因,技术人员经常大概知道问题的存在,但对细节信息和事实往往知之不详,并没有投入大量的精力专门系统地分析问题的成因和影响,且经常都是口头上的,正式的书面分析很少,自认为自己很清楚,真正落到纸面上的时候却发现原来逻辑存在跳跃、颠倒和似是而非。在工作中,大部分技术人员对问题的现象和特征缺乏认真的观察,自然也不会形成仔细的、多方面的观察记录,对问题没有进行有效的思考,也就无法看到问题的本质。即使进行了仔细的观察,有详细的记录和思考,也可能由于思考技能的限制而不够准确。

问题定义质量是创造性解决问题的重要前提,对问题认识的深度和准确度是解决问题的关键。TRIZ理论认为,好的问题定义需要找到最小问题界面,找到最小问题界面上的相互作用。这种相互作用可能是静态物理载体之间不足、过度和有害的相互作用,也可能是连续运动的物质流、信息流和能量流作为功能载体的流相互作用,也可能是属性或者属性参数之间相互矛盾的作用关系。

那如何才能发现和定义好问题呢?首先,需要专门投入时间和资源对问题本身进行细致的研究和分析。研究发现,问题定义质量不高很多时候是因为提出问题的人并没有专门花时间来分析问题的表现形式、范围和背后的原因。出现这种情况经常是由于提出问题的人深陷具体事务中而没有对问题进行专题分析的习惯,导致掌握的信息大多是表面信息,没有时间或能力对背后的逻辑关系进行系统研究。另外,大多数人的思维惯性倾向于直接跳到问题解决情境中,这种惯性思维导致大多数人在对问题没有思索的情况下就开始解决问题了,经常发现自己解决的并不是正确的问题。

其次,需要选择恰当的问题诊断标准,以最终要实现的目标或者理想情况为指引定义问题。问题本质上是期望与现实之间的差距。现实现状信息容易收集,但是对现状的解释和期望经常因人而异。有些期望是以过去经营历史作为基准的,如设备性能下降的问题中,过去稳定的设备性能往往是我们界定问题的依据。有些企业采用同行中领先企业或者活动的绩效作为基准来识别和界定问题。然而,发展很好的企业或者工作业绩很好的员工却经常认为不存在需要解决的问题。这时候经常需要利用客户要实现的最终目标或者理想度作为指引,才能更好地界定问题。理想度思想中,期望的设定不是从现状中来,而是从理想中来,是以"应该是什么"作为理想标准,而不是以"是什么"作为标准。

最后,提高专业知识积累。问题定义的深度与专业知识直接相关。知识和理论是现实的理性抽象和逻辑分析框架。对专业知识和理论的深度理解,能够有效地帮助个体识别和正确地定义问题。尽管不同知识领域可能对相同现实有不同的理解,但是通常使用理论比不使用理论对现实问题的定义更加深刻。例如,西医和中医对感冒有不同的问题定义,但是只要用药得当,都可以治愈感冒。

5.2.2 学习问题相关的知识和技能

对问题解决起决定性作用的往往是知识和技能的宽度和深度。对客户的诉求、科学现象和效应、实施资源等关键要素越是了解,越是能够帮助个体实现创造。早期学者将创造力定义为见诸世界的新颖的心理组合。个体对知识和技能越是熟悉,知识和技能多样性越强,越有利于实现基于联想的心理组合。十年定律指出,在各自领域成就卓越的人至少已经努力学习十年。一万小时定律也指出,持续一万小时的刻意练习能让个体成为该领域的专家。如果按照每天三小时、每年三百天推算,一万小时也差不多是十年时间。有很多时候,我们相信门外汉比专家更专业,然而,研究发现该信念并不可靠。

5.2.3 收集相关数据和具体信息

创造是高度情境化的工作,不仅需要知识和技能,还需要根据知识收集具体信息和数据。信息的及时性、准确性等在创造过程中至关重要。收集的数据和信息相关性越强、越及时、越丰富,越容易对问题的范围、规模有充分的界定,且问题解决方案的设计参数更加精准。这个过程是个高度情景化的过程,往往需要通过浸入式学习和数字化技术的使用来实现。因此,个体经常需要按照问题时刻关注与问题相关的条件,保持对环境中各种资源的信息敏感性。

数字化环境下,新一代数据生成、数据存储、数据传输和数据分析挖掘技术的普遍应用,给数据和信息收集带来了极大的便利。同时,数字化环境下,数据的实时性、颗粒度、多样性和媒介丰度迅速提高。然而,数据的解读往往受到知识框架的影响,故对数据进行恰当的管理能够更有效地对信息进行分类和对比,经常能够帮助个体发现差异和难点。

5.2.4 酝酿过程

众多研究人员常常有顿悟的体验,研究中称为酝酿效应。这个过程被看作潜意识的加工过程,需要强迫自己阶段性的停止工作来获得灵感。但是,顿悟体验的出现是有条件的。很多顿悟发生在深入而独立思考的基础上,并不是凭空出现的灵光乍现。在经过长期思考后,忽然进入新的环境中更容易触发顿悟体验。酝酿效应是普遍存在的,酝酿效应的本质是找到了全新的逻辑链接。

酝酿效应出现的本质原因有两个:第一,触发全新搜寻路径。长期思考的人,经常是在定义好问题并掌握知识和信息之后,通过持续不断的思考来搜索新的恰当的链接。之所以百思不得其解,是因为局限在原有的视角和知识背景中。突然的中断解除了对错误路径的固着,且新情景中的事物容易触发新的路径搜寻,从而找到全新的逻辑链接。第二,脑力恢复。中断是强迫让大脑休息,重新休息以后大脑获得更好的链接和思考能力,能够更有效地联想、推理和思考,从而能够找到全新的解题思路。

5.2.5 新想法产生与组合

新的解决方案往往是众多新想法的组合。新想法往往产生于原有概念的新组合。这种组合经常需要打破对问题的原有认识,重新建立搜寻空间,对关键要素的属性、属性取值及其关系进行重构。这种组合的建立往往需要专业知识之间的交叉,借助隐喻和类比思维进行远距离的链接。因此,想法的产生需要异质性知识和恰当的思维方式。

解决方案的产生有三种常见的策略:事前策略、事中策略和事后策略。事后策略更为常见,一般是出现了问题以后采用消除负面影响的方式解决问题。例如,噪声大就增加消音装置来降低影响,吸入的空气杂质多就加个过滤网。这些解决方案没有消除产生问题的原因,而是在问题出现之后,通过降低影响或者补偿的策略来解决问题,这种采用加法解决问题的方式往往让结构变得复杂。事中策略是指在问题出现的同时进行解决。例如,在轨道交通中的车轮与钢轨之间产生的低频振动往往传播距离远,影响人的身心健康。消除车轮和钢轨之间的振动很难,而在问题开始的时候就切断传播更容易解决问题。改进的措施是,如果存在一个有害流,引入一个反向的流来进行叠加,在轨道基板中加入反向震动的模块来降低这种危害。事前策略是消除问题产生原因的方案。这些方案的产生需要借助因果分析和最终理想解等工具来实现,往往依赖对问题中模块的深入了解。

5.2.6 新想法优选

个体总会按照标准对新想法进行比较和选择。不论是新的技术、产品、商业模式还是管理措施,都需要收敛性的比较。究竟如何保证优选出来的想法是最好的?以往研究发现,优选出理想想法的最好方式是想出尽可能多的想法,并在此基础上去掉有缺陷的想法。比选的方法有很多,有定量分析、定性分析和定性定量相结合的分析等。

5.2.7 新想法的外化

新想法的外化是指采用物理形式实现新想法的过程。新想法的外化包括制作原型、借助工具以及可视化手段将新想法展现等。众多创造最终失败是因为在执行环节遇到了很大的阻力或者成本过高。执行过程并不是线性过程,而是不断迭代修改想法的过程。众多企业帮助自己员工通过3D打印等多种方式实现原型制造,并在办公场所中设置很多白板和便利贴,帮助员工随时能够外化自身的想法。外化也是一个触发反思的重要步骤,很多人在外化的过程中会重新反思问题的本质和解决方案的逻辑性,从而进一步激发更多的灵感。

以上7个步骤不是线性过程,而是不断循环的迭代过程。创造并不是灵光乍现的一瞬间,而是不断迭代的艰苦工作过程。对创造过程的描述更容易让我们理解创造力的来源,创造力的强弱体现在每个过程中能力的大小。有些人擅长定义问题却不擅长产生想法,有些人则善于产生想法,而在决策上优柔寡断。因此,培养创造力就是培养定义问题、学习专业知识、收集信息、酝酿想法、产生想法、对想法进行决策以及外化的能力。

5.3 个体创造力的来源

个体创造力的塑造需要明确影响个体创造力的关键要素。早期创造力的研究将创造性视作稳定的人格特质,认为创造性来源于智商、发散思维,如托兰斯(Torrance)创造思维测验主要测量了发散思维的流畅性、独创性、灵活性和精致性。然而,创造力的相关学者经过60多年的研究发现,这种测量并不能有效预测创造性,创造过程比单纯的个性特质复杂得多。创造性是发散思维、聚合思维、批判性评价以及智力的复杂结合,在创造过程中需要不断地切换。更重要的是,创造性的研究发现,很难找到通用创造力,创造力具有任务异质性。当前研究认为,个体创造力来源于以下关键要素。

5.3.1 个性与动机

有梦想才有未来!所有的创造始于梦想和冲动,成于长期的执着!创造是敢于改变现有问题的定义方式和解决方法,并在失败中不断迭代的过程。创造对创造者的个性和动机有很高的要求。个性方面,创造力的研究并没有发现创造力特有的性格特质。但是,高创造性的个体普遍具有自主性、开放性、进取性和冒险性。

自主性是指能够由内而外驱动、敢于标新立异、独立创造的行为特质。创造性较高的个体往往具有强烈的自主性,包容对立和冲突,模糊容忍度,具有冒险精神,具有持续克服障碍的毅力和追求卓越的精神品质。自主性和主动性是创造性非常重要的因素,大多数人是被逼无奈采取创新的,如果没有障碍,一般人不会有动力去解决问题;而创造性出色的人往往不同,他们总是主动地发现和解决潜在的问题。根植于内在价值的动力往往是突出创造性的深层动机。

开放性是指乐于接受新信息和新事物的心态。有些人在遇到不同见解时经常不自觉地进行心理对抗和排斥,这时开放性水平比较低。开放性较高的个体则乐意倾听不同意见,融合合理成分来提高对问题的认识。

进取性是指克服资源限制,持续不断努力的特质。持续不断的进取是高创造性人群的普遍特征。这些个体追求完美,永不满足。对于这些个体而言,为实现更高的目标,他们经常发现资源是不够的。

冒险性是指勇于承担风险的性格特质。大多数主体喜欢熟悉的事物,借助相似性来获得安全感。而创造往往需要从新的角度看问题,找到原来不熟悉的解决方案。不论是问题的界定还是解决问题的全过程,都充满不确定性,需要主体敢于投入资源,承担不确定性风险。

5.3.2 专业知识与信息

掌握知识和经验对解决问题的重要性不言而喻,个体的专业知识宽度和深度直接决定了问题的定义、问题解决方案的质量。然而,知识也是一把双刃剑。在同一个领域内的创造经常依赖于对知识的深刻理解,而对这个领域的专业知识也就产生了范式的约束,无法超越专有知识进行创新。因此,知识宽度和知识深度成为创造力的两个重要因素。

知识宽度是指个体掌握的知识领域的范围。众多研究都发现,同时具备多门专业知识的个体往往更加容易创造出新的问题解决方法。不同的知识领域往往具有不同的世界观和看问题的角度,交叉领域的个体更容易跳出原有领域的陷阱,找到创造的新视角和途径。历史上具有创造力的伟人经常都是多面手。例如,孔子不仅文才出众,也同样武艺超群;图灵不仅是人工智能的鼻祖,也是获得经济学奖的管理学者;牛顿不仅是物理学家,也是出色的数学家。学者在多样性的研究中发现,知识多样性能够有效提高创造力。

知识深度是指个体对单个领域的知识模块及其链接的熟悉程度。作为控制现象实现目的的手段,技术创造力经常来源于对现象的精准控制,对现象的精准控制需要对现象非常熟悉。与问题相关的知识越专业,越能够建立与其他知识领域的链接,提高认知链接的速度和质量。

5.3.3 认知与分析能力

认知能力是指由观察、记忆、想象、推理等构成的综合能力。创造过程是知识密集和思维密集型活动。良好的认知能力有利于发现问题、分析问题和解决问题。最早的创造性研究将智商作为核心来源,法国人比纳和西蒙最早开始测量智商。20世纪初斯坦福大学教授刘易斯·推孟(Lewis Terman)将这种方法引入美国。吉尔福特(Guilford)1950年首推创造力的研究,并根据他的智力结构理论认为发散思维是创造力的来源。尽管创造性不取决于智商,但是综合能力、分析能力、联想能力对创造过程有显著的影响。

在复杂问题的解决过程中,需要个体具有很强的逻辑推理能力和想象力。不同个体在想象力、记忆力和逻辑推理方面存在显著的差异。尽管很多人具有专业知识,但是创造性解决问题需要建立知识之间的链接,这不仅需要良好的记忆和想象,还需要严谨的逻辑推理和分析能力。推理能力不仅包括逻辑推理,还包括形象推理。

5.3.4 思维方法

思维方法是指思考活动的步骤和组织方法。人的知识、信息、认知能力只是创造的基础能力,TRIZ理论发现,如何组织和利用这些知识、信息和认知能力,对提高解决问题的效率至关重要。我们需要将问题定义和解决过程组织起来,按照一定的算法去寻找答案。有方法的思考能够有效地克服思维陷阱,提高个体的创造力。思维方法会影响思考方向、知识搜寻和利用的模式,从而对创造力产生重要影响。创造是以改变为中心的活动,经常需要打破原来的思维惯性,重新定义问题、更换知识模块及其利用方式。因此,创造更需要逆向思维、发散思维、收敛思维等多种思维方式的交替使用。

最新的研究认为,悖论思维能够帮助企业从正反两个方面重新审视问题,并在此基础上对知识进行新颖的组合,从而促进创造性的提高。以往研究针对不同的思维惯性开发出不同的工具与方法。例如,头脑风暴、水平思考法、六顶思考帽、TRIZ创新方法等。除了思维方法之外,对问题的寻找还需要访谈、调查,以及统计分析、计算模拟等多种研究方法。

5.3.5 外在环境

除了个体自身的个性、专业知识、认知能力、思维方法之外,创造力还会受到个体所处外部环境的影响。对个体创造力影响比较重要的是资源环境、制度环境和文化环境。

第一,资源环境。资源环境是创造活动需要的外部资源条件。个体创造和其他活动一样,都需要消耗资源。个人是否拥有创造资源,能够直接影响创造过程的成败。这种资源包括研发资金、研发设施、物理空间、仪器材料、信息资源等。

第二,制度环境。制度环境是指个体创造过程中由权利、义务、相关规范、法律构成的外部条件。每个国家都对个体权利和义务有法律规定,对创造的空间、收益保护等方面进行了界定。例如,对个体收益的法律规定是影响创造空间和动力的直接要素。在知识产权法建立之前,国有企业员工发明的技术产生的收益是应该归个人还是企业曾经产生了很大的争议。此外,是否尊重个人创造成果是影响创造动力的直接要素。

第三,文化环境。文化是较为复杂的概念,包含多个维度,其中最核心要素是信念体系。这些信念体系可能会有特定的符号体系,包括文字、图像、仪式等多种要素。广义的信念体系包含了知识(被验证的信念),文化中狭义的信念主要是那些没有被证实的部分。这些信念体系潜移默化地体现在个体行动中作为深层次的假定,往往被认为是理所当然的。

文化的众多维度中,个体创造力的研究重视价值观和世界观两个方面。价值观是人对世界事物相对重要性的认知和信仰,世界观是人对事物内在规律的认知和信仰。价值观主要反映在对众多事物重要性的排序方面,往往以价值规范的形式存在。重要性排序是影响资源分配的重要因素。重要性排序经常成为个体注意力、资金、时间、物质资源分配的重要根据,也决定选择为谁解决问题的立场,也经常成为解决问题的内在动力的社会来源。例如,东方文化中看重人情关系、人性品德、家庭、孝敬父母、尊敬师长,儒家强调君君臣臣父父子子的社会角色体系和秩序。世界观是对事物存在特征的信念和假定。例如,西方文化中世界是上帝按照规律创造的,致力于精准理解上帝塑造世界的规则。而东方文化认为世界万物都是来源于"道",而不是上帝的缔造,如《清净经》中提道"大道无形,生育天地",天、地、人同源、同构,万事万物都是整体性的存在。

世界观和价值体系相互影响,并影响了个体的注意力结构。这种不同的注意力结构会影响个体对问题的选择和归因过程。东方文化特别关注社会现象和人性品质的归因,而西方文化更加关注自然现象和工具的使用。东方社会权利距离较大,对个体的自主创造带来了更大的压力。除了社会文化,个体所在团队、部门、公司的价值导向,以及自然环境、家庭环境也会通过影响价值取向和思维方式来间接影响个体的创造性。总之,塑造鼓励创新的人文环境、工作环境和制度环境,有利于个体创造性的提高。

参考文献

[1] SAWYER K. Explaining creativity:The science of human innovation[M]. New York: Oxford University Press,2012.

[2] 斯滕博格. 剑桥创造力手册[M]. 赵明,戴浴宇,译. 上海:东方出版中心,2021.

[3] AMABILE T M, CONTI R, COON H, et al. Assessing the work environment for creativity[J]. The Academy of Management Journal, 1996, 39(5): 1154-1184.

[4] OLDHAM G R, CUMMINGS A. Employee creativity: Personal and contextual factors at work[J]. Academy of Management Journal, 1996, 39(3): 607-634.

[5] WOODMAN R W, SAWYER J E, GRIFFIN R W. Toward a theory of organizational creativity[J]. Academy of Management Review, 1993, 18(2): 293-321.

[6] ZHANG X M, BARTOL K M. Linking empowering leadership and employee creativity: The influence of psychological employment, intrinsic motivation, and creative process engagement[J]. Academy of Management Journal, 2010, 53(1): 107-128.

[7] ANDERSON N, POTOCNIK K, ZHOU J. Innovation and creativity in organizations: A state-of-the-science review, prospective commentary, and guiding framework[J]. Journal of Management, 2014, 40(5): 1297-1333.

[8] AMABILE T M, BARSADE S G, MUELLER J S, et al. Affect and creativity at work[J]. Administrative Science Quarterly, 2005, 50(3): 367-403.

[9] PERRY-SMITH J E, SHALLEY C E. The social side of creativity: A static and dynamic social network perspective[J]. Academy of Management Review, 2003, 28(1): 89-106.

[10] SHIN S J, KIM T Y, LEE J Y, et al. Cognitive team diversity and individual team member creativity: A cross-level interaction[J]. Academy of Management Journal, 2012, 55(1): 197-212.

第 6 章
TRIZ 创新方法

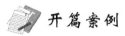 开篇案例

从爱迪生到阿奇舒勒

负责冰箱产品研发的钟总,是一个热爱美食的人。这天晚餐时,夫人做了一道他喜欢吃的四川名菜凉拌鸡。吃了一口后,钟总对夫人说:"今天的鸡肉有点柴,不够鲜嫩。"夫人说:"那有什么办法?从过年拿回来,在冰箱里都已经放了三个多月了,肉肯定不嫩了!"向来擅长厨艺的夫人语气里带有一丝无奈。"你是做冰箱的,怎么不开发一个保鲜久一点的产品?"夫人的话触动了钟总,他想:冰箱的基本功能就是保鲜,但目前保鲜效果明显是不够好的。虽然冷冻后肉的保存时间比较长,不会坏,但口感、营养变差了。如果能够解决这个问题,新冰箱一定会得到消费者的喜欢!

第二天,钟总召集技术人员进行讨论:在冰箱保鲜方面,目前消费者还存在哪些痛点?经过讨论,最后总结出三个痛点:第一,新鲜蔬菜水果的保存时间不够长。比如白菜、菠菜等叶子菜,在冰箱里只能放三五天,草莓只能放一两天。而据大家亲身经验来看,生活在城市里的上班族,平时根本没有时间每天买菜,一般最多一周买一次,如此一来,短暂的保鲜时间显然是不够的。第二,袋装保存容易腐烂。市面上的冰箱大多是风冷冰箱,优点是不会结霜,但缺点是蔬菜水果容易风干变蔫,套上保鲜袋可以解决风干的问题,但又容易闷坏,加速腐烂。第三,肉类冷冻后再解冻血水流失多,造成口感和营养变差。肉类要长期保存,就必须要冷冻,但冷冻后其中的水分会结冰,冰晶会破坏细胞膜,造成汁液流失,口感和营养变差。消费者的痛点就是产品创新的机会,钟总心里很是兴奋,但随即也有疑惑:对于这些问题,目前的技术能够解决吗?

江所长、小胡到钟总办公室,兴奋地说:"找到一些方向了!"钟总一听,赶紧站起身,"说说看!"江所长说:"我们采用了 TRIZ 的创新问题解决理论,分析到冰箱保鲜是冰箱对食物产生一个温度场的模型,这个模型存在的问题是效果有,但不够好。通过 TRIZ 的标准解分析,可以采用添加新的物质或者新的场的方法,这就为我们找到办法指出了一个方向。那添加什么呢?我们就去查询资料,还真给我们找到了一个技术。"

小胡接着说:"我们查询了国内外的文献资料,发现有一种方法可能能解决问题,那就是静电。因为新鲜的食物中都含有水分,而静电对水会形成影响。从 2011 年就陆续有文章介绍静电对冷冻食物的影响,特别是中国农科院的一篇文章中介绍,在静电场下,冻结再解冻对牛肉品质的影响结果显示,牛肉在冻结过程中通过短时间生成最大冰晶,组织中的冰晶较对照组体积小、数目多、分布均匀,肉类解冻速度较快,解冻后肉色更新鲜,咀嚼性、嫩度较高,解冻汁液

流失率、汁液中蛋白含量损失率及蒸煮损失率均显著降低。扫描、透射电镜结果表明，试验组肉样解冻后肌肉微观结构遭破坏程度较轻，肌纤维束排列相对紧密。"江所长说："电场的引入，将与食物中的水分子发生作用，从而产生两种作用，第一是振动，降低生物酶的活性，改善生物膜透性，抑制三磷酸腺苷的生成，延缓细胞的新陈代谢，延长食品保鲜期；第二是裂变，促成水分子结合方式改变，使冰晶形态细小、食品内外同步降温，降低食物细胞组织破坏程度，减少质量损失和解冻后营养成分的流失。该技术方案可以用于冷藏和冷冻的食品保鲜——它可以完美地解决三大保鲜痛点！"钟总也很兴奋，"这正是我们想要的啊！那还等什么，赶紧研究！"

  虽然原理已经找到，但要想在冰箱产品上实现，还需要解决三个问题：一是空间电场的发生装置；二是电场的参数设定；三是保鲜效果的验证。找到问题后，公司保鲜实验室开始组织项目组紧锣密鼓地开展工作。空间电场的发生装置中的变压模组，有三种可能的方案，分别是逆变-升压-高压交流电模组、推挽升压-高压交流电模组和工频变压模组。分析上述三个方案，项目组得出结论，认为逆变-升压-高压交流电模组与推挽升压-高压交流电模组电路都较复杂，实现过程较长；工频变压模组加工精确，变压稳定，有独到技术，实现周期短。因此，他们决定首先应用工频变压模组，同时进行逆变-升压-高压交流电模组与推挽升压-高压交流电模组的研究与储备工作。

  变压模组问题解决后，还要有放电模组。放电模组电压为 1200 V～4000 V，频率为 30～100 Hz，放电模组可以为导电膜、导电板、导电带或导电棒。实验人员通过变压模组调节放电模组的电场强度，放电模组工作时便会产生电场。电场强度参数直接关系食品的保鲜效果。若电场强度太低，则保鲜效果基本为零。因此，确定适宜的电场强度参数非常重要。实验人员通过对细胞膜电势、果蔬生物电场、水分子结构特性等进行分析，最终确定电场强度在 3～10 mV 就能明显影响细胞内酶活性，并且能与细胞内水分子发生共振，激活水分子，使结晶细小化。确定大致范围之后，项目组开始针对不同电压值下冷藏室内果蔬的保鲜效果进行测试：在空间电场强度为 0 mV、1 mV、2 mV…8 mV、9 mV、10 mV 条件下，测试了青菜 7 天后的失重率。结果证实，电场强度对青菜失重率影响显著：当电场强度小于 5 mV 时，失重率一直维持在较高水平；当电场强度达到 5 mV 时，青菜失重率骤降；大于 5 mV 后的失重率与 5 mV 时的失重率相当。这说明只要电场强度不小于 5 mV，就能明显降低青菜的失重率。项目组随后针对冷冻室内的食品进行不同电压值下的汁液流失率测试。在空间电场强度为 0 mV、1 mV、2 mV…8 mV、9 mV、10 mV 条件下，测试了冷冻猪里脊肉解冻后的汁液流失率。结果表明，当电场强度低于 5 mV 时，猪里脊肉的汁液流失率较高，一直在 3% 以上；当电场强度达到 5 mV 时，汁液流失率明显降低，达到 1% 以内。这说明只要电场强度不小于 5 mV，就能显著降低猪里脊肉的汁液流失率。从冷藏室和冷冻室食品的保鲜测试效果来看，实验人员认为电场强度达到 5 mV 即能产生良好的保鲜效果。根据理论分析及试验验证，项目组确定空间电场电压的最低阈值为 5 mV。

  技术问题初步得到解决，实际保鲜效果到底怎么样呢？针对一些典型的食物，包括牛肉、菠菜和西红柿，项目组又进行了对比测试。牛肉在 −18 ℃ 冷冻 14 天后，普通冰箱牛肉的血水流失率为 11.26%，电场下的牛肉血水流失率为 1.36%，降低了 88%。菠菜在 4 ℃ 冷藏 14 天后，普通冰箱的水分流失率是 3.74%，电场下的水分流失率为 1.72%，降低了 54%。西红柿在 4 ℃ 冷藏 14 天后，普通冰箱的水分流失率是 3.12%，菌落总数是 $3×10^6$ CFU/g，电场下的水分流失率为1.65%,菌落总数是0,水分流失率降低了47%。实验证明,在适当电场强度下的保鲜效果显著高于普通冰箱保鲜效果,这个堪称完美的实验结果让大家感到信心满满,激动异常。

在冰箱整机上,如何安装上保鲜模块,并且在冰箱内部整个空间实现电场的分布,是一个难题。项目组想到一个办法:在冰箱顶部设计一个凹槽,变压模组安装在顶部凹槽内。放电模组安装在冰箱黄金分割点处,能最大限度保证冰箱箱体内电场强度均匀,保证最低值在阈值之上。为了产品的安全性,放电模组安装在安全绝缘套内进行全方位安全绝缘,当放电模组安装在两个储藏间室之间时,可以安装在两个间室分隔层靠近体积较大间室的一侧,也可以安装在分隔层的中间位置,本着提高冰箱间室电场强度的目的,优先考虑靠近体积较大间室的一侧。当放电模组安装在储藏间室绝热层时,本着提高冰箱间室电场强度的目的,放电模组安装在储藏间室绝热层中靠近储藏间室一侧。测试结果显示,离放电模组近的区域电场强度较强,电场强度在200 mV以上,离放电模组较远的区域电场强度较弱,在20 mV左右,满足电场保鲜要求。经过这一系列的测试,保鲜模块和冰箱整机的两个关键研发问题顺利解决。截至2019年4月份,公司新产品销量达到18万台,销售收入12亿元,利润额3亿元。在冰箱行业内,公司新产品占据高端市场(8000元以上)份额为9%,提升了10倍。

思考问题:上述产品开发过程中用到了哪些创新方法?

6.1 偶然性创新方法与系统性创新方法

创新研究试图分析创新的本质规律,为个人、团队、企业、产业和政府提出降低创新风险、提高创新效率和效果的措施。在个体层面的研究中,很多学者关注到创新之所以效率低、效果差、风险高,是由于缺乏分析的工具和方法。个体容易受到价值观体系、世界观体系和心智模式的限制而呈现出典型的思维惯性,跳出思维惯性经常需要借助一些分析工具和方法。尽管很多公司和学者致力于开发创新的方法和工具,但更多属于创意产生工具,而未以创新的本质过程为基础开发出能够克服执行困难的工具和方法。这些方法被称为偶然性创新方法。科技历史学家经常忽略了创新过程中的心理作用,而心理学家则经常忽略了技术进化的客观规律而一味地关注个人的创新特质。以往个体创造力过程学派的研究也只是按照时间顺序描述了创新的过程,将发明作为一个整体来考虑,而对究竟如何解决问题还是一无所知,没有深入分析问题本身的特点及解决方法。为了真正找到解决问题的做法,需要首先研究创新内在的客观规律而不是简单描述过程。

6.1.1 偶然性创新方法

偶然性创新方法包含试错法、头脑风暴、六顶思考帽、水平思考法等多种创新方法。这些方法致力于通过工具来引导创新者克服思维惯性,以更开放的思路或异质性的思考来产生新的创意。

1. 试错法

试错法是最基本和原始的创新方法。在通常情境下,我们面对问题,总是先提出想法然后验证,如果行不通就想别的办法,一直不断的猜想、试错,直到想不通了,要么停止,要么开始新的循环。因此,我们经常看到创新体现出不断试错并改进的特征。众多研究都将试错法作为

最基本的创新方法。试错法是在界定问题的基础上,不断搜寻和验证方案,一直到问题得到解决。这种方法往往采用以下步骤:

第一,界定问题,识别关键的实验参数或者可能的解决方案。在理论分析或猜测的基础上,确定需要实验的参数或概念模型。对问题的界定往往因人而异,对实验参数的设定受到个人经验的影响。

第二,排除没有意义的参数组合,筛选出可以实验的组合。在这个情境中,经常需要使用知识,有经验的工程师往往能够准确地排除不可能的组合,从而降低试错的范围和成本。

第三,对各个参数组合情境进行实验,寻找最优的组合。这种方法往往简单直接,覆盖面广。

然而,这种方法有两个缺点。首先,成本高。这种方法往往需要耗费大量的资金、人力资源和时间成本。很多创新难题经过几十年甚至上百年才得到正确解决。一些复杂的创新活动,每次试验总是要耗费大量的成本。连爱迪生自己也承认,他完成每个发明平均要花7年时间,有三分之一的时间在寻找新的方案。曾经和爱迪生一起工作过的尼古拉·特斯拉(Nicola Tesla)写道:如果爱迪生要在干草垛里面寻找一根针,他不会浪费任何时间去判断针最可能在什么位置。他会立刻像蜜蜂一样,辛勤地检查每一根稻草,直至找到那根针。他的方法效率很低。他会花费大量的时间和精力,最终还是一无所获,除非他运气好。从一开始他就忙忙碌碌,真是悲哀!因为我们知道,哪怕只用一点点理论知识和少量计算,就能节省至少30%的时间。他看不起书本教育,特别是数学知识,而完全相信自己的发明直觉。对技术型创业企业而言,可能就没有第二次尝试的机会。最终获取创新收益的人往往不是第一个发明人,而是后来在前人失败经验基础上进行改进的人。

其次,试错活动经常受到试验主体个人知识框架、思维方式和习惯的影响。在不断试错过程中,人们经常陷入惯性思维,从原有的生活经验中提取概念进行试错。例如,机械专业的技术人员往往在机械装置方面试错,而很少在电子领域试错,从而错失机械和电子结合的机会。更重要的是,试错经常让我们误认为无论多么复杂的创新任务,只要持续不断试错,总是能找到解决方案。特别是在创造心理学研究中,总能找到很多杰出人才创造性地发现了新的解决方案。然而,这些研究往往由于关注个体,而忽略了技术问题解决的历史背景。他们经常认为杰出人才是从第1次试错开始的,但是实质上他们经常是从第N次试错开始的。例如,白炽灯的最初想法出现在19世纪,而直到1840年才有了第一次加热金属丝而产生光的实验,又过了39年之后,第一批批量生产的灯泡才出现,而我们一般误以为爱迪生是第一个实验灯丝的。就像阿奇舒勒在《创新算法》中做的比喻,如果我们在100000 acre(1 acre=4046.86 m^2)的地下寻找宝藏,历经几代,成百上千的人都在这块地上寻宝,每人挖100 acre的范围,有时候地块之间彼此会重叠。逐渐地,哪些地域没必要再挖掘就越来越明显。同时,人们还在继续挖。最后第一千零一个探宝者出现了,他知道哪儿不需要挖,因为他的前辈在此前50年的时间里已经挖过了。他另辟蹊径,最终挖出宝藏。这时心理学家出现了:"请告诉我,你怎样能这么快就找到宝藏?"实际上,答案非常简单,所有"劳而无功"的地方都被其他人在半个世纪里辛辛苦苦地挖过了,新的探索区域就变得更小了。

2. 头脑风暴

头脑风暴试图通过集体的广泛讨论来实现对个体认知惯性的纠正。1953年美国心理学家奥斯本发现有些人擅长产生想法但是不擅长筛选和评价想法,而有些人则相反,擅长评价而不擅长产生想法。因此,通过集体分组,可以让有些人不受限制地产生想法,而让有些人进行想法的评价,用这种方法发挥集体的力量,通过先发散后收敛的过程进行创造,通过鼓励不设限的想象发散过程和逐一排查的收敛过程来产生可行的想法。头脑风暴一般按照三个阶段展开:

第一阶段,明确讨论的问题、边界和参与的人员;为了尽可能产生更多的创意,参与的人员要具有相关性和多样性;一般邀请人员要在性别、年龄、教育背景和专业领域等多个方面提高异质性。

第二阶段,针对问题进行不设限的发散和想象,不允许小组成员之间的批评和否定;为了产生更多的创意,尽可能让成员放开想象发现全新的创意,要求在讨论开始就明确说明无论别人提出什么样的想法都不能否定。

第三阶段,收敛阶段。该阶段对已经识别出来的各种创意方案逐一进行分析,评价这些方案的可行性,最终筛选出最优的方案。

头脑风暴是集体完成的,克服了个体惯性的限制。更重要的是,通过头脑风暴整合了部门或者跨部门的知识,能够解决较多个体无法解决的技术问题,对小型发明问题的解决有显著的作用。

头脑风暴之所以广泛应用是因为其在普通问题上效果很好,操作简单明了。之所以有效是因为这个方法涵盖了创新的发散产生想法和收敛评价想法的完整阶段,并且让发散和收敛两个阶段都进行了适当分工,在发散阶段集体发散,而在收敛阶段集体收敛。头脑风暴本质上是通过克服个体在思考过程中执着于自身领域,对问题的思考不够发散和全面的问题,来提高解决问题的效率。头脑风暴通过提高小组成员领域的异质性,扩展他们看待事物的角度,从而激发更多、更有效的新想法。

头脑风暴的思维过程如图 6-1 所示。

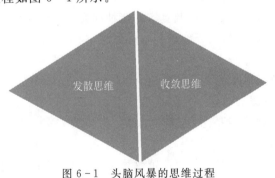

图 6-1 头脑风暴的思维过程

3. 水平思考法与六顶思考帽

除了思考的角度,思考的知识领域也是制约创新的重要原因。博诺博士将这种思考方式称为垂直思考法。垂直思考法是指人致力于在本领域继续深挖以解决问题。采用垂直思考法的人在遇到问题的时候试图通过在原来的领域深挖而不是换一个领域来解决问题。与垂直思考法相对的思考方式被称为水平思考法。水平思考法要求我们从既定的领域和理论中脱离出来,识别既定理论的前提和条件,扭曲和分析既定理论。然而,在《水平思考法》一书中,博诺博士并没有给出系统可控的思维步骤。尽管他强调利用偶然因素和广泛搜集新信息的作用,但是这个过程仍然处于随机过程中。

尽管我们强调换一个领域能看到世界的不同风景,但是我们往往缺乏切实可行的方法。六项思考帽提供了管理思考角度的有效工具,来克服领域和视角的限制。六项思考帽可以在个人层面使用,也可以团队形式开展。在团队层面,虽然头脑风暴鼓励大家自由畅想,但是争论无法避免。合作创造最大的障碍是自我偏见和辩论陷阱。自由争论中大部分是为了获胜而不是客观地考察问题,因为人们总倾向于在思考中保护自我,认为思考是用来攻击和打倒别人的。六项思考帽通过消除自我,避免了自由争论带来的偏执,将所有人的智慧和经验得到整合,让会议得出有效结果的时间缩短一半以上。

如何通过消除自我,降低原有领域的偏执来整合智慧呢?六项思考帽通过设立主持人,要求所有人按照顺序从同一个角度(戴上一顶某种颜色的帽子)思考问题,在一个方向思考结束后,让所有人转换到下一个角度(戴上一顶另一种颜色的帽子)进行思考,直到问题得到解决。值得注意的是,要让所有人都戴上统一的帽子,而不是按指定一个人戴红帽子、一个人戴黄帽子、一个人戴绿帽子的方式开展。

(1)蓝色帽子。蓝色是冷色,也是天空的颜色。蓝色帽子强调对思考过程的控制和组织,它管理其他思考帽的使用。没有组织的思考,效率低,混乱不堪,因此需要针对性地选择或组织帽子的使用过程。开会不能变成结论分享的争论,而应该是共同思考问题的解决。蓝色帽子指引大家集中提出正确的问题、定义问题、设定思考的任务、设计讨论程序,并对整个过程进行监督和控制。蓝色帽子一般是主持人的角色,负责组织整个过程,需要明确讨论的主题、要讨论的问题、要达成的目标、制定会议的规程,并管理整个过程,避免跑题、避免各自为战,然后分阶段地总结成果,结论并引导整个小组的思维过程。

(2)白色帽子。白色强调中性和客观,思考的是客观的事实和数据,目标是全方位地获得事实。白色帽子通过整合各个角度,来澄清事实的现状以及真实性。它确认每一个事实属于被证实的事实还是未经证实的事实,以及真实到何种程度。它为了纠正解释偏见,强调事实的真实性,而不需要任何原因解释;为了纠正传言偏见,强调事实是否是被证实的,还是感觉上的事实。

(3)绿色帽子。绿色是草地和蔬菜的颜色,代表丰富、肥沃和生机。绿色思考指向的是创造性和新观点。它留出专门的时间进行创造性思考,一般人对遇到的问题得到一种解决方案以后就不再寻找新的,而创造需要进一步寻找新的、更多的方案。为了避免创意暂停,需要专门在讨论过程中留出时间进行创造。

(4)黄色帽子。黄色强调阳光和价值。黄色思考是乐观、充满希望的积极正面的思考,引导所有人发现每个方案的亮点,并积极思考如何才能把方案做成。它强调积极判断可能性、建设性思考,有远见地提出建议和提案,想办法让事情成功,以创造价值和好的前景。

(5)黑色帽子。黑色强调冷静和严肃。它要求每个人小心和谨慎,指出任意观点的风险所在。黑色帽子引导所有人思考:与我们的资源条件、政策、战略、伦理规范以及价值观等如何不符?哪里错了?哪里不合适?哪里不起作用?能够得出结论吗?这是唯一的结论吗?未来可能发生什么?这会与过去的经验相符吗?风险是什么?如果我们采取行动会发生什么?这个行动我们可以接受吗?我们具备资源条件去行动吗?人们应如何反应?竞争对手会如何反应?我们会在哪些地方出错?潜在的问题是什么?这个行动会让我们持续盈利吗?黑色帽子要求人们冷静严密地思考问题。

(6)红色帽子。红色强调情绪、直觉和感情。红色思考提供的是感性的看法,让大家能够把自己的直觉和情绪都表达出来。红色帽子指出,明确表达自己的直觉不需要理由和根据;根据情绪、直觉的判断,不需要辩解。红色帽子让感情、情绪和直觉合法地成为思考的一部分。

六项思考帽是为了让小组按照有组织的顺序,集中思考问题和解决方案的各个方面。六项思考帽有专业的过程组织角色(蓝色)、强调事实和证据(白色)、集中创造新方案(绿色)、对方案进行理性评价(积极的黄色与谨慎的黑色)和感性评价(红色),从而以有组织的思考实现了智慧集成。六项思考帽可以根据问题特征按照不同顺序使用。例如,可以先安排蓝帽子思考问题的界定、目标、组织和控制程序进行讨论,然后利用白帽子强调数据的收集,绿帽子激发更多的创意,避免个人思考的创意暂停、过程陷阱,而对产生的创意可以采用黄帽子和黑帽子进行正面和负面思考,利用红帽子进行感性思考。

6.1.2 问题分级与系统创新方法

头脑风暴法、六项思考帽等方法被广泛应用于各种情景,然而,这类方法依然难以解决复杂性较大的创新难题。它们在产生创意上发挥了较多的作用,但是很多创新难题不在于创意而在于执行。阿奇舒勒在《创新算法:TRIZ、系统创新与技术创造力》中尖锐地批评道:"头脑风暴搜寻法的荒谬被它的量化因素补偿"。50个人花1个小时,等于1个人花了50个小时来搜寻,依然没有提高解决问题的效率。更重要的是,头脑风暴并不是一个可预测、可控的思维过程,经常产生一些根本无法落地的想法,并不能保证按照逻辑地图向正确答案逼近。头脑风暴法后来得到一定的改进,比如先把所有参数轴和参数组合罗列出来的形态分析法,美国研究人员戈登通过团队形式组织头脑风暴开发的综摄法等。综摄法通过直接类比、拟人类比、象征类比、虚拟类比四种方法来降低思维惯性,从而提高创造能力。然而,这些改进由于未能对不同级别的创新及其进化规律进行深入分析而未能形成一般性的逻辑结构。

为了解决创新难题,只是通过对思维角度、领域进行管理是不够的,必须对创新问题的性质和内在逻辑有深入的了解,在深入了解创新问题内部结构和进化规律的基础上,借助专业知识和逻辑推理工具来解决创新难题。因此,在问题结构和推理过程都相对简单的创新情境中,对思维方式、问题视角进行管理就可以实现很好的创造性。这类问题解决的关键是想不到,只要能想到就能做到,因为问题并不复杂。然而,问题结构和推理过程一旦复杂起来,以创意产生为中心的偶然性创新方法就难以奏效。

如果仔细区分创新问题,我们可以按照要改变的技术系统的范围和深度,将创新问题区分为5个级别。

(1)1级发明问题:在本领域内的常规设计,是对几个组件的特性进行适应性调整,主要利用的是个人在专业领域内的现有知识,同类专家只要认真工作都能解决。例如,根据客户的需要更改产品尺寸、颜色、重量等。

(2)2级发明问题:解决一个技术问题时,对现有系统多个组件进行小幅度改进,需要同一个领域内不同专业的知识进行协调和合作。这种问题经常是既定架构内、不同组件模块之间协调的问题,每个组件的调整都不会很难。这些问题的难点不是在技术上,而是在跨部门、跨企业和跨行业的协调基础上进行创新。

(3)3级发明问题:对系统的若干个组件进行改变,系统中一些组件可能完全更换,这种更换经常需要设计全新的产品架构。3级发明问题是对行业内现有组件的重新组合,属于架构创新。这些新的模块和架构经常需要企业跳出边界,借鉴行业内其他企业的知识才能解决。

(4)4级发明问题:采用全新的原理替代原有的核心效应,完成对现有系统基本功能的创新。其需要在其他学科启发下才能找到解决方案,需要跨行业的知识支持才能解决问题。例如,用软件算法来解决机械装置问题,用材料来解决机械问题等。

(5)5级发明问题:用最新的科学原理带来一种全新系统的发明。开创全新的工程领域,需要首先发现和利用全新的现象或效应。

创新问题的分级如表6-1所示。

表6-1 创新问题分级

级别	创新程度	比例	知识来源	试错法次数/次
1	已有方法少量改进技术系统	32%	某个专业领域(具体行业中的专业分支)	10
2	选择性的改进	45%	某个行业领域内(同一行业,不同细分专业领域)	100
3	根本性的改进	18%	某个学科领域(机械问题用机械方法解决,不同行业)	1000
4	全新的概念	4%	问题起源的学科之外(例如,机械问题用材料解决)	10000
5	需要新发现的发明	1%	超出了现在学科边界(首先需要一个新发现)	100000

在5级的发明问题中,1级发明问题一般个人试错就可以解决,2级发明问题经常需要头脑风暴和集体讨论试错来实现。但是,对于3级和4级发明问题,普通的创新方法就变得非常困难。此时,需要基于技术问题内在的结构及进化规律,以更加严谨复杂的推理工具来完成创新。这种按照结构化的步骤产生创新解决方案的方法被称为系统创新方法。TRIZ、公理化设计等方法是系统创新方法的典型代表。

例如,美国数学家研究创造性心理学,提出了一个问题:如何只用2只桶,从河里准确地提上来6 L水?两只桶的容量一只是4 L,一只是9 L。如果按照传统的试错法,很难解决问题,因为试错法试图从头到尾解决问题。TRIZ方法中,是先定义最终理想解,然后逆推来解题,是从尾到头来解题。最终的要求是桶里有6 L水,这意味着只有9 L的桶可以实现。为了使9 L桶里有6 L水,要么倒入6 L,要么先装9 L再倒出来3 L。如果第二个桶容量是3 L而不是4 L,问题就解决了。而要实现4 L桶里是3 L水,需要倒出来1 L。那么,如果大桶能装1 L水,就能解决问题,如果大桶装1 L水,倒出来8 L水就能解决。而8 L水可以装满4 L的桶两次。所以,最终的解决方法就容易发现了。整个过程,我们没有经过试错,每一步思考都是有效的,大幅降低了来回往复的试错成本。

TRIZ是Teoriya Resheniya Izobreatatelskikh Zadatch首字母的缩写,意思是发明型问题解决理论。该方法是苏联阿奇舒勒带领团队对250万份专利梳理和哲学反思的智慧结晶。阿奇舒勒发现,以往创造心理学的研究只是简单地描述了问题发现和解决的过程,而对究竟如何解决问题缺乏方法论方面的研究。这些研究潜意识地把创新过程当作整体分析,并没有深入指导我们具体如何去创新。启发法的研究也未能区分不同创新任务的特征需要不同方法的事实。因此，阿奇舒勒首先注意到发明任务有不同的级别，不同级别的发明差异很大。在1~5级的发明中，传统的试错和头脑风暴等启发性方法只能描述1~2级别的发明，传统创造心理学描述的创造过程和非创造过程没什么本质上的差异，对1~2级别的发明还能够产生作用，但是对更高级别的发明却无能为力。发明过程的悲剧在于，人们在解决高级别创新问题的时候，一直在应用与解决低级别创新问题有关的方法。

阿奇舒勒提出，为了更有逻辑地解决复杂的创新问题，需要基于逻辑建立启发式算法。这种算法不能靠一个发明家来完成，而需要：①定义技术系统发展的客观规律；②分析大量的专利信息数据；③开发一个解决问题过程的有机的逻辑程序；④在实践应用中不断选择和完善这个程序。

苏联解体后，TRIZ在世界范围内广泛传播。波音、通用、克莱斯勒、摩托罗拉等公司的应用情况表明，TRIZ可提高发明的成功率，缩短发明周期。例如，福特汽车应用TRIZ解决汽车推力轴承在大负荷时出现偏移的问题；1999年，克莱斯勒应用TRIZ的经济效益为1.5亿美元；波音公司应用TRIZ将波音767改装成空中加油机。

6.2 TRIZ创新思想及方法体系

TRIZ是基于对技术系统的进化规律和以个体在创新过程中的思维障碍为中心建立起来的方法体系。它提出了非常有特色的概念体系，开发了针对性的创新工具。

6.2.1 TRIZ的思想体系

TRIZ思想根植于对技术系统及其进化的深刻认识，其思想体系由功能、资源、矛盾、理想度、技术进化律、思维惯性六个基本原理构成。

1. 功能

美国前通用电气工程师迈尔斯曾说，"顾客要的不是产品本身，而是产品实现的功能"。技术系统只是实现功能的物理载体。更重要的是，TRIZ认为，尽管技术千差万别，但是要实现的最终功能却是有限的。从功能层面来看，实现同样功能的技术载体往往很多。在创新过程中，技术人员经常需要从功能层面着眼，跳出当前的技术领域和载体，进行更宽泛的搜寻。对技术系统进行功能分析是创新的重要步骤，经常需要识别出要素与要素之间的关系，不仅包括正向作用，还包括有害、不足和过度的作用；不仅关注关系和要素的结构，还要关注关系和要素的属性特征以及它们之间的映射关系。

2. 资源

功能的实现需要消耗资源。这些资源包括直接的能源、材料，还包括资金、时间、空间等资源。TRIZ要求尽可能利用系统内部的资源，在问题情境中寻找可以利用的资源，通过多用性和共享降低资源消耗。资源本身时间、空间、性能的多维性决定了其潜在的多用性。但是，认识到某一资源性能的多维度性需要知识积累。例如，丹参可以活血也可以生新血，砖头可以砌墙、砸核桃，也可以研磨当作涂色材料。最大限度地利用当前系统或超系统的资源来解决问题，是提高技术系统效能的重要途径。企业需要列出当前系统和超系统中的各类财务、位置、文化、人力等资源,并对这些资源是否被使用、冗余程度、潜力以及潜在用途进行认真的审计,寻找可以通过潜力挖掘、转换用途、新颖组合等充分利用的方式和途径。

3. 矛盾

实现功能需要消耗资源这一特点决定了技术内在的矛盾性。实现功能的同时也会带来成本。矛盾是由技术系统的内在关联性和效应的线性逻辑特征共同决定的。在同一系统里不同的元件相互作用,共同实现系统功能。然而,元件在完成一个功能的同时,往往会限制其他要素的作用。同时,元件功能的线性特征决定了满足某一功能的时候也同时排斥了相反的功能。例如,保温杯保持温度的同时也排斥了降低温度。在携带过程中需要保温,而喝水的时候却需要降温,这导致当我们需要保温的时候,也让降温变得困难。在同一个系统中,这种特征经常带来满足一个元件的要求时排斥了另外一个元件的要求的矛盾。TRIZ区分了技术矛盾和物理矛盾,技术矛盾是指两个工程设计参数之间相互矛盾,当A参数改善以后,B参数相应恶化;物理矛盾是指两种设计需求对同一参数提出了相反的要求。例如,为了让咖啡香气四溢需要水温高,而要拿起来不烫手需要水温低;打桩的时候,为了让桩体更容易打入,需要桩头的形状是尖的,而桩体承重的时候需要桩头是钝的。技术系统的跃迁来源于矛盾突破,而不是优化折中的处理。在TRIZ的诸多方法中,最实用和最重要的核心内容就是寻找并解决技术矛盾或物理矛盾。当你能够准确地找到任意实际问题中的矛盾时,你的创造力会大幅度提升。

4. 理想度

理想度与最终理想解是一对孪生概念。理想度用有益功能除以有害功能与成本来表示。这个公式是一个概念公式。我们开发技术系统是为了实现功能,最理想的状态是实现了有益的功能却没有产生对我们有害的功能,而且没有耗费系统外的资源。

理想度是TRIZ最重要的概念。最终理想解,也就是理想度最高的解决方案,是所有技术系统进化的核心方向。然而,大多数企业思考解决方案的时候更多地是从当前情景出发,通过持续改进的方式改进当前的解决方案或者产品服务组合,但是收益往往是边际递减的。那为什么很多企业不从最终理想解开始,反向寻找解决方案呢?由于没有最终理想解作为方向,企业很难看到视野之外的目标。研究者发现,革命性的产品往往是行业外人员创造的,如打败短信的不是电信、移动和联通,而是腾讯发明的微信。从历史上来看,组织开发出让自己退出市场的产品几乎不可能。由于从当前情景出发,众多企业对自身的内部资源、外部环境的解读不同,往往通过细分选择确定了未来发展路线,故这些路线中有的符合最终理想解的方向,有些则偏离较多。历史证明,偏离理想度方向的组织最终将在市场中消失。在理想度指引下,企业可以不从当前情景出发,而是从最终理想解开始,逆推可能实现的中间方案(见图6-2),这种方式保证了企业的技术路线紧扣最终理想度的进化方向。这种方式从"是什么"的现实经验中跳出来,寻找"应该什么",且改变了次优搜寻,而转变成全局搜寻。

5. 技术进化律

技术系统总是朝着最终理想解方向持续进化的。进化是有规律的,总是按照8条进化法则,以S形曲线的形状进化。技术系统是可以预测的,但是很难用基于过去的数据或者数学去预测。预测技术进化的规律经常需要从趋势来分析。技术进化律描述了技术进步的障碍和结果。进步的障碍更多的是技术矛盾和物理矛盾。这部分已经在技术进化规律章节中进行了详细论述。

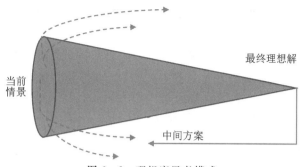

图 6-2　理想度思考模式

6.思维惯性

功能、资源、矛盾、理想度、技术进化律更多地论述技术系统的特点,但是技术系统自身不会进化,所有的技术进步都是人类创造的结果。创造之所以困难,是经常受到专业知识、思维惯性、智商和意志力的限制。思维惯性是其中重要的障碍。思维惯性阻碍了定义正确的问题,以及找到正确的解题方向和算法。个体的思维惯性和组织的惯性相互交织,导致创造往往比扩大原有技术系统的规模更加困难。TRIZ识别出的思维惯性包括:

(1)跳跃分析陷阱:下意识地拒绝花大量时间对问题本身进行分析,而直接跳转到问题解决模式。很多工程师在工作中明明感觉到问题存在,但是没有腾出时间对问题进行认真细致观察,正因如此,这些工程师也就缺乏真实有效的监测和记录(如问题发生的现象、时间、地点、影响范围)。另外,没有对问题进行有效的系统思考,也就无法看到问题的深层原因和本质;即使做了,也由于缺乏系统思维过程而无法揭示问题的实质,即在什么情景下,在什么范围、位置、过程中出现了什么样的问题?

(2)视角惯性:下意识地只从自身角度考虑问题,忽略了活动的系统嵌入性。例如,企业总是以自己的产品为提问的起点,在市场调查中经常提出"您对我们的产品和服务还有哪些意见?"这样的问题,而不是"您购买我们的产品和服务主要是为了完成什么任务?"前者是从供应商角度提出的,而后者则是站在客户目标完成角度提出的。这经常导致的结果是,客户虽然提供了改进产品的意见,但是他看到更能帮助他解决问题的产品出现后还是会离开。从供应商角度转换到用户角度并不容易。很多部门也经常是以自己的角度来提出和解决问题,导致部门的问题解决了,本质性的问题并没有解决。在技术开发中,外观设计的人员只关心外观,材料设计的人员只关心材料,最终导致他们很难共同解决技术难题。

(3)范围(时间-空间)惯性:下意识地只关注当前系统,只在当前系统里找原因,忽视所在系统的超系统环境和子系统微观界面,忽略时间维度和历史趋势。例如,《三国演义》中周瑜因为忽然意识到风向问题而晕厥,就是因为一直关注自身的计划而忽略了所有活动执行需要的超系统条件;医生看到鼻炎就下意识地关注鼻子而不是把鼻子放在整个人体系统中考虑而经常没有办法找到根本原因;医生看到皮肤湿疹就执着于皮肤治疗,而难以找到脾胃不良导致的过敏反应;在某个机器零件出现故障,如果未能从整体功能传递链条上寻找原因,经常导致很多难题无法解决;当有人被告知某个部门问题频出,人们经常下意识地认为问题的原因就在这个部门,从而导致"头疼医头,脚疼医脚",无法找到触发问题的根本原因。

(4)当前限制惯性:创新者经常被现有的资源条件限制,下意识地认为这些限制是无法突破的,且倾向于从当前规模、时间、界面、成本维度限制框架内考虑问题,而不是考虑扩展这些限制带来的新机会。

(5)积极/负面单边思维惯性:只是看到正面效应而看不到负面效应,或只是看到负面效应而看不到正面效应。

(6)大数惯性:只是看到大多数高频正态中心区域而看不到极端区域,忽视破坏性机会。因此,个体思维过程中,下意识选择自我视角来定义问题,范围局限在当前系统或领域,局限在目前框架里思考问题,对问题缺乏因果分析,更多看重积极或者消极效应,更多地看大多数而忽视少数。

6.2.2 TRIZ方法的核心工具

1. 功能分析与效应知识库

技术在本质上是控制现象/效应实现目的的手段。通常某个领域的工程师大概知道100种效应/现象,能够掌握并应用的效应就更为有限,即使爱迪生在他的1000多项专利中也只利用了23个效应,而科学文献中却记录了大约10000种效应,可见有多少种效应未被工程师熟知和利用。

阿奇舒勒提议将工程技术领域比较常用的功能特性与人类已经发现的科学原理和效应进行对应,建立一个效应知识库,来供工程师们进行检索。阿奇舒勒领导TRIZ团队给出了30个标准的How to模型,包含了30种解决复杂问题常见的功能,每个功能又对应着不同的科学效应(共100种),用来帮助工程师解决问题。

功能是指一个对象对另一对象属性或参数的改变或维持。TRIZ的功能分析共分为四个步骤:元件分析、功能关系分析、功能模式化分析、对功能不利点进行分析和解决。元件分析通过找出目标元件和系统的主要功能,区分系统元件和超系统元件,且通过构建元件模型和关系矩阵来确定两个元件间的接触关系和利害程度。功能关系分析指找出元件之间的功能关系。功能模式化分析指找出有利功能和功能带来的不利因素。对于产生不利功能的工具,采取替换、增加或者删除工具的方式来解决问题。

2. 结构分析与物场模型

所有的系统都是为了执行某项功能,而执行功能最少需要三个构成要素:两种物质和场(能量)。当技术系统的"结构属性"比较明显时,适合采用物场分析法。物场分析法是指通过分析技术系统构成要素的内容及其相互关系来促进技术创造的一种方法。阿奇舒勒认为,所有技术系统的功能都可以分解为两种物质和一种场(或一种物质和两种场),即一种功能由两种物质及一种场三个要素构成。技术系统的功能模型的一般结构形式可用物质-场三角形表示。如图6-3所示,S_1表示被作用对象,S_2表示工具,F表示作用的场。

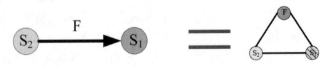

图6-3 物场模型

物场模型包含四种基本类型。①有效完整系统:组成系统模型的三元件(两个物质,一个场)都存在,且都有效,设计者所追求的效应能够完全实现。②不完整系统:组成系统模型的三元件中部分元件不存在,需要增加系统元件来实现有效完整的系统功能。③效果不足系统:模型中的三元件都存在,但设计者所追求的效应未能完全实现,如产生的力不够大、温度不够高等。为了实现预期的效应,可增加物质 S_3 或增加场 F_2 来强化有用效应。④有害完整系统:模型三元件都存在,但产生了与设计者所追求的相悖的有害效应。在创新设计过程中,可增加物质 S_3 来阻止有害效应的产生或增加场 F_2 来平衡产生有害效应的场。

这里举一个物场模型的应用实例——钢水混合器的改进。冶炼新型钢材须向钢水中加入多种添加剂,并且要在钢水混合器中让它们均匀混合。通过混合器端部的叶片搅拌钢水,可使钢水与添加剂均匀混合。但问题随之而来,混合时钢水的高温易使叶片的表面熔化,从而既使叶片缩短了系统的寿命,又影响了钢水的成分。因此,构建关于钢水混合的模型,S_1 是钢水混合器和叶片,S_2 是钢水,F_2 是钢水所带有的大量热能。由图 6-4 和图 6-5 可知,大量的热能 F_2 使钢水 S_2 熔化,熔化的钢水 S_2 又作用在 S_1 上,使 S_1 受到损害,形成有害系统。

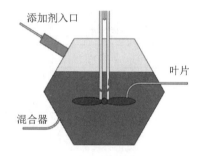

图 6-4 钢水混合器(改进前)

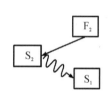

图 6-5 钢水混合模型(改进前)

这个问题的解决方案是引入另一个场,构成一个串联性质的流程。现在,向钢水混合器里通入冷空气 F_1,冷空气迅速冷却接触的钢水,使其凝固为薄薄的硬壳 S_3。硬壳不断产生和熔化,保护了钢水混合器和叶片。F_2、S_2 和 S_3 构成一个物场结构;F_1、S_1 和 S_3 构成另一个物场结构,两个物场结构的共同作用对象为 S_3。增加场 F_1,新生成中间介质 S_3 是使矛盾得以解决的关键(见图 6-6 和图 6-7)。

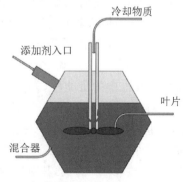

图 6-6 钢水混合器(改进后)

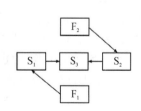

图 6-7 钢水混合模型(改进后)

3. 矛盾矩阵与40个发明原理

技术矛盾会导致次生性技术问题,从而阻碍技术的进步。技术矛盾主要包括以下几种:一是在一个子系统中引入一个有益功能时,会导致另一子系统产生新的有害功能或加强原有的有害功能。二是消除一个有害功能导致另一子系统有益功能降低。三是有用功能的加强或有害功能的减少,使另一子系统或系统变得复杂化。

在TRIZ创新方法里,技术矛盾可用通用工程参数来描述。通过通用工程参数,可以找到对应的发明原理解决技术矛盾。阿奇舒勒将39个通用工程参数与40条发明原理(见表6-2)有机联系起来,建立起对应关系,整理成矛盾矩阵表。使用者可以根据系统中产生矛盾的一对通用工程参数,从矩阵表中直接查找出化解矛盾的发明原理,并利用这些原理来解决问题。

表6-2　TRIZ中的40条发明原理

序号	原理名称	序号	原理名称	序号	原理名称	序号	原理名称
1	分割	11	预先应急措施	21	紧急行动	31	多孔材料
2	抽取	12	等势性	22	变害为利	32	改变颜色
3	局部质量	13	逆向思维	23	反馈	33	同质性
4	非对称	14	曲面化	24	中介物	34	抛弃与修复
5	合并	15	动态化	25	自服务	35	参数变化
6	多用性	16	不足或超额行动	26	复制	36	相变
7	套装	17	维数变化	27	廉价替代品	37	热膨胀
8	重量补偿	18	振动	28	机械系统的替代	38	加速强氧化
9	增加反作用	19	周期性动作	29	气动与液压结构	39	惰性环境
10	预操作	20	有效运动的连续性	30	柔性壳体或薄膜	40	复合材料

矛盾矩阵的具体应用步骤如下:第一步,分析问题,找出可能存在的技术矛盾。第二步,将矛盾的双方转换成技术领域的术语,并将其与39个通用工程参数相匹配。第三步,根据特定矛盾的一对通用工程参数编号,在矛盾矩阵中找到相应的矩阵元素,该矩阵元素的值表示40条发明原理的序号,由该序号找出相应的发明原理供下一步使用。第四步,根据找到的发明原理,结合专业知识,寻找解决问题的方案。解决某技术矛盾的发明原理通常不止一条,故应对每一条原理做解决技术矛盾方案的尝试。第五步,如果第四步的努力效果不理想,就要考虑初始构思的技术矛盾是否表达了问题的本质,是否真正反映了问题改进的方向,并在此基础上重新设定技术矛盾和重复上述工作。

例如,在射击运动中,我们希望通过增大靶标来提升击中的可能性。但是,这会产生更多的靶标碎片,从而污染地面。在此情境中,增大靶标对应工程参数7——运动物体的体积;靶标碎片对地面产生作用对应工程参数31——物体产生的有害因素。除了优化之外,最好的解决方案是:靶标尺寸变大,但是没有产生碎片的负面效应。如果我们熟悉TRIZ,通过查询矛盾矩阵表可知,解决此矛盾的发明原理有1、2、17和40。以40为例,其对应的发明原理是复合材料,因此,我们可以将物质由单一材料转换为复合材料。那么,我们只需要找到一种材料,这种材料的碎片不需要打扫就可以了。该企业在第40条原理的启发下,将材料换成了冰

(+肥料),成功解决了这个问题。

例如,在太空站中用的锤头希望增大打击力,但同时带来了反作用力(序号 31:物体产生的有害因素)的矛盾。这个锤头如何设计成为非常棘手的问题。如果查表,我们可以找到以下原理:13——逆向思维原理;3——局部质量原理;36——应用相变过程原理;24——借助中介物原理。最终,锤头是这样设计的:中间掏空,放入球体,当敲击完以后,锤头的运动与里面球体的运动形成对冲,从而降低了反作用力的负面作用。

40 条发明原理在解决简单的技术问题的时候非常有用,但是在解决复杂工程技术问题的时候存在很大的局限性。从本质上来看,40 条发明原理只是对当时机械领域突破矛盾的很多方法的归纳,其排序和界定存在一定的局限性。

4. 物理矛盾与分离原理

物理矛盾也是次生性技术问题的主要来源。物理矛盾十分常见,例如,泡茶需要热水,但是水热了会烫手;桩头锋利有利于打桩,但同时会降低尖头的承重能力;圆珠笔头间隙大易于书写,但也会导致油墨的浪费。解决物理矛盾,需要将矛盾双方分离。

根据矛盾冲突的功能是否在空间、时间、条件、系统层面有差异,我们可以创造空间、时间、条件和系统分离来解决物理矛盾。如果工程系统内两个冲突的要求在不同的位置被需要,就将冲突分离在不同空间;如果工程系统内两个冲突的要求在不同的时机被需要,就将冲突分离在不同时间;如果工程系统内两个冲突的要求被不同的超系统元件需要,就将冲突分离在不同关系/情境;如果工程系统内两个冲突的要求来自不同的系统层级,就将冲突分离在不同系统层次。

例如,在抽水型马桶的设计中,为了防止恶臭,研究人员设计了 S 形回水弯管道。但是,洗净 S 形弯道需要使用大量的水。研发人员阐述了这一对矛盾:"冲水时可以不要 S 形回水弯,但是为了防臭必须要 S 形回水弯"。对于以上矛盾,时间分离法可以提供我们解决问题的思路:平时使用大的 S 形回水弯管道防止恶臭,在冲水时使 S 形回水弯产生一些变化,从而减少水的使用。对于此,研发人员的具体做法是设计构造了可动型的软管。通过此方法,平时需要 13 升水才能洗净的马桶现在只需要 3 升水。

5. ARIZ 算法

ARIZ 算法是"发明问题解决算法",是 TRIZ 中出现最早的工具。ARIZ 算法主要是用来组织整个思考过程,充分集成了 TRIZ 的创新工具,帮助我们克服思维惯性,按照步骤解决复杂的创新问题。ARIZ 算法先后出现了很多版本,其中 ARIZ - 85c 最为经典。本质上看,ARIZ 算法是解决非标准化的复杂问题的思维组织工具。

ARIZ 算法的一般步骤包括:①定义最小问题。最小问题界面是指在问题情景中,把产品中与有问题的零件直接或者间接接触(相互作用)的其他零部件的最小范围。其聚焦最小的相互作用的问题界面,以最小问题界面进行最小改变、最低成本为原则进行问题分析与解决,不对系统做大的改变。强调接触和相互作用,是因为所有问题的解决都要落脚到改变物质、相互作用方式和结构,故定义问题应该直接聚焦最小相互作用界面,才能提高问题解决的效率。②发掘矛盾。创新难题往往包含矛盾,但是矛盾并不是显性的,经常需要细致地分析才能从工程角度进行定义。ARIZ 算法成功与否的关键就在于正确地分析、表达矛盾。③ 建立问题模型。可以类似对比运用物-场模型的知识。④ 领域和资源分析。即综合考虑各方面资源,分析矛盾的解决中对资源的有效应用。⑤ 参照技术系统进化的八个模式确定理想解。⑥分存在的物理矛盾。⑦物理矛盾的解决对策。⑧总结评价问题解决情况和系统改善状况。

ARIZ算法示意图如图6-8所示。

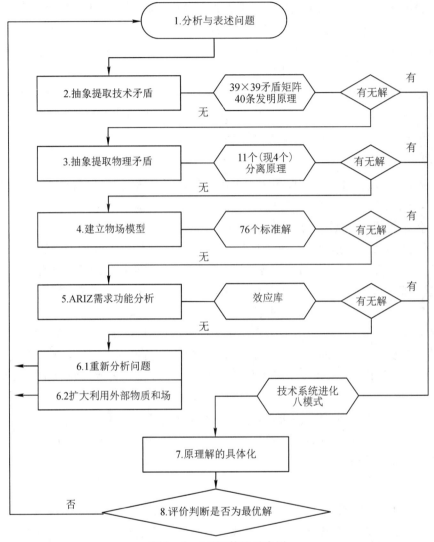

图6-8 ARIZ算法示意图

例如,某企业大量生产各种型号的充电电源。充电电源的线路板生产出来以后,均采用超声熔接工艺对电源外壳进行封装。某种型号的充电电源在封装前进行测试,线路板工作良好,但是封装后测试就会检测出5%的产品无法输出电流,拆开后发现贴片电容击穿。该产品大规模生产,5%的废品率对企业来说损失较大。

企业经过检测和分析的结果是:超声封装前电路板是好的,封装后5%的产品无电流输出,是封装工艺导致的。进一步分析发现,PCBA上的C2位置的贴片电容4.7uf/25V坏掉了,换一个新的贴片电容,电源线路恢复正常。贴片电容4.7uf/25V用来启动PCB线路中的IC,因此,判定是由于4.7uf/25V电容可靠性不高导致IC无法启动,造成电流无输出。因此,考虑两个方案:①重新设计电路板;②选择更可靠的贴片电容。

然而，TRIZ 专家认为原来企业提出的两个方案都不够好。为了更好地解决问题，我们经常需要界定最小问题界面，并在此基础上继续分析矛盾所在并解决矛盾。我们发现这个问题的根本原因是：贴片电容是层级陶瓷工艺，本身由多层极薄的陶瓷片组成，超声熔接外壳的过程中，少量陶瓷细片振断，导致电容性能不稳定。同时，经反复检查 PCB 发现，在电路设计布局中，插脚变压器的两个引脚与贴片电容相隔最近，在过锡时，锡将变压器的一个引脚和贴片电容连在一起，形成锡面，是发生问题的微观界面（见图 6-9）。

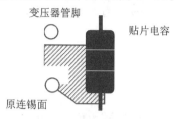

图 6-9 原有连锡面

因此，我们可分析出根本的物理矛盾：连锡面的通导性既要强也要弱。这才是问题的根本。根据 TRIZ，我们用空间分离就可以破解这个矛盾。最后，按照 TRIZ 得出的方案，先在电路板上画线（见图 6-10），然后再去进行超声封装，让该问题基于没有成本地解决。调整后，充电电源的合格率接近了 100%。

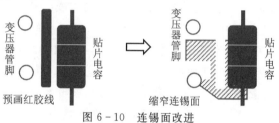

图 6-10 连锡面改进

参考文献

[1] 阿奇舒勒. 创新算法：TRIZ、系统创新与技术创造力[M]. 谭培波，茹海燕，译. 武汉：华中科技大学出版社，2008.
[2] 博诺. 六顶思考帽[M]. 马睿，译. 北京：中信出版社，2016.
[3] 博诺. 平行思考[M]. 鲁文娟，译. 北京：化学工业出版社，2019.
[4] 曼恩. 系统性创新手册[M]. 陈光，周贤永，刘斌，译. 北京：机械工业出版社，2020.
[5] 颜惠庚，李耀中. 技术创新方法入门：TRIZ 基础[M]. 北京：化学工业出版社，2011.
[6] 颜惠庚，李耀中. 技术创新方法提高：TRIZ 流程与工具[M]. 北京：化学工业出版社，2012.
[7] 颜惠庚，李耀中. 技术创新方法实战：TRIZ 训练与应用[M]. 北京：化学工业出版社，2013.
[8] 赵敏，张武城，王冠殊. TRIZ 进阶及实战：大道至简的发明方法[M]. 北京：机械工业出版社，2015.

第7章
个体创新到组织创新

 开篇案例

"老字号"为何难以长大?

中华著名老字号——"全聚德"经过百年传承,享誉海内外,"不到万里长城非好汉,不吃全聚德烤鸭真遗憾!"全聚德创建于1864年(清同治三年)。当年,北京前门肉市街上一家经营干鲜果品店的"德聚全"因经营不善濒临倒闭,以贩卖鸡、鸭为业的杨全仁倾其所有盘下这家店铺,并将"德聚全"三字倒过来,以"全聚德"立为新字号。他请来一个叫钱子龙的秀才写下了刚劲有力的"全聚德"三个大字,制成金匾。此后,杨全仁又重金聘请当年皇宫御膳房的师傅专营"挂炉烤鸭",全聚德就这样诞生了。1959年,全聚德建立了第一个分号,即现在的王府井全聚德烤鸭店,到了1979年又建了第二个大店——和平门店(目前与公司总部在一起)。在1993年之前,这三家店分属不同行政管理部门并各自独立经营。1993年5月,中国北京全聚德集团公司成立,结束了三家店分散经营的局面,并迎来了全聚德新的发展时期。1994年6月,由全聚德集团公司等6家企业发起设立了北京全聚德烤鸭股份有限公司。2004年4月,首都旅游集团、全聚德集团、新燕莎集团实施战略重组,首都旅游集团成为北京全聚德烤鸭股份有限公司的第一大股东,这为其日后在资本市场上的更大运作创造了条件。2005年1月,北京全聚德烤鸭股份有限公司更名为中国全聚德(集团)股份有限公司。2007年11月,改制后的全聚德在深圳证券交易所中小板正式挂牌上市,成为我国股市里的餐饮第一股。

20世纪80年代末,原全聚德董事长姜俊贤曾到美国考察学习,发现连锁经营有其独特优势,并认识到中国餐饮服务业要发展,必须搞连锁经营。1993年5月,中国北京全聚德集团公司成立,姜俊贤先生成为全聚德的常务副总经理,带领全聚德走上连锁扩张之路。连锁经营是一种以标准化为基本特征的、独特的经营模式,它要求实施者必须加强制度建设和管理创新。为了推动连锁经营健康、快速发展,一方面,全聚德在企业文化建设、用工制度改革、质量管理体系建设、内部控制体系完善、物流配送中心和食品生产基地建设等方面下足了功夫,并设计了较为完善的特许经营制度体系,内容包括申请加盟条件、申请程序、特许费用标准、餐厅服务规范、秘密顾客制度、总部对连锁店的支持等。食品生产基地的建设,使鸭坯生产实现了工业化。另一方面,公司在产品标准化方面也花了大力气。全聚德高管层认为,中餐虽然复杂,但并非不能标准化,关键是要抓住其内在的规律性的东西,如温度、湿度、时间、配料、用量等,然后在此基础上开展定标工作。全聚德的做法是,从其掌握的400多种菜品中挑选出40种具有代表性的最为消费者欢迎的菜品,将其标准化,并在主要技术人员当中贯彻和推广。为了搞好定标工作,全聚德专门成立了一个由工程师、厨师、营养师组成的定标小组,定标过程完全按照

国家的标准要求来进行,先是一个数据一个数据试,然后一个数据一个数据记录,再经过反复研究、比对,最后确定标准工艺参数。定标工作并不顺利,第一批20道菜的定标工作就用了8个月的时间。正如全聚德一位副总所言,"尽管有企业高层支持,但在定标过程中,还是遇到了许多来自内部的阻力,特别是老职工对定标的不理解和不支持。这些老职工抱怨道,'我们炒了一辈子的菜,没有这么炒的,还要用天平称重量,用温度计测温度!'其实他们更担心的是,这么搞,会不会砸了全聚德的百年招牌。但是,慢慢地,这些老职工也接受了新做法。"

众所周知,在140多年的时间里,全聚德一直沿用果木、炭火、悬挂的烤鸭制作工艺,这不仅成就了全聚德烤鸭"外酥里嫩、油而不腻"的独特口味和"传统工艺、口味正宗、原汁原味"的形象魅力,而且成为"全聚德"品牌文化的重要组成部分。但在2007年底,全聚德向外界宣布:传统的烤鸭制作工艺将被"革命",全聚德将使用智能型微电脑烤炉来制作烤鸭(该种烤炉是在外国专家帮助下开发出来的)。如此,全聚德烤鸭能实现批量化、标准化生产,而且在有效控制了生产成本的同时,较好地解决了质量控制和环保的问题。工艺革新带来的变化是明显的。例如,在一般情况下,利用传统工艺烤制,一只烤鸭制作过程需要1个多小时,而采用电烤炉后,烤制时间缩短为40分钟,这使得连锁店可以为顾客提供更及时的服务。由于用了电烤炉,制作烤鸭就可以不用果木了,这也是企业对环境保护负责的表现。

资料来源:本案例节选于中国管理案例共享中心。

思考问题:经验如何转化成可以复制的知识?

7.1 隐性知识与显性知识

掌握专业知识和系统创新方法能够有效地提高个体创造力。很多企业也依靠高端技术人员实现了有效的创新。然而,这些企业经常处于"个人很强,组织很弱"的处境中。高端技术人员的归属感、忠诚度、持续进取的精神成为企业创新能否持续的关键。很多高端技术人员由于掌握核心技术经常被竞争对手高薪挖走,或者独立创业,导致企业的创新能力断崖式下跌。即使高端技术人员始终如一,但他们经常由于缺乏持续的进取心而让企业的创新能力停滞不前。更重要的是,我们经常发现在以隐性知识为核心的工作中,很多技术人员的工作方法也经常是局部最优,而不是最终理想解。例如,在农村种地的高手,经常是在叶子要卷起来或者土地表面干燥的情况下才去浇水,而不愿通过传感器探测土壤水分来确定是否需要灌溉。这种执着于经验的惯性,经常排斥了对理性的更高追求。因此,经验主义常导致难以发现更高水平的知识。执着于总结成功企业的经验、业绩突出员工的经验,往往难以带来理论上根本的突破。

究其原因在于,这些企业中个人掌握着企业的知识,企业层面并没有知识积累。随着企业规模的扩大,很多企业也急需扩大掌握关键知识的员工规模。一般企业采用个人经验分享、企业内训师体系、内部知识库建设、岗位创新项目等形式推动企业的知识积累。然而,这些措施往往很难奏效。其根源在于,这些措施依靠的是对当前实践的总结,而不是集体的创造。这些困难聚焦两个核心问题:第一,关键知识如何从以个人为载体转化成以组织为载体;第二,如何组织转化的过程,以提高组织知识质量。

在讨论这些问题之前,需要对要转化的对象有充分的认识。关键知识表现为现象和效应规律的认识、链接结构设计的技巧、参数的精确设置、对需求知识的准确理解、精确的信息和数据、操作经验和技巧等。这些知识中,有些可以编码出来,写成标准、手册、指南、设备参数、标准体系,以及固化成专有设备等。这些知识只要写出来,就可以通过口头传授、资料学习、统一培训等方式实现大规模扩散。更重要的是,这些知识发挥作用的过程并不会受到个人价值观和情绪的影响。我们把这些知识称为显性知识。显性知识是指经过编码、标准化和结构化程度较高的知识。

但是,很多关键知识并不是以结构清晰、标准化的形式存在的。由于可观察性低、逻辑复杂性高,很多关键知识往往缺乏清晰的结构,也很难通过文字、标准体系进行传播。对接受关键知识的人,这些知识灰度较高,只能通过潜移默化和亲身体验才能深刻体会。例如,武术技能、做饭的火候、中药炮制经验、诊脉的技能等,都很难直接通过看书学习并掌握。我们把具有这些特征的知识称为隐性知识。隐性知识是指结构化程度低、因果复杂性高的知识。这些知识发挥作用的过程易受到个人情绪和价值观的影响,而且其载体经常是人而不是书或者标准体系。隐性知识和显性知识的比较如表 7-1 所示。

表 7-1 隐性知识和显性知识对比

特征	隐性知识	显性知识
内容	认知(心智模式、图示、信念)、秘诀、手艺和技能	编码、系统化的知识
结构化/标准化	结构不清晰	经过分解,结构清晰
载体	情景和人	组织的标准体系、制度体系、参数设计、专业设备等
传播	情景化程度高,情景互动的同步性	脱离情景,通过广泛培训和媒体传播
一致性	因人而异,各有各的做法	一致性强,个体差异较小
绩效波动	工作绩效波动较大	工作绩效波动较小
稳定性	稳定性差,随人流动	稳定性好,可以在组织层面持续积累
创新性	经常仅为局部最优	可以实现全局最优

7.2 知识转换的四种模式

企业成长依赖价值创造与获取系统的复制。这个过程中,关键知识的复制经常是成长的瓶颈所在。如果这些关键知识是以人为载体的隐性知识,那么企业在成长过程中就容易受到关键技术人员数量的限制而无法发展。另外,为了更好地改进工艺流程、提高产品质量和创新水平,企业也需要不断地创造新的知识。新知识创造是在知识转换的四个过程中实现的。

7.2.1 隐性知识社会化

由于隐性知识是高度情景化的知识,故隐性知识的扩展经常需要共同的情景化体验。例如,师父带徒弟,徒弟通过与师父一同工作,通过观察、模仿、反馈、纠正来获得技能。如果没有共同的体验,个体很难通过独立的思考获得这些隐性知识。隐性知识社会化过程产出的是共情知识(sympathized knowledge),塑造共同的体验是提高社会化学习的关键。社会化学习需要创建一个互动的"场",促进成员之间分享彼此的经历和心智模式。

组织"头脑风暴营"、深入客户的浸入式学习、共同体验式的交流，是社会化学习的重要形式。社会化学习能够让隐性知识在个体之间复制，通过复制让更多的员工掌握关键知识，从而促进企业的成长。然而，社会化学习的组织过程除了塑造共同的体验，还需要匹配性地改进公司的激励体制。关键员工经常由于担心自身地位降低而不愿意转移隐性知识。企业需要通过以团队形式共同解决问题、设计激励或者竞争机制，促使隐性知识更好地转移。

7.2.2 隐性知识显性化

隐性知识最大的特征是以人为载体，其作用的发挥随着人的情绪、环境、价值观而发生较大变动。如果组织的知识主要以核心技术人员为载体，那么人员的流动会直接导致组织知识的流动。组织知识的提高也取决于核心技术人员是否愿意学习。在很多企业中，核心技术人员一旦在企业中的地位稳固或者年龄变大，其学习动力和能力经常持续下降，导致组织知识更新乏力。因此，对企业而言，应将组织的知识载体进行转换，将人员为载体的隐性知识转化成组织层面的显性知识。这个过程被称为隐性知识显性化。通过隐性知识显性化，企业可以将知识载体从个人转移到组织层面，在各个专业部门形成业务规范与标准、测量工具、专业设备、制度流程等。隐性知识显性化产生的是概念知识（conceptual knowledge）。

隐性知识显性化的对象包括两类：业务类活动与管理类活动。业务类活动的隐性知识显性化主要是将业务活动相关的最优工作方法、业务规范、测量标准、专业设备等进行显性化，管理类活动的隐性知识显性化主要是将计划、组织、领导、控制等管理活动进行显性化，包括界定岗位职责与组织结构、划分决策权限、设计决策流程和决策标准、设立控制体系等。显性化的过程需要集体反思与对话，而不是个体的经验总结。在集体的对话与反思中，通过比喻、类比、概念、假设、演绎、归纳或者模型等形式将隐性知识显性化，是知识创造过程的精髓。

7.2.3 显性知识组合化

跨领域的知识组合是新知识产生的重要方式。通过文件学习、会议、交谈等方式，不同领域的知识相互融合，通过对显性知识的梳理、分类和组合，能够很好地创造新知识。显性知识组合化产出的是系统化知识（systematic knowledge）。这种知识转换过程中，丰富的数据和信息是新知识创造的主要来源。因此，组合化需要跨部门、跨领域、跨行业的沟通网络。数字化技术极大地扩大了沟通的范围，提升了数据收集的深度和广度。随着数字化技术的普及，很多企业通过获得大量、实时、准确的数据来识别信息背后的模式，从而产生新的产品概念、销售方式、产品性能组合、生产工艺调整和商业模式等。

7.2.4 显性知识内在化

内在化是显性知识向隐性知识转化的重要步骤。公司的很多文件、数据、理念、技术标准只有转化为个人的深刻理解才能够生动呈现，变成个体的技能从而发挥作用。这个过程产出的是操作性知识（operational knowledge）。体验性学习往往能够帮助个体将显性知识内化成自身的技能，如学习游泳的过程除了阅读游泳相关的书籍，还需要通过亲身体验才能够习得。语言的学习、理念的理解、技术标准的掌握，都需要体验来转化成内在的生动理解。通过讲故事、体验式学习、快速原型等方式，能够帮助员工更快地实现技术知识的内在化过程。

7.3 组织知识创造过程的五个阶段

隐性知识和显性知识的相互转换是企业持续改进的过程。例如,开发新产品的过程中,企业正是通过与消费者社会化学习,获得共感知识;通过集体对话与反思的显性化过程将共感知识抽象成概念知识,并将概念知识与其他知识进行组合设计,转换成系统化的知识;通过设计、分解、培训、内化,将系统化的知识转化为新产品生产、管理、销售相关的操作性知识,从而完成新产品的开发过程。整个过程涵盖了共享隐性知识、创造概念、验证概念、建立原型、知识转移等步骤。

7.3.1 共享隐性知识

共享隐性知识是知识创造的开始。企业的知识创造是通过个体来实现的。隐性知识是未被开发的潜在知识,知识创造过程即开始于通过社会化学习实现隐性知识共享这一重要步骤。企业经常深入客户情景中,通过浸入式学习与客户深入互动,了解客户的痛点。

7.3.2 创造概念

通过社会化学习了解隐性知识之后,需要对隐性知识进行外显化,提取和创造新的概念来描述问题产生的本质根源和理想的解决方案。这个过程中,利用演绎、归纳、因果溯源、比喻和类比、矛盾分析往往能够有效地展示问题,更准确地创造概念。

7.3.3 验证概念

对概念进行检验和评估是新产品开发过程的关键步骤。企业需要对提出的新概念按照企业的标准和社会价值进行检验,对逻辑合理性、经济性和技术上的可行性进行评价筛选。企业往往需要重新回到客户场景中检验这些概念是否能够真正为客户创造价值,是否是客户真正需要的概念,以避免提出新产品开发的伪概念。验证的标准包含定性和定量指标。例如,是否符合未来方向、法律要求、收入指标、利润指标、成本指标、回收期等。

7.3.4 建立原型

原型的建立依赖于新概念与其他显性知识的组合,要求生产、营销、采购、法律、财务等部门进行互动。原型可以通过模拟来实现,也可以通过拼凑来实现。

7.3.5 知识转移

知识转移阶段既是知识创造过程的结束,也是新循环的开始。新知识群开发出来之后,需要从产品项目组向整个企业扩散,这个过程中需要对新开发的知识进行大量宣传培训。例如,对新产品的生产技能、销售要点、采购要点等进行针对性培训,这个过程更多的是显性知识的内化过程。

知识创造的过程如图7-1所示。

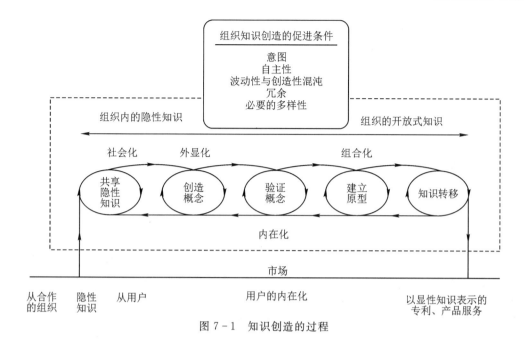

图 7-1 知识创造的过程

7.4 知识创造的组织特性

为了更好地推动知识创造活动,组织需要为知识创造建立有利的条件。这些有利的条件包括:意图、自主性、波动性与创造性混沌、冗余和必要的多样性。

7.4.1 意图

知识创造是以价值为导向的。为了促进员工的知识创造,首先需要为员工指明创造知识的价值方向。有目的的活动背景本身就是激励员工创造的重要因素。明确的价值导向和对目标的渴望为员工、团队对观察和所创造的知识进行价值判断奠定了基础,也激励着员工不断创造。领导者通过明确地界定组织的意图,并将组织的意图与集体价值观链接,为员工设定集体的思考方向。

7.4.2 自主性

个体创造知识除了有明确的方向,还要有创造的空间。在动态环境下,企业允许个体与其他部门的成员共同成立一些创意小组,给一些预算,创造一些条件促进创造,越来越有必要。很多企业通过建立创意小组、质量改进项目、创意栏、创意评选等方式鼓励员工自主创造。

7.4.3 波动性与创造性混沌

变化是推进创造的动力,开放性是激励创造的重要条件。组织与外部动态环境建立链接,允许成员通过会议、参观、交流等形式引入全新的理念,能够促使成员对自身的思维方式和视角进行重新审视,打破原有的思维惯性,对根深蒂固的前提假设进行质疑和反思。这种行动中进行反思的做法,往往能够改变视角和对事实的固定看法,带来较好的知识创造效果。波动性带来创造的紧迫感，组织价值和看法的混沌和模糊也给重新界定价值观和视角创造了空间。

7.4.4 冗余

冗余（redundancy）是业务活动、管理职责和企业整体信息的有意重叠。这种必要的重叠有利于不同背景的成员之间建立链接，共享隐性知识。创造冗余可以采用竞争小组对同一个问题进行解决、人事轮换、有计划地跨部门沟通和会议等方式。

7.4.5 必要的多样性

创造经常需要组合不同领域的知识。多样性是指员工多样性或者员工掌握知识的多样性。尤其在动态环境下，企业员工的多样性能够让组织更好地适应外部环境。多样性与冗余不同，冗余是指重复，而多样性是指知识和信息的类型多样。

5个要素共同推动组织知识创造的过程。在隐性知识的社会化过程中，明确的战略为新产品开发过程中对客户问题的了解指明了方向，价值主张也直接决定了解读客户问题的角度和方向、设计原型的方向和知识转移的范围。项目小组的自主性给项目小组提取概念、多样性注入了不同视角，而必要的冗余则让隐性知识的共享更加容易。

7.5 知识创造过程的"承上启下"管理过程

知识创造的主体到底应该是谁？这个问题是管理好知识创造过程的核心问题。以往理论提出了"自上而下"的层级管理和"自下而上"的自主管理两种管理方式。层级制源于韦伯和泰勒的科学管理思想，强调"自下而上"的信息汇报和"自上而下"的传达与执行。高层管理者通过对内、外部信息的收集，创造新的概念。高层的意图和概念逐级下达，中层和基层通过解读和学习进行贯彻执行。与层级管理相反，"自下而上"的自主管理模式更加强调员工自治，强调让一线员工能够有权利、空间进行自主创造，高层管理者只是基层管理的赋能者。

然而，不论是层级管理还是自主管理，都无法满足知识创造的需要。创造组织知识的核心过程是在团队层面发生的。自主管理的"自下而上"的管理模式强调个体的知识创造，这种方式主要鼓励隐性知识和内在化，知识的最终载体仍是个体而不是组织。在层级管理体系下，企业的命运也多取决于高层管理者个人，核心载体仍然没有脱离开个体。

在"承上启下"的管理模式中，基层人员是知识的实践者，包括知识操作员和知识专员。知识操作员的经验和技能蕴含丰富的隐性知识。例如，接触客户的销售人员、生产线上的工人、经验丰富的工匠、现场管理者等，他们通过亲身体验来积累隐性知识。虽然知识专员也同样积累和创造新知识，但是他们调动的是技术性和系统性的体系化知识。例如，科学工作者、设计工程师、软件工程师、销售工程师及法律、财务等方面的专业人士。

知识实践者需要具备丰富的内外部经验、高水平的智力、重新创造的精神、开放的心态以及与顾客及同事进行对话的技巧。现实中，这一群体常嵌入在具体的工作情景中，掌握情景化的隐性知识，对日常具体的技术、产品和活动非常了解。但是，这些信息往往高度情景化，局限在自身的视线范围内，未能抽象成有用的知识。

中层管理者是知识工程师，他们负责将高层管理者意图与现实之间进行链接，领导知识转换的整个过程。中层管理者带领由知识实践者构成的团队，推进隐性知识共享的社会化和隐性知识显性化的过程,提炼出全新的概念并体现为新技术、产品和系统,将提出的新概念与其他部门的知识进行组合,并对开发的知识体系进行内化。中层管理者应:①能够基于对过去的了解筹划未来行动;②具备提出新假设和新概念的能力;③具备鼓励员工进行对话的沟通技巧;④能够运用比喻帮助他人产生和表达想象力;⑤具备在团队成员之间建立信任的能力;⑥具备项目协调和管理能力。

高层管理者是知识主管,主要对整个组织的知识创造过程进行管理,为知识创造活动提供意图和方向,具体包括:①阐述企业应该达到何种状态的宏观概念;②建立以企业愿景形式呈现的知识愿景;③为知识创造确定价值衡量标准。知识主管的主要职责是确定应该达到什么状态,阐明方向性的大概念,对知识集合之间的关系和结构进行规划。作为知识主管,需要具备以下能力:①规划整体知识愿景和知识架构的能力;②确定价值系统和知识质量评价体系的能力;③挑选正确的项目负责人的能力;④管理组织各类知识创造过程的能力。

参考文献

[1] NONAKA I. A dynamic theory of organizational knowledge creation[J]. Organization Science, 1994, 5(1): 14-37.

[2] NONAKA I, VON KROGH G. Perspective-tacit knowledge and knowledge conversion: Controversy and advancement in organizational knowledge creation theory [J]. Organization Science, 2009, 20(3): 635-652.

[3] NONAKA I, TOYAMA R, KONNO N. SECI, ba and leadership: A unified model of dynamic knowledge creation[J]. Long Range Planning, 2000, 33(1): 5-34.

[4] SMITH K G, COLLINS C J, CLARK K D. Existing knowledge, knowledge creation capability, and the rate of new product introduction in high-technology firms[J]. Academy of Management Journal, 2005, 48(2): 346-357.

[5] MCFADYEN M A, CANNELLA A A. Social capital and knowledge creation: Diminishing returns of the number and strength of exchange[J]. Academy of Management Journal, 2004, 47(5): 735-746.

[6] RYNES S L, BARTUNEK J M, DAFT R L. Across the great divide: Knowledge creation and transfer between practitioners and academics[J]. Academy of Management Journal, 2001, 44(2): 340-355.

[7] NONAKA I, VON KROGH G, VOELPEL S. Organizational knowledge creation theory: Evolutionary paths and future advances[J]. Organization Studies, 2006, 27(8): 1179-1208.

[8] VON KROGH G, NONAKA I, RECHSTEINER L. Leadership in organizational knowledge creation: A review and framework[J]. Journal of Management Studies, 2011, 49(1): 240-277.

[9] GOURLAY S. Conceptualizing knowledge creation: A critique of Nonaka's theory[J]. Journal of Management Studies, 2006, 43(7): 1415-1436.

[10] 野中郁次郎,竹内弘高. 创造知识的企业[M]. 吴庆海,译. 北京:人民邮电出版社,2019.

第 8 章
创新项目管理

技术明星的迷茫——技术到管理的转折性革命

六个月前,原来的研发部经理被派去了美国,公司高层开会研究,认为研发部的技术明星钱博(化名)技术功底深厚,认真负责,对于上司交代的任务总是能够效率很高地独立完成,并能对一些问题的处理提出更有效的建议;他热爱自己的工作,每天早上总是西装革履、神采奕奕地手拎笔记本电脑,步履矫健地走进办公室,迎面碰到同事,总会带着习惯的微笑热情地打招呼,周围的人都能被那股充满激情的劲头所感染;他与周围的同事关系和谐,乐于助人,合作融洽,工作中的一些问题,同事们也很乐意找他帮忙,深受同事的尊重与爱戴。因此,大家一致认为他是研发部经理不二的人选。钱博是清华大学的高才生,头脑聪明,博闻强识,思维敏捷,技术过硬,大家都亲切地叫他阿博。在技术领域,阿博是研发部公认的技术专家,在业内也有一定名气,无论大家碰到什么技术方面的疑难问题,第一反应不是去查百度,而是会想到"去问阿博啊,他肯定知道"。平时生活中,他酷爱自然科学,午饭后在公司的院内经常会看到阿博站在高高的杨树下,观察树上树下的蚂蚁活动,一观察就是一刻钟,同时他也能绘声绘色地给大家讲解世界上各种蚂蚁的习性,大千世界各种动植物的千奇百怪的特点。即使一个月后,你再问他同样的问题,他还会给你翔实而准确的答案。大家都说,阿博就是中国版的谢尔顿(美国情景喜剧《生活大爆炸》中的一位高智商理论物理学家),只是比谢尔顿额头更高,更懂人情世故。从一名技术明星被晋升为部门经理,让阿博非常高兴,他认为这既是对他以往工作的认可,也是对他以后工作的激励和鞭策,因此他欣然接受,并暗下决心:一定要凭借自己渊博的专业知识和认真负责的工作作风,带领大家把公司的研发工作做好,不仅为公司创造更大的价值,也让大家的能力得到极大的提升。

新官上任三把火,阿博也不例外。上任之初,他立即召开了研发部的部门会议,很诚恳地表示自己新担任部门经理,一定会勤恳公正,和大家共同努力,更好地完成本部门的任务,但是自己经验不足,还希望大家多多支持,有什么意见和问题及时提出来。同时,他也郑重地强调了时间观念问题,因为在他心中有一个信条,那就是守时是完成工作的首要条件。大家也都表明了态度,表示一定会支持阿博的工作。他身先士卒,每天都提前半个小时到公司,下班也永远晚走半个小时或者更长时间。他整天忙忙碌碌的,以前就兢兢业业的他升职之后更加忙碌了。与此同时,他对手下员工的要求也极为严格,要求他们不能迟到早退,不能以任何理由推迟交案时间。

转眼间,国庆黄金周到了,大家早都计划好了各自的行程。然而,9 月 30 日早上,阿博突然宣布，国庆期间大家要集中到公司，他要给大家讲解当今最新技术，传授自己的独门秘籍，提高大家的研发能力与研发效率，谁都不能缺席。大家怨声载道，纷纷找阿博商量，"我们都定好了与家人的出游计划，不好更改啊，咱们还是正常休假吧！""是啊是啊！"另一个员工说道："别搞培训了，公司又不给补贴，过了十一再说吧，到时候就是晚上加班都行。"阿博听了心里也很不高兴，心想："我花费个人的休息时间，给你们免费培训，怎么还有这么多怨言？你们不知道我给你们的培训若是放到外面每个人要付多少钱？通过培训，你们个人的能力也会得到极大的提高，对你们是只有好处，没有坏处啊。占用了国庆黄金周的休息时间不假，让你们不能和家人一起休假，可我也同样取消了和家人的旅游计划呀！我付出这么多，可都是为你们好啊！"看到大家的不领情、不理解，阿博心中好生不爽！最终还是按照阿博的计划进行了培训。

年底了，一个政府部门的软件系统研发任务日期迫近，眼看着有无法按期交付的风险。这个项目是由几个新人负责的，虽然不是很复杂，但是新人工作经验不多，开发速度慢，虽然天天加班加点，但效率就是上不去。没办法，阿博只好自己亲自上阵，承担了这个项目大部分的工作，与这几个新同事一起加班，终于按时完成了系统研发任务，并受到了用户的好评。在年终总结会上，阿博在会议上表扬了这几个新人，说他们工作积极主动，能够在实践中分析问题、解决问题，进步很大。在年终奖的分配上，阿博给参加这个项目的几个新人，每人额外发了一万元钱的奖金。

这件事引起了部门其他员工的不满，大家的抱怨声不绝于耳。"政府部门的软件系统开发是得到了用户的好评，几个新人也有进步，但是大部分工作都是阿博完成的，不是新人们自己完成的。而且，我们在一年中负责的项目也完成得很好，我们的工作量比那几个小孩多很多，凭什么他们比我们多拿一万块，难道就因为政府部门的软件系统项目是在年末完成，而且他们加班加点？那只能说明这个政府部门软件系统项目的开发人员工作能力差，项目进度控制得有问题，虽然最后获得用户好评，但这并不能说明，这个项目组的人员做得好，就该发奖金啊！"越来越多的人对阿博的奖励办法提出了质疑。与此同时，研发部的很多员工把对阿博的不满转嫁到了政府部门软件系统的项目组成员身上，与他们接触的越来越少了，这个项目组的新人感觉自己被孤立了。

春节过后，阿博发现他牺牲国庆黄金周的假期义务给大家做的培训也没显现出明显的效果，大家的工作能力和效率不但没有提高，反而下降了；以往的工作热情不见了，研发部人员内部交流少了，团队协作不见了，以往的友好和谐团结的氛围不见了，研发部的员工没有了战斗力。让他更加难受的是，以前跟他亲密友好的伙伴对他敬而远之了，与他交流的同事也越来越少，同事对他的尊敬与爱戴看不到了，对他的工作也越来越不配合了。更为严重的是，缺勤的人越来越多，甚至还有不少人要求调到其他部门，许多工作研发部都应付不过来了，很多开发任务积压，阿博不得不自己亲自上阵，经常加班到深夜。他不再有时间研究自己喜欢的自然科学。

阿博觉得身心俱疲，他很疑惑，我的一切出发点都是为了研发部好，都是为了提高研发部同事的工作能力，为了他们的职业生涯更好发展，而且我自己也是工作做得最多的人，为什么大家还都不满意？这到底是怎么了？

资料来源：本案例节选自中国管理案例共享中心，由哈尔滨工业大学管理学院的王丹、宋秦涛撰写。

思考问题：为什么技术明星会遇到这种困惑？

8.1 创新项目、类型与目标

创新往往以项目的形式存在。项目管理是创新管理的微观基础。波特将企业的价值链区分成基本活动与辅助活动。基本活动包括进货物流、生产、出货物流、销售和售后服务,辅助活动包括制度基础、人力资源管理、采购管理、研发与创新等。企业以交易为中心,日常运营以生产现有产品和服务为主,创新活动经常是以项目形式开展的。

项目是指在给定的时间、资金、材料等有限资源范围内,为实现活动目标的一次性的努力。项目有内容上的独特性和存续上的有限性。首先,每个项目内容差异比较大,有的项目目标是改进现有产品,有的则需要开发全新的技术模块。其次,项目持续时间是有限的。在项目目标实现或者确认无法实现后解散,是一次性的努力。

在实践中,对创新项目应该如何评价,目前存在不同看法。企业大都认为创新无法保证成功,必须存在容错机制,对创新项目只看重过程性评价,比如项目的进度、质量、成本,而对项目产生的收入和利润关注较少。究竟创新项目应该如何评价是创新管理中备受争议的问题。很多研究认为以绩效作为评价指标容易让创新项目短视,或者激发出来的创新缺乏新颖性。这些争论的答案取决于创新项目的类型。

8.1.1 创新项目的类型

按照创新内容来看,创新类的项目可以区分为以下几类。

1. 解决方案类项目

解决方案类项目致力于按照客户要求利用现有的产品和服务开发出定制化的解决方案。对面临问题的客户而言,解决方案是客户需求最直接的表达。产品和服务只是解决方案的构成要素。很多企业都努力成为整体解决方案提供商。整体解决方案项目一般出现在产业发展的两端。在产业发展的初级阶段,还没有成形的产品或服务来解决客户的问题。此时,很多项目本质上是针对客户的独特问题进行方案设计。由于客户对解决自身问题缺少互补性资产和知识,故往往需要企业提供更多的服务,构成整体解决方案。例如,在新能源汽车行业,比亚迪不仅要销售新能源车,还必须提供一些配套服务。在产业成熟阶段,整体解决方案更多地体现为对现有产品和服务的组合设计,通过提供一站式服务来降低客户搜寻成本而创造价值。例如,京东提供全品类供货和配送安装服务;大童保险通过面向客户财富管理难题,整合前期咨询、保险组合、保险理赔等业务形成财富管理整体解决方案。

2. 新产品/服务开发类项目

新产品/服务开发类项目与客户的距离相对较短。其一般直接销售或提供给客户,涵盖了经常承担交付、售后以及获取收益的工作。这类项目考核过程中,一般除了考核过程绩效之外,也需要考核最终产出。因此,评价项目成功应该以投资的视角,评价项目的投入和产出,不仅包括进度、质量、成本,还应该包括销售收入和利润指标。

3. 技术开发类项目

技术开发类项目一般是开发出一种新材料或新模块,这些新材料或新模块经常是为新产品/服务的开发服务的。这些技术开发类项目的产出不是直接为顾客服务。因此,这些项目的考核重点是进度、成本和性能稳定性等指标,主要以对下游产品和服务的贡献作为产出。技术开发类项目可以按照共享共用的程度和技术层次进行分级管理。有些技术是多数新产品开发都依赖的根技术,也被称为关键核心技术。

4. 科学类项目

科学类项目距离最终客户更远,是通过间接为技术开发提供新的现象和效应而产生价值的。一些应用经常能够开创新的技术路线,然而其价值取决于新发现的现象和效应的应用情境和应用方法。这类项目的评价往往关注新现象和效应的解释和预测能力。如果以实用性目的来评价科学类项目,经常导致科学研究的扭曲。对于企业而言,更关注新产品/服务开发类项目,在公司发展到一定阶段,会越来越关注技术开发类项目。在企业早期发展阶段,十分有必要将技术开发与新产品/服务开发做适当地分离,以便更加有前瞻性和创新深度。

区分不同类型的项目对确定项目目标和评价标准有十分重要的意义。如果错用评价新产品/服务开发类项目的标准来评价技术开发类和科学类项目,会经常导致短视,而采用技术开发类项目的评价标准来评价新产品/服务开发类项目,则容易导致创新项目管理失效。

8.1.2 创新项目的评价目标

概括起来,创新项目的评价目标主要包括以下四类。

1. 收益指标:收入、利润、利润率

创新最终是要获取收益。是否将收益类指标纳入创新项目指标取决于项目的类型和对项目的认识。在新产品开发项目中,很多企业经常未将收益类的指标也纳入考核范围,而只是控制过程性指标,比如进度。新产品开发应该视为投资行为,不仅需要考核过程性指标,还需要考核收益类指标,考核单个新产品的收入、利润以及销售毛利、净利润率。企业总体层面也需要考核新产品收入占比、项目的成功率等。研究发现,创新成功的企业新产品的成功率是绩效较差企业的两倍,过去 3 年推出新产品的收入占比是绩效较差企业的 4 倍。对于技术开发类和科学类项目,很难评价财务收益类指标。

2. 开发质量

采用这类指标的项目的评价标准主要根据项目的目标来设定。技术开发类项目经常评价的是技术模块的性能指标达标情况。科学类项目一般考核的是可控的科学原型,以及体现新效应和新现象的论文、专利、专著等。

3. 上市速度

上市速度是很多中国企业对新产品/服务开发类项目特别关注的指标。上市速度一般以立项到产品上市销售的时间来衡量。上市速度对新产品/服务是否能够盈利非常重要。首先,很多市场机会都有机会窗口,要想让新产品/服务为企业创造价值必须在机会窗口消失之前收回投资。例如,团购业务从第 1 家上线到行业饱和只用了 18 个月,行业最多有 5500 家团购网站。其次,上市速度可以带来先动优势。先动优势是指企业率先抢占市场资源、塑造进入门槛从而获取的竞争优势。例如,很多客户一旦安装了某个公司的新产品就不愿意再更换,上市速度慢的企业就丧失了进入市场的机会。一般对产品开发类项目而言,采用进度计划来控制上市速度。

4. 开发成本

创新项目需要耗费实验材料、员工工时、场地、能源等各种投入。很多创新项目需要大量的投入，例如，新药研发过程中实验用猴子每只 7 万，一期实验需要 30 只，则耗费 210 万；三期临床也需要大量投资。10 年 10 亿美元已经成为新药研发项目的常见投入。成本一直是管理的核心内容。很多项目在立项开始就设定了项目预算，一旦确定往往不允许做大的调整。为了避免不必要的浪费，很多企业用超预算的幅度和结构来考核创新项目。

但是，成本控制是研发管理过程中的难点。首先，过度强调成本和风险，很多企业不愿意进行研发投入。很多企业面对不确定性，宁愿选择投资看得懂的活动，而不愿意投资不确定性高的创新项目。这往往形成了一种悖论，越是不投资越难以看懂复杂产品和技术，从而导致被短期、简单的项目耽误了有长期投资价值的创新项目。看不懂、难以获得回报就不研发了吗？吸收能力理论很好地回答了这个问题，研发投入的价值除了能够产生直接的收益之外，还为未来更好地学习深度技术铺平了道路。研发投入积累了吸收新技术的能力。因此，研发投入并不能当作可有可无的运营费用，而是看成日常必须积累的长期投资。因此，很多有远见的公司长期坚持研发投入，每年投入销售收入的 3%～5% 作为研发费用。例如，华为将每年提取销售收入的 10%～15% 作为研发投入写入《华为基本法》。

其次，研发过程经常面临次生性问题，难以预测。越是技术复杂的项目越难以测算合理成本的区间，更难以测算对应的收入区间。由于次生性问题的存在，如果研发范式错误，可能导致大量返工和不可回收的前期投资。

因此，研发项目成本依赖匹配的研发范式和良好的预算管理。第一，对复杂度较高的创新项目，需要采用迭代创新模式，而对改进型的创新项目，采用瀑布流开发方式；第二，增加前期的工作分解、市场调研和技术论证能够更好地降低必要的浪费和返工，在过程中如果能够增加节点评审、验收和后评估，则能够更好地控制项目成本。

8.1.3　创新项目管理

尽管很多企业也设立创新项目，试图通过专项研发来改进现有产品/服务或者探索全新的产品/服务。但是，经常有公司发现项目交付时间一再拖延而错失市场机会，创新项目完成质量不高、成本过高而导致项目无法盈利等。很多项目前期工作不充分导致在行进过程中频繁攻关，造成管理失控。很多企业对项目如何控制也存在误区，经常以结果控制为主而对过程控制关注不足。有些项目成员也一味强调要给项目开展留下足够的自主权，对过程控制非常抵制。这些经常导致项目失败。项目立项虽然很正式，但是缺少中间控制环节，导致很多项目组直到临近终点才加班加点地赶工。众多项目失败主要是缺乏良好的项目管理。从风险管理角度来看，风险损失随着项目推进而增加，而风险应该随着项目的推进降低才能够控制项目的风险。然而，很多项目的推进过程中并没有相应地降低风险。因此，为了降低项目的风险，在创新不确定性高的时期应该脚步要小，随着不确定性降低要让投资增加，将创新活动切分成更小的一系列的阶段，每个阶段都要评估是否降低了不确定性，也要确定评估方法和退出决策的标准。

创新项目的管理是指通过计划、组织、领导、控制实现项目目标的管理活动。创新项目计划包括明确定义项目目标，对项目工作进行分解、制订进度计划、质量策划，以及拟定技术方案、成本预算方案及其他资源分配方案等工作。项目组织活动包括工作分解及职责划分、权力划分、工作绩效考核体系设计、沟通设计等工作。领导包括通过塑造愿景、价值引导、奖励、惩罚、权威等各种手段驱动项目成员完成项目工作的活动。项目控制是指按照计划在事前、事中和事后对实际执行情况进行评估,识别差异及其原因,并通过反馈调整确保目标实现的活动。

缺乏有效的管理是新产品开发项目失败的重要原因。库珀的研究发现,新产品开发失败主要有以下 7 个原因:

(1)模仿的或者枯燥的新产品。企业并没有开发出让客户想买的产品,没有让客户惊叹的要素,缺乏具有吸引力的价值主张。产生这些问题的主要原因在于管理者未能重视产品全新性能的开发而是将更多的资源投向了产品改进,或者没有对新产品提出超越竞争对手,提出全新价值主张的要求。

(2)前端工作薄弱。很多项目走入了"解决问题"误区,在"分析问题"上花的时间过少。前端工作流于表面,甚至根本就没有做。前端工作包括市场研究、技术评估和财务分析等。根据库珀的研究,96%的企业未能充分评估产品对于客户的价值,93%的企业很少做市场研究和了解客户声音(voice of customer)的工作,77%的企业没有有效的技术评估和商业评估。由于前端工作薄弱,很多决策本质上是基于假设而不是事实,而那些创新成功企业在前端工作上花的时间比绩效差的企业多 5 倍。

(3)对客户和市场缺乏洞察和理解。很多产品未能实现预期销售和利润,很重要的原因是对客户缺乏足够的了解,没有拜访过客户,没有对客户的问题进行足够的观察、分析和验证就确定了产品概念。很多企业将销售人员的声音等同于客户的声音,或者仅仅调查当前客户而没有想过深入价值链各个环节去倾听。等到开发完成以后才让用户测试,才发现产品本来就是错的。

(4)产品规格不稳定和项目范围的变更。由于前端工作不足,导致产品和项目定义过于粗糙,在开发过程中经常不断地增加新的特性和功能,经常让细分市场的产品扩大到整个市场,让聚焦核心功能的产品增加了一系列更多的功能。而这些变更可能主要源于高管一次参展或者一个想法,很多变更是基于假设而不是基于事实,导致项目一再延期。

(5)能力、技能和知识不足。产生这种现象的很多原因是前期决策过程中对项目需要的关键资源缺乏审计和评估。人员离职、缺乏必要的合作网络、合作伙伴不合适都经常导致项目由于资源支撑缺乏而失败。

(6)项目缺乏分级管理。项目太多导致资源分散,重要工作打折扣、走捷径,从而导致项目的成功率下降。特别是企业项目较多时,项目之间的资源配置没有有效地管理,造成时间进度、逻辑顺序和重要性不匹配等问题出现,导致整体效率下降。

(7)部门墙。只有名义上的团队,实质上还是各管一段的部门型团队,把"足球赛"变成了接力赛。开发部门开发完交给制造,制造完给销售,其他部门参与的太晚或者难以协调。同时,部门之间的冲突频发,无法得到有效解决。

产生这些问题的根本原因在于计划、对过程的组织、领导与控制功能缺失。因此,缺乏有效地管理是项目目标无法实现的重要因素。

8.2 门径管理

门径管理本质上并不等同于项目管理,但是经常与项目管理共同使用。门径管理本质上是一种研发活动路线图,是界定了创新活动业务的各个阶段及管理方式的管理系统。项目管理看重的是项目的计划、组织、领导与控制。很多公司把门径管理等同于阶段控制系统、阶段评审系统、IT管理系统和官僚系统,这些都是对门径管理的误解。

与一般项目不同,创新项目一般工作复杂度高、涉及部门多、参与主体多样性较强,需要通过项目组成员集体创造,很难在短时间内通过赶工获得较好的绩效。缺乏有序的管理经常导致目标模糊、立项盲目,以及项目进行过程中工作逻辑冲突、资源配置不合理、部门冲突频发等问题。从项目结果上来看,相关学者提出"时间压缩不经济"。项目短时间的赶工,往往导致质量问题在售后阶段暴露,提高了售后维护成本,降低了顾客满意度,最终结果是不经济的。一个没有明确目标和详细计划、精心组织的创新更容易失败。

全面质量管理强调用流程体系来消除错误,这一点也同样适用创新活动。为了以有组织的形式来开展创新,需要将整个创新项目的工作进行分解,确定所有活动之间的逻辑关系、时间关系、工作输入与输出标准,按照流程来组织整个创新过程。门径管理通过对项目进行分阶段管理,能够有效地解决这些问题。康宁、乐高、埃克森、华为等众多公司都利用门径管理,大大提升了创新成功率。库珀教授的研究发现,90%的最佳创新企业拥有清晰的新产品开发流程。门径管理作为创新开发的流程体系,可以帮助企业将创新开发和管理的最佳实践集成起来,形成企业创新能力不断提高的载体。

从创新管理实践效果上看,众多公司也通过门径管理扩展了前期工作的时间,从整体上缩短了新产品开发周期。例如,华为通过门径管理将新产品开发周期从74个月缩短到不到50个月,且前期工作的时间占比比之前有显著提高(见图8-1)。

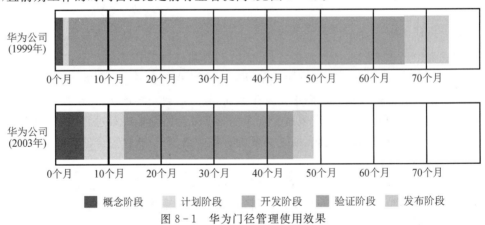

图8-1 华为门径管理使用效果

8.2.1 门径管理的要素

门径管理是对从创意开始到成功上市整个活动流管理的阶段性工具。它让创新活动成为有"套路"的过程,基本要素包括阶段、可交付的结果、关口、输出、角色5个核心要素。

门径管理如图8-2所示。

1. 阶段(stage)

门径管理的核心思想是将创新活动分成一系列不断学习、不断降低风险的活动阶段。这里指的阶段不是"研发阶段""市场阶段",每一个阶段都包含市场定位、产品设计、生产组织、财

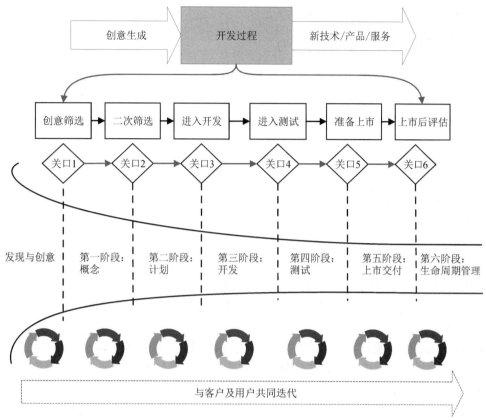

图8-2 门径管理

务分析等活动。一般阶段门径管理中,将项目整个周期分为概念、计划、开发、测试、上市交付、生命周期管理六个阶段,每个阶段有序展开。在每个阶段结束时都要进行严格的评审,评审不通过的项目就此中止,只有成功走过每个阶段门的项目才能够最终成功。

2.可交付的结果

每个关口决策必须要按照标准目录交付前一个阶段的成果,可交付的成果必须提前详细定义,作为阶段开始的目标。

3.关口(gate)

关口是对上一个阶段的工作进行评审,也是对整个项目是否进行下一步评判的决策点。关口要回答两个问题:是否在做正确的项目,是否在正确地做项目。

必须按照事先确定的关口准则和评价标准进行评估和决策。关口决策的输出必须按照计划标准进行,需要确定下一个关口应该交付的成果、评估标准和决策规则。

4.输出

关口也有输出,比如搁置、重做、再审,这些决策标准也需要定义清楚。

5.角色

门径管理主要涉及6种工作角色,即发起人(可能是客户、高管、销售、研发人员)、项目负责人(领导整个项目)、项目团队成员(经常跨部门)、项目经理(具体执行组织整个过程)、把关者、流程经理(监督督促每个流程的执行)。

8.2.2 门径管理各个阶段的内容

1. 概念阶段

概念阶段主要涵盖创意生成和创意筛选环节。创意生成的目标是通过领先用户观察、用户声音的探索、竞争分析、开放创新等活动激发创意。创意需要通过筛选决策的关口才能进一步确定范围。

关口1:创意筛选。

创意筛选应该看重逻辑标准,很少评价财务标准,相对宽松。这个阶段需要设置一些必须满足的逻辑条件和应该满足的条件清单来缩小讨论的范围,对项目进行排序。这个阶段常用一些标准,比如市场吸引力、战略一致性、技术可行性、负面清单。创意筛选环节一般让市场和技术人员进行把关。

通过创意筛选关口,进入确定范围阶段。确定范围阶段的目标是快速确定项目的范围、技术优势和市场优势。其内容包括:检索资料、与销售人员讨论、与关键用户开展焦点小组讨论、对一部分潜在用户进行概念测试等。其目的在于确定市场的规模、潜力和可能的市场接受度,产生新的产品概念。

在技术方面,需要跟技术部门、生产部门沟通,确定技术开发、生产制造、供应及分销、运营方面是否可行,以及存在的风险。这个阶段还需要进行必要的商业论证,需要完成以下工作:①前端调研;②初步的市场评估;③初步商业评估和财务评价;④下一阶段的工作计划。

关口2:创意二次筛选。

在关口2,项目要经受商业逻辑、可行性、资源准备情况的严格检验,除了关口1必须满足的条件之外,还包括初步的财务计算和论证。具体包括:战略一致性、产品和竞争优势、市场吸引力、杠杆作用、技术可行性、财务回报与风险等。

2. 计划阶段

这个环节是全面的准备工作,需要大量详细的论证和资源准备。这个阶段的目标是确定一个详细、可执行的计划。

(1)产品定义,包括细分客户的详细描述、价值主张、产品/服务规格、产品特征设计,明确的市场成功逻辑、市场营销及推广计划,用户概念测试;

(2)技术和生产方面,要明确产品规格、技术路线、研发活动的具体计划;

(3)生产运营方面,需要明确生产选址、设备选型、生产规模、供应商资源、组织形式;

(4)法律及制度体系(知识产权、环境、安全和法规评估);

(5)财务分析及行动计划。

关口3:进入开发。

关口3的决策非常重要,这个关口意味着要投入大量的资金。关口3之后被淘汰的项目比较少。然而,这个决策在实际操作过程中花费的时间往往不足。更重要的是,在决策评审过程中往往缺少独立的财务评估。这个环节需要将商业评估从技术评估中剥离出来,由不同的团队来进行评估。

3. 开发阶段

开发阶段的主要活动往往围绕产品开发和技术开发来进行。在复杂项目中也会设置时间节点和里程碑事件,但是这些一般是项目管理手段而不是决策关口。

关口 4:进入测试。

开发阶段需要完成的更多的是产品原型和并行进行的生产、市场执行计划。进入测试的决策关口更像是严格的管理回顾、评价和审查,在这个阶段被淘汰的项目往往较少。

4. 测试阶段

测试阶段主要对新开发出来的产品进行内部测试、用户现场测试、生产扩大测试、财务分析。内部测试需要对原型产品进行详细的技术检验,利用设定的情景对产品进行可靠性、安全性测试。用户现场测试经常需要紧贴用户进行检验。生产扩大测试往往是非常具有挑战性的阶段,产品的可靠性和稳定性、生产工艺和整个生产过程的选型都需要认真测试。

关口 5:准备上市。

这是上市前的最后评审,根据现在市场销售与测试情况、技术与生产情况进行大规模上市前的最终检查。

5. 上市交付阶段

这个阶段主要是进行产品的交付、上市销售和运营管理。产品交付需要单独的人员负责。在这个阶段往往涉及很多产品的调试、培训等,涉及各个部门的协调工作,对用户满意度的提升非常关键。

6. 生命周期管理阶段

产品正式交付以后,往往成为常规产品,进入售后维护改进的阶段。这一阶段需要进行评审决策,来决定什么时候可以解散项目组,并对项目进行后评估和反馈性评估。评估什么时间才能解散是非常关键的决策,过早解散项目组往往导致后期出现问题无人负责,会带来较大的负面效应。

8.3 敏捷开发

传统的门径管理强调扎实的前期工作,将不确定性问题切成小的确定性高的问题,在关口以终为始的思想引导下,一步步地完成创新项目。很多公司采用这一方法较好地提高了创新绩效。然而,近年来对门径管理的反思越来越多。最重要的反思在于,门径管理在前端模糊的项目中往往适得其反。

8.3.1 门径管理与探索性创新

首先,面对探索性较强的产品和技术开发,门径管理的前期论证工作往往难以奏效。门径管理将开发工作切分成 5 个小的阶段,前期阶段主要是创意的筛选、范围确定、计划和论证,强调在开发之前花大量的时间进行论证。这种做法纠正了很多人习惯于跳过问题分析直接解决问题的思维惯性,通过加强前期的信息收集、逻辑分析和计划布局来降低后期失败的风险。

然而,这种做法的前提是市场需求、技术、供应商等与新产品开发密切相关的信息及其逻辑关系是客观存在的,只要前期工作做得足够充分就能避免计划错误和决策失误,能够通过计划和组织工作前置来控制研发风险。对于应用性创新项目,这个前提很合理。由于是对现有产品的改进,故客户对产品比较熟悉,能够很明确地告诉企业产品需求。并且企业对如何改进、需要做哪些工作也都可以提前进行安排,通过提高计划质量能够有效地避免边干边改带来的浪费和失误。

对于探索性创新,门径管理的很多假定开始动摇:

(1)需求经常在共演中才能明确。例如,空调最初是为了控制印刷车间的湿度发明的,在随后的市场演化中才逐步成为家庭用品;3D打印、脸谱识别、智能互联、纳米材料等新技术起初都难以定义明确的需求,需求只能在与市场的互动中逐步形成。很多企业能清楚自己的问题,但是很难诊断问题的成因和需要的产品规格。同时,企业很难对产品需求进行信息收集,此时需求的明确更多地需要与客户紧密合作,通过客户高质量的反馈来对产品进行改进。

(2)需要迭代解决次生性问题。例如,风电作为新兴技术在输电环节会引起电压不稳的次生问题,只有提高稳压技术解决次生问题,风电入网阻力才会下降;弗莱明发现青霉菌抑制葡萄球菌的作用之后,仍需要脱敏技术等来解决诸多次生问题才能使其最终应用在临床上;发动机、核电、制药等诸多新技术的发展都需要解决次生问题才能最终创造价值。

(3)与利益相关者共同开发商业模式。3D打印技术可用于医疗器械、医学模型、工业模具等多种应用情景,每个应用情景都有各自不同的商业生态系统。在不同的商业生态系统中,3D打印技术有不同的价值;大数据技术、RNA治疗技术、高容量纳米线电池、人体微生物群药物技术等众多新兴技术都可以嵌入在不同的生态系统中发展。

应用性创新与探索性创新的对比如表8-1所示。

表8-1 应用性创新与探索性创新对比

特征	应用性创新	探索性创新
客户及需求	当前客户,需求可以清晰表述	不明确的客户、不明确的需求
产品规格	现有产品规格的改进	产品规格不明确
技术方案	现有技术方案改进	新技术方案需要探索与验证
商业模式	当前商业模式,现有合作网络	未经过验证的商业模式和合作网络
决策信息	历史数据较多	缺乏历史数据和案例的积累
创新性	经常仅为局部最优	可以实现全局最优

正因如此,企业前期工作的重点是如何与客户进行高质量的反馈,识别出关键信息及其隐含的假定,并构想验证假定的方法。试图在前期清楚客户的准确需求是无法实现的,这个学习反馈在门径管理的开发和测试环节才能开展,而此时企业可能已经投入了大量的研发费用,在测试过程中会发现如果整个过程缺乏客户的高质量参与和反馈,很多投资都属于无效投资。

其次,在信息不充分的情况下,流程化的决策容易带来"控制错觉",尽可能地控制变更导致迭代困难,造成学习成本太高。控制学习成本是产业早期项目的关键。探索性项目需要频繁处理次生性问题,试错学习次数往往较多,依赖未经检验的假定而做出的投资经常带来投资失效,造成学习成本过高。识别出决策背后隐含的假定,并保持对这些假定条件的谨慎推敲,小心试错,逐步验证放大,才是降低学习成本的正确做法。众多项目就是在遇到次生性问题时无法短时间筹集资源而失败。例如,ofo单车由于现金流断裂,在此情境下风险投资不敢继续投资而最终破产。

在门径管理中,迭代改进需要经过复杂的流程,一切按照计划和流程进行。一旦目标和计划确定,工作开展过程中一般是调整时间和资源来实现目标,而不是在时间和资源限定条件下去重新调整目标。

因此,对探索性较强的项目,高质量的客户反馈是至关重要的,缺乏高质量的客户反馈,技术改进的方向往往比较模糊,且根据假定进行的开发往往具有较高的试错成本。为了实现高质量的迭代开发,企业需要转变思路,采用迭代创新的管理方式。同时,企业在与客户共演的过程中逐步明确解决方案和产品定位,根据反馈改进不断地扩大规模来降低不可回收的固定投资等带来的损失。另外,企业按照资源和时间的限定来调整目标,快速地完成迭代开发。

迭代思维模式如图 8-3 所示。

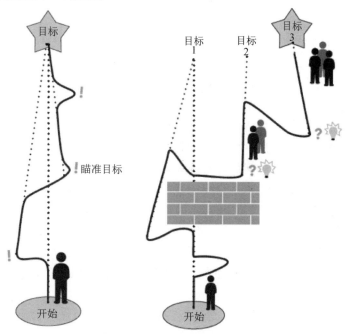

图 8-3 迭代思维模式

8.3.2 敏捷开发的特点及过程

按照精益创业的思想,项目组以时间冲刺的形式完成原型,并利用原型与领先客户进行持续改进,具有开放、持续和加速特征。①问题先行:将问题的确认和解决转移到产品开发流程的早期。②快速试错:先向市场推出原型产品,以最小的成本和有效的方式验证产品假设,根据反馈快速迭代改进。③微创新:每次根据反馈做小幅度的改进。④客户反馈驱动开发,与用户共同创造:让用户有步骤地积极参与创新过程。用户是使用产品的人,这是工业时代顾客的概念。用户是使用产品的人,也是开发、测试产品的人,组织不再有边界,用户是迭代开发过程不可或缺的一部分,这是迭代创新的思维。

这种理念来源于软件行业采用的敏捷开发。敏捷开发目前尚没有统一的流程,以 Scrum 流程最为普遍。

1. Scrum 的基本内容与特点

Scrum 取名来源于橄榄球的含义,寓意像橄榄球赛的整体开发过程。其理念来源于野中郁次郎的整体开发思想和IBM的实践性开发。敏捷开发的特点体现在:①首先对整个项目做一个粗略的估计而不是详尽的计划分析,制订每次迭代的详细计划。②第一次迭代就实现可交付的版本,让风险尽可能早出现,每次迭代都产生可交付的产品。③强调与客户共同工作而不是用合同进行约束,鼓励变化,用客户价值驱动开发。④客户和开发人员之间是紧密的连续的合作关系。⑤内部以信任和赋权来提高沟通效率。

2. Scrum 的团队构成

Scrum 的团队中有产品负责人、Scrum 顾问、开发团队,它是以产品负责人为领导,Scrum 顾问作为智力支持,开发团队负责执行的快速响应型团队。它通过直接与潜在交易对象进行共同开发的方式来开发新产品。

产品负责人一般请客户直接担任,主要承担的工作包括:①决定产品需要哪些功能及产品目标;②创建和维护产品需求清单和项目范围;③随时解答团队工作中产生的与产品需求、功能有关的问题。从技术创新的原理上来看,产品负责人代表了客户,对客户面临的问题、客户要解决的问题或者实现的进步非常熟悉。

Scrum 顾问通常由项目组长或项目经理担任,主要任务是:①组织整个 Scrum 的过程并评价每个阶段的工作;②消除过程中的障碍,促进过程改进;③与产品负责人和团队成员进行持续沟通并为其服务。Scrum 顾问的使命是链接,负责将用户目标与团队开发人员链接和组织起来,消除开发过程中的障碍,通过沟通让多个部门的人员能够协同起来。在华为的铁三角中,Scrum 顾问类似于解决方案经理的角色,即负责面向客户目标,结合内部外部资源形成解决方案,并组织整个过程。

Scrum 队员通常是跨部门的,包括设计人员、开发人员、测试人员等,主要承担的是项目的开发、测试和交付工作。队员来自各个部门,向项目经理负责,职责是能够按照要求完成开发和测试工作。

从功能构成上看,Scrum 团队的构成包含了懂需求的产品负责人、懂技术的成员和将两者链接起来的 Scrum 专家。Scrum 团队满足了有利于链接的组织条件,能够有效地完成创新任务。

3. Scrum 的三个工具

Scrum 在工作过程中,需要利用三个工具进行计划、沟通和反馈:产品需求清单、迭代(冲刺)任务清单和燃尽图。

产品需求清单(product backlog)是目标也是指南,是由需求、故事和特性组成的列表,包括功能需求清单、非功能性需求、需要改进的缺陷或需要新增的功能等。产品需求清单不断地完善,在项目进行过程中采用新增、删除、变更优先级等进行动态调整。

迭代(冲刺)任务清单(sprint backlog):产品负责人还需要为 Scrum 队员设定迭代(冲刺)任务清单,对每个迭代任务进行说明、明确目标,使迭代更有针对性。

燃尽图(burn-down chart)显示了冲刺中积累、剩余的工作量,是一个反映工作量完成状况的趋势图。在冲刺开始的时候,Scrum 团队会标示和估计在这个冲刺中需要完成的详细的任务。所有这个冲刺中需要完成,但没有完成的任务工作量是累积工作量,团队会根据进展情况每天更新累积工作量,如果在冲刺结束时,累积工作量降低到0,冲刺就成功结束。

4. Scrum 的四个活动

(1)冲刺计划会议(sprint plan meeting):产品每个冲刺都以计划会议开始,决定在冲刺中需要完成哪些工作,同时产品负责人向团队介绍产品需求清单的排序,并与团队确认每次冲刺能够完成的需求列表,产生迭代(冲刺)任务清单。

(2)每日例会:一般 Scrum 顾问负责每天的会议,为了提高效率,采用 15 分钟的例会形式,汇报 3 个问题:上次会议之后做了什么?有没有障碍?下次会议之前准备做什么?

(3)冲刺评审(sprint review):每个冲刺完成,Scrum 顾问会组织评审会议,团队负责演示,产品所有者(product owner)必须参加,客户、管理人员以及其他感兴趣的人也可以参加。

(4)冲刺回顾(sprint retrospective):回顾每次迭代,总结迭代过程中的优点和缺点,分析差距,找出新的迭代改进措施。

5. Scrum 的总体过程

Scrum 的总体过程如图 8-4 所示。首先在客户探索的基础上,产品负责人定义清楚产品需求清单,通过冲刺计划会议确定冲刺需求清单,按照冲刺需求清单让团队开展迭代开发,并每日进行例会沟通,且利用燃尽图对每一个冲刺迭代进行评审,进行冲刺回顾。总之,通过不断的小步快跑来实现产品开发。

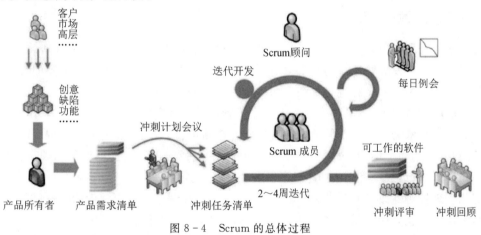

图 8-4　Scrum 的总体过程

敏捷开发方法从软件行业逐渐扩散到硬件产品开发的众多行业,形成迭代创新的思想。迭代创新是基于这样一个前提:客户在看到最终产品之前并不了解他们到底想要什么。尽可能早地让客户看到产品,并借助原型进行反馈,能让项目组避免在错误的需求假定中过度投入。迭代创新与门径管理最大的差异来源于对创新问题和解决方案的假定,门径管理强调计划工作的充分性和有效性,更适用于创新问题和解决方案客观性存在性较强的项目。但是,对于创新要为客户解决的问题和解决方案都需要在不断迭代学习中共创的项目,则适合采用迭代创新的策略。

对这类项目而言,成功的关键是能够与客户一起开发出市场接受和欢迎的产品,关键是能够及时有效地与客户进行反馈和修正。在传统的门径管理中,客户是概念和计划阶段的输入,而在开发和内部测试环节参与较少,直到上市前的外部测试才又回到客户那里,在上市之后与客户的反馈修正则几乎消失。很多项目在上市后反而遇到很多难以解决的问题。例如,蜗牛电子开发的国内首款 3D 网游——《航海世纪》在上市后大规模在线时才暴露出大量的 bug 难以克服,造成了严重的损失。IDEO 公司的统计发现,每个项目与客户迭代 15 次才能完成;最佳创新企业与客户进行交互的频率是一般企业的 6 倍。

因此,迭代创新需要建立能够在每个阶段与客户共同工作的创新活动体系,主要的过程包括:

(1) 构建:根据客户需求的初步探索,快速构建原型并展示给客户。原型经常只包含最核心的功能模块,通过计算机模拟、虚拟原型、粗略工作原型或最小可行产品(minimum viable product, MVP)来展示。在后续的开发过程中,采用增量迭代的方式开展。

(2) 测试:与客户或用户一起测试产品的每个版本,测量利益、喜好、偏好和购买意向,让客户告诉团队他们喜欢什么,哪些是最有价值的。

(3) 反馈:找出客户的直接反馈,详细分析这些反馈,在此基础上识别出必须修复或变更的内容。

(4) 修正:基于客户反馈,重新思考价值主张、方案设计、产品规格,并进行快速修正和改进,进行增量开发。在原型迭代过程中不断地扩大客户群体,并在此过程中不断根据反馈进行产品迭代。企业从小规模销售开始,逐渐扩展到大量市场,并在此过程中不断地迭代改进产品。

8.3.3 门径-敏捷管理

自从敏捷开发提出以后,如何看待门径管理与敏捷开发的关系成为创新管理关注的重要问题。尽管敏捷开发方法针对门径管理的假定进行了扩展,但是尚没有形成完整的管理体系,对如何管理整个过程并没有进行更深入的研究。而门径管理则不仅根据创新规律规定了每个阶段要完成的创新活动,也从整个流程上设立了管理关口和资源分配的原则。另外,敏捷开发是针对需求和技术需要与客户共演的重大探索性创新项目,本质上也需要一定程度的计划、组织、领导和控制活动。例如,康宁只有 20% 的项目采用敏捷开发的方式,80% 的项目仍然采用传统的门径管理;集成产品开发(IPD)管理体系中也更多地采用门径管理的做法。

门径管理针对性改进开放性和柔性,也能够让客户在每个阶段更深度的合作,可以实现计划性与柔性的平衡,让计划保持柔性,开放互动边界,让用户和供应商尽早地参与,以原型为载体,与用户不断地互动反馈,且在反馈基础上对产品和商业模式进行持续不断的迭代,用这些措施来完成有效性的快速测试。

(1) 在概念阶段,更多地采用原型探索客户的真实需求、区分明确的需求清单和待验证的假定,尤其是需要识别出每一步推断的假设体系,并保持持续的验证。

(2) 在计划阶段,通过虚拟原型、故事板及其他工具测试用户喜好和购买意图,对原型进行不断地测试,并根据原型进行商业模式的设计和市场潜力的评估。

(3) 在开发阶段,对变更和迭代采用更多的冲刺活动,对原型进行不断的迭代,通过多次增量迭代开发不同版本产品。

(4) 在测试阶段,开展生产前的原型测试、商业模式测试、外场测试、内部测试以及最终 β 测试。

(5) 在上市以后,对产品进行审视和对商业模式进行持续迭代。

门径-敏捷模式如图 8-5 所示。

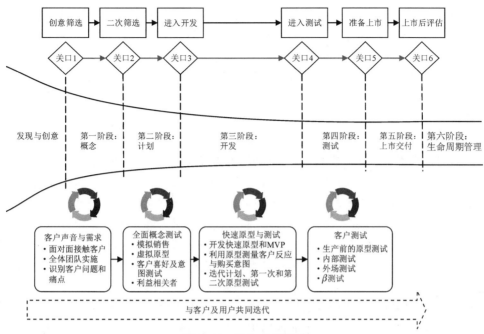

图 8-5　门径-敏捷模式

8.4　创新项目的组织形式

恰当的组织形式是影响创新项目成败的至关重要的因素。不同类型的创新项目需要不同的活动范式和组织结构。对创新项目而言,有四种常见的组织形式,具体如下。

8.4.1　职能式组织结构

职能式组织结构是创新项目的常见组织形式。采用这种组织形式的企业,创新项目的概念、计划、开发、验证、发布、生命周期管理的整个过程由各个职能部门完成。项目的协调主要依赖于上线领导。"一把手"工程经常采用这种形式。职能式组织结构如图 8-6 所示。

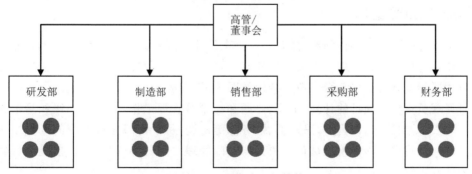

图 8-6　职能式组织结构

新产品开发小组成员与其说是个体,不如说是部门。各个部门之间相互协作来完成项目任务。在具体实践过程中,经常是研发部牵头,其他部门配合,以接力赛的形式来进行。研发部根据销售部提供的开发要求设计技术方案,技术方案论证结束以后,交给制造部制造,然后由销售部负责销售和售后服务。各个部门各自负责分工内的工作,以"各管一段"的线性流程来实现创新项目。

虽然各个部门都在自己的业务领域内非常专业,但是横向协调难以实现。按照理想创新体系的标准,这种组织形式能满足两个专业性标准,但是不能满足链接专业化和次生性问题解决的标准。

(1) 链接专业化程度不够,导致部门之间形成部门墙,部门间冲突频发造成协作效率低。尽管各个部门都积累了自身的技术专长,但是由于心智模式不同,不同部门之间经常产生认知冲突。例如,研发部经常抱怨销售部提交的需求清单不准确、为了实现销售而对客户过度承诺,导致开发过程中困难重重。相反,销售部则抱怨研发部缺乏市场导向和让顾客满意的意识,总以各种借口不去实现客户想要的功能。制造部则经常抱怨技术方案设计未能充分考虑装配和生产的困难,或者抱怨采购部未能及时、按照标准采购原材料和零部件。采购部则抱怨财务部未能及时付款导致采购滞后。虽然各个部门都恪尽职守,但是整个项目推进却遇到很多困难。

这种组织形式的链接功能依赖层级制度来实现,由上级领导来兼职协调整个过程。然而,这种方式的有效性取决于各个工作单元的知识是显性的还是隐性的。显性信息能够完整地表达出各个部门的专业知识,而且在传播过程中不会产生不同的理解。例如,市场部、研发部、制造部能够清晰地展现出问题的所在,领导能够清晰地了解各个部门的工作和难点。然而,如果各个部门的隐性知识较强,则很难以显性的形式完整地表达出来,而且在传播过程中容易受到个体认知的影响而发生变化。此时,上级领导无法了解各个部门的工作难点,很难进行有效地协调,在协调过程中容易导致信息扭曲而冲突不断。

(2) 不利于解决次生性问题。这种组织形式的另外一个特点是"各管一段"的串行方式,缺乏提前沟通,导致相互依赖的任务采用了时间顺序的协调机制。一旦遇到次生性问题,不仅各个部门相互推诿、撇清责任,更重要的是重新定位次生性问题、重新协调资源的难度非常大,各个部门之间难以形成有效的协调,需要通过上级领导来重新组合资源。而在这个过程中,不仅涉及各个部门承担职责的重新划分,还可能涉及新成员的加入。总之,很多前置工作不充分经常导致工作过程中的不协调,从而带来次生性问题。

8.4.2 轻型矩阵结构

为了解决部门之间的协作问题,需要将链接工作独立出来。轻型矩阵结构中,创新项目有了独立的项目经理。项目经理在上级领导授权下,领导整个项目组。各个部门在项目经理的领导下以团队形式开展工作。轻型矩阵结构如图 8-7 所示。

项目经理负责整个项目的计划、组织、协调和控制等管理工作,并且向上级领导汇报。项目经理与研发部、制造部、销售部、采购部、财务部等协调,每个部门完成相应的开发工作或者抽调人员加入项目组。项目组成员负责项目与部门经理之间的协调与沟通,接受项目经理和部门经理的双重领导。

这种组织结构由于将项目经理独立出来,提高了链接专业化。项目经理按照项目节点,在概念、计划、开发、测试、上市等环节,召集各个参与部门及人员共同制订计划,讨论工作安排和工作方法,布置具体的开发任务等。前瞻性工作能够缓解线性流程带来的冲突,项目经理按照

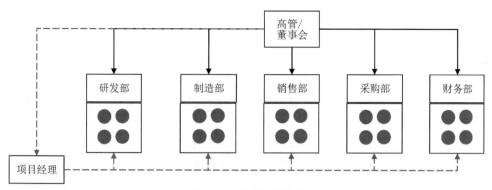

图 8-7 轻型矩阵结构

总体安排居中协调各个部门,也能够降低工作冲突的解决难度。

然而,在轻型矩阵结构中,项目经理的权力较少。如果遇到次生性问题较多,协调难度较大的项目,项目经理经常没有足够的业务指导权力。项目难度较高的时候,项目执行的质量也往往难以达到要求。其主要原因在于:

(1)项目组成员动力、能力和稳定性不足。项目经理更多的是通过部门经理来安排工作。部门经理经常很难派出能力强的员工参与项目。项目组成员在接到项目经理的任务时,经常需要再次与部门经理沟通,当项目经理与部门经理之间存在冲突时,项目推进就会遇到阻力。很多时候,甚至各个部门并没有固定的人员参与项目。

(2)项目经理对项目组成员没有直接考核权限。项目组成员接受部门经理的考核,项目经理没有足够的影响力。这导致项目经理在工作安排过程中往往遇到较大阻力,尤其是对项目关键成员难以形成有力的领导。项目经理责任很大,但是能够调动资源的权力却十分有限。因此,轻型矩阵结构只能实现跨部门的简单协作,遇到次生性问题则难以克服。

8.4.3 重型矩阵结构

重型矩阵结构通过给项目经理授权克服了轻型矩阵结构的缺点,真正实现了跨部门团队协作。重型矩阵结构如图 8-8 所示。

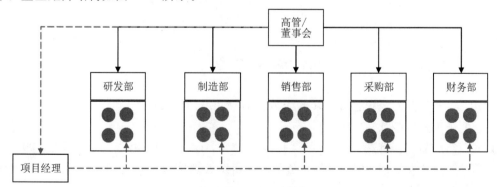

图 8-8 重型矩阵结构

(1)项目经理对项目组成员的选择权。授权项目经理按照项目任务的要求选聘项目组成员,既能降低项目组成员胜任能力弱带来的风险,也能够满足次生性问题对人员调整的要求。

(2)部门经理授权项目组成员代表部门进行决策。部门经理按照任务的类型和重要性分级,给参与项目的成员进行授权,让这些成员代表项目组进行讨论和决策。

(3)项目组与部门之间确定项目成员的考核权。部门可以授权项目经理对员工进行一定比例的考核。例如,授权项目经理30%的考核权限。

(4)项目经理奖励成员的权力。对项目经理进行独立核算,授权项目经理对成员进行奖励。

这些制度安排能够更好地让项目经理实现跨部门协作,在遇到次生性问题时有能力重新协调资源来完成创新任务。重型矩阵结构需要以完善的项目管理体系为基础,如果没有制度体系的保障,授权容易引发控制风险,从而导致创新项目无法完成。因此,成熟的门径管理制度是充分授权的重要基础。

8.4.4 自主组织结构

为了更好地提高创新工作的专业性,让每个人从原来部门中独立出来,成立直接由项目经理领导的独立团队,往往能够更好地完成创新工作。企业经常采用这种方式来开拓新的业务。在新技术或新产品开发过程中,可从各个部门以及外部合作单位抽调人员,组成独立的项目组。产品开发成功之后,以公司形式运营新业务。在这种自主组织中,项目经理得到充分授权,能够较好地克服协作难题,也能够避免原有体系的干扰。自主组织结构如图8-9所示。

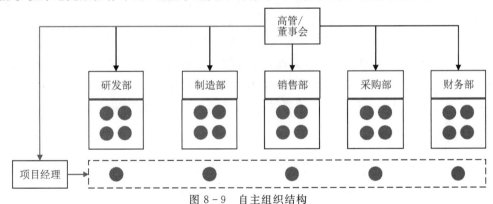

图8-9 自主组织结构

参考文献

[1] 库珀. 新产品开发流程管理:以市场为驱动[M]. 5版. 刘立,师津锦,于兆鹏,译. 北京:电子工业出版社,2019.

[2] 库珀. 新产品组合管理[M]. 2版. 刘立,刘鸿雷,译. 北京:电子工业出版社,2017.

[3] 周辉. 产品研发管理:构建世界一流的产品研发管理体系[M]. 2版. 北京:电子工业出版社,2020.

[4] 莫里斯,马摩西,吴葆之. 敏捷创新:用革命的方式实现共享、激发创新并加速成功[M]. 高航,练晓波,译. 北京:电子工业出版社,2016.

[5] 拉尔曼. 敏捷迭代开发:管理者指南[M]. 张晓坤,译. 北京:人民邮电出版社,2013.

[6] COOPER R G. Stage-gate systems: A new tool for managing new products[J]. Business Horizons, 1990, 33(3): 44-54.

[7] VERGANTI R. Planned flexibility: Linking anticipation and reaction in product development projects[J]. Journal of Product Innovation Management, 1999, 16(4): 363-376.

[8] COOPER R G. Perspective: The stage-gate idea-to-launch process-update, what's new, and NexGen systems[J]. Journal of Product Innovation Management, 2008, 25(3): 213-232.

[9] COOPER R G, SOMMER A F. The agile-stage-gate hybrid model: A promising new approach and a new research opportunity[J]. Journal of Product Innovation Management, 2016, 33(5): 513-526.

[10] ETTLIE J E, ELSENBACH J M. Modified stage-gate regimes in new product development[J]. Journal of Product Innovation Management, 2007, 24(1): 20-33.

[11] GROSSMAN S. Minimum viable product: Master early learning and develop an MVP with Scrum[M]. Charleston: CreateSpace Independent Publishing Platform, 2017.

第 9 章
多项目管理与创新平台

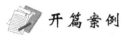开篇案例

从项目到平台

RX 公司的总经理李石(化名)坐在从杭州返回西安的高铁上,无心欣赏窗外的晚霞。刚才在客户办公室的对话一直在他的脑海回荡:"李总,我们的项目运营在即,就剩 10 天时间了。一周之内您这边的系统再不到位,项目耽搁,我也没法给董事会交代,就只能取消合同了。而且按照咱们的合同,您这边还要赔偿……"一个月前李石费了九牛二虎之力才争取到的杭州大项目,却因为研发进度缓慢,迟迟未能交付而遭到客户投诉,威胁要取消此次合作。无奈之下,李石不得不亲自到杭州的客户公司登门道歉,好说歹说,各种解释,终于争取到了一周的延长时间。

李石是 RX 公司的创始人。十多年前,刚刚大学毕业的李石,进入了一家台资世界 500 强的企业,任分公司的管理人员。因为业务能力强,领导重点栽培,他被视为公司的未来之星。不过,李石一直怀揣创业的梦想,希望有一天拥有一家自己的公司。2007 年初,李石做了一个令周围人诧异的决定:他放弃了诱人的高薪和前途光明的管理之位,走上了艰辛的创业之路,成立了 RX 公司。创业之初,他主要借助于在世界 500 强企业积累的人脉和经验,从贸易做起,代理国际知名品牌,给西安周边的工业企业提供嵌入式计算机以及相关的配套和测试设备。嵌入式计算机是一种基于飞思卡尔(Freescale)、德州仪器(TI)、瑞芯微(Rockchip)等处理器,根据行业客户需求进行设计、研发和定制的行业计算机。

与传统的个人计算机(personal computer)行业不同,行业计算机是一个小众行业,主要为自动控制系统提供支持,比如交通行业的收费站、地铁互锁新系统、乘客引导系统、自动售检票系统、车载计算机、医用计算机、自动售卖系统和机床控制系统等。RX 公司主要从事的是嵌入式高端工控机业务。嵌入式高端工控机产品正处于快速崛起的初级阶段,具有市场潜力大、客户集中、定制性强、单笔订单金额高的特点,多以大客户销售为主,主要运用于自助终端、金融终端和云终端等新兴工业场景。鉴于嵌入式高端工控机的这些特性,RX 公司的目标客户基本都集中在所在行业的前十大公司,大多是上市公司。它们的采购量大,每一笔订单对公司都很重要。为了服务好这些大客户,RX 公司采用销售+研发+服务一体化营销模式,向客户承诺:针对客户提供全程技术服务,从销售代表到研发人员随时准备为客户提供支持和服务。RX 公司针对不同的行业应用开发了三十多种产品,包括 RSC-300、RSC-600、RSC-900 三个系列。以 RSC-300 系列产品为例,该系列产品具有配置精简、接口少、支持有线和 4G 上网等主要特征,主要应用于工业云终端,包括工厂设备管理、智能网关、远程终端单元等产业方

向,让传统加工设备上网,从而实现更好的工厂设备管理,以协调和管理工业设备和资源。RSC-300系列产品客户大多分布于长三角和珠三角的制造行业。

经过十余年的发展,RX公司逐步由年销售额200万元的贸易公司发展成为年销售额突破5000万元(见表9-1),为各行业企业提供嵌入式计算机系统及解决方案,集销售、研发和生产为一体的高新技术企业。从初期为国际知名品牌代理销售,到引进人才自主研发,再到着力打造自身品牌,道路虽然曲折,但是公司度过了最困难的时期。现在,RX公司已经在技术上组建了一支由四十多位工程师构成的技术研发团队。尤其在嵌入式办公系统(OS)和软件服务方面,能够提供从kernel层(内核层)到APK层(应用程序层)的全方位服务。RX公司开发的产品被广泛应用于智慧城市智能终端、工业智能、智能交通、智能仪器设备等行业。在销售上,RX公司则以创业初期的核心销售人员为基础,打造了一支能吃苦、肯吃苦的销售队伍,在北京、上海、深圳、成都等地成立了办事处和销售服务机构。

表9-1 公司销售情况统计

年份	销售额/万元	利润额/万元	利润率/%
2014	1407	324.4	22.0
2015	2980	387.8	13.0
2016	4500	445.0	10.5
2017	5701	630.0	11.1

RX公司的客户集中在各行业的大公司。为了服务好这些客户,RX公司采用销售+研发+服务一体化的营销模式,开展全员营销,研发人员也要参与到销售人员的销售决策之中。因此,研发部和销售部之间的联系非常紧密。图9-1显示了公司的组织结构。

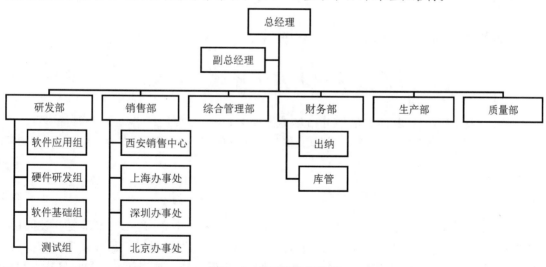

图9-1 公司组织结构图

随着公司的订单增加,研发部和销售部迅速扩编。在公司发展初期,研发部和销售部的人数并不多,占公司总人数的比例不到30%。随着公司规模的扩大,2016年研发部和销售部的人数占到公司总人数的50%以上。2017年,这一比例更是接近了80%。然而,销售部和研发部的人员扩编,并没有带来应有的规模效益,人均利润率不升反降,从2014年的人均10.1万元下降到 2017 年的人均 7.2 万元。表 9-2 显示了公司 2014—2017 年的变化情况。

表 9-2 项目统计表

年份	跟踪项目数/件	发样数量/件	成单数量/件	销售和研发人员冲突次数/次
2014	31	30	22	3
2015	76	33	20	10
2016	147	43	37	23
2017	183	118	99	43

由表 9-2 可见，2014—2017 年，销售人员对项目的跟踪数量在大幅上升，说明市场对公司产品和服务的需求旺盛。发样数量和成单数量虽然没有同比例上升，但是还算正常。不过，销售人员和研发人员发生冲突的次数在直线上升，由 3 次上升到 43 次。考虑到嵌入式计算机的特点，从销售人员接触一个潜在客户到最后成交，需要经过客户跟踪、发样、成交和售后服务等流程，需要销售人员和研发人员之间密切合作。RX 公司的工作流程大致如下：第一，由销售部门的销售人员接触潜在客户，了解客户需求，向研发部门报告或反馈客户需求；第二，研发部门集中讨论项目方案，指定主要研发负责人；第三，由研发负责人直接与销售人员对接和沟通，确定方案框架和报价；第四，销售人员向客户进行反馈，如果客户接受方案框架和报价，研发部门启动研发工作；第五，在整个研发的过程中，销售人员和研发人员依然要保持联系，确保项目进度，遇到问题向客户解释和沟通；第六，交付使用，在产品交付过程中和交付后，销售人员还需要与研发人员反复沟通项目细节，包括产品完善、服务补救或需求延伸等。如果销售人员和研发人员之间的矛盾过大，既会影响销售人员争取客户的主动性，也会影响研发人员对销售人员的支持，最终导致客户大量流失。企业发展初期简单高效的运营模式，怎么做着做着就不行了呢？

思考问题：公司产生这些问题的原因是什么？如何解决？

9.1 多创新项目管理的困难

随着企业不断成长，其面临的细分市场逐渐变多，往往需要同时管理多个创新项目。然而，很多企业发现，尽管每个项目都很成功，但从企业整体层面来看仍然有改进空间，很多问题是项目层面无法解决的。

9.1.1 多个创新项目重复开发

在很多企业中，尽管新产品型号很多，但是很多模块大同小异，存在很多重复开发问题。同时，每个项目针对细分客户独立开发，项目之间缺乏统一规划。当新产品开发项目较少时，这一问题并不突出，而当创新项目较多时，由于项目组合层面缺乏规划而带来的重复建设和型号混乱问题就会越来越突出。

9.1.2 创新应急性攻关频繁

很多新产品开发项目尽管在计划阶段制订了详尽的工作计划，但是经常在开发过程中会遇到难题无法克服。此时，项目不得不在开发阶段停下来攻克技术难关。由于客户时间紧、设计思路需要重新调整,故公司经常使用"非常之人"、应急性地调集特殊资源来重新开发。然而,并不是所有的攻关都能成功。即使技术攻关成功,往往测试计划和时间不足,仓促交付而导致售后成本大增、客户满意度下降。更重要的是,此时项目已经基本失控,原有的计划已经形同虚设,无法对项目进行有效管理,导致公司内部对管理措施的信心降低。

9.1.3 技术的战略敏感性和核心技术积累不足

很多企业忙于开发新产品、新服务,但是却缺乏核心技术积累。这个短板不会短时间显现,但是随着时间推移,这个短板会让很多企业的竞争力日渐衰退。这并不意味着企业对此一无所知,而经常是频繁提出想法却始终无法落地。很多企业中不乏有远见卓识的管理者,他们会在高层会议和战略规划过程中提出对核心技术积累不足的担忧,这些问题虽然被多次提起,但是并没有实质性的解决措施。

9.1.4 多个项目形成资源竞争导致开发效率下降

当批准的项目较多时,项目缺乏分级、分类管理,导致项目之间的逻辑顺序和资源安排缺乏统筹。尤其是应用性项目与探索性项目往往采用了同样的管理方式,造成探索性项目的资源被应用性项目挤占。资源分配与项目的重要性之间经常不匹配,造成整体效率下降。

这些问题单靠项目层面的管理已经难以解决,必须从企业的全局层面来解决。这些问题之所以存在,根本原因是未能建立基于平台的研发体系。有些企业为了管理多个项目,成立项目管理部。但是,项目管理部更多地承担了资源配置和管理功能,对项目资源进行计划和配置,对项目进行中期检查、项目考核和项目后评估。然而,项目部还很难成为支撑企业战略发展的技术平台。

9.2 集成产品开发体系

集成产品开发(integrative product development,IPD)体系是解决多项目管理困难的有效手段。集成产品开发体系是基于平台的创新体系的代表。这种平台范式是1995年IBM在自身研发经验和众多创新型企业的经验基础上建立的。国内最早引进并成功使用IPD管理体系的是华为。IPD管理体系的很多理念非常符合创新体系设计的理想标准。不过IPD管理体系相对复杂,要求企业必须有一定的创新管理基础。在非集成性行业经营的企业或者中小型的技术型企业中,推行IPD管理体系需要变通,直接套用容易导致流程过于烦琐,并不会取得太好的效果。非集成性产品技术的难度更多的是要素之间的关系,这一点与集成性产品有较大的不同。另外,在很多新产品项目并不多的中小企业推行IPD管理体系,容易导致分工过细、流程过多,反而使协调成本较高。

在新产品开发项目较多的公司,IPD管理体系是理想的平台创新体系。根据IBM的统计,推行IPD管理体系能够让产品上市周期(TTM)缩短30%以上,产品质量提高40%以上,产品成功率提升30%以上;能够帮助企业构建市场导向的、团队化的、流程化的运行机制;打造一支职业化的、一流的研发人才队伍;建立一个强大的产品平台/技术平台。

IPD体系满足理想创新体系的4个标准。首先,IPD强调以技术平台支撑产品开发,有单独的技术平台积累对技术模块的深度理解;其次,强调以市场驱动的产品开发,通过将需求分析从销售工作中独立出来而强化了对需求的持续分析和深度积累;再次,项目组通过跨部门合作实现了链接的专业化设计;最后,广泛的技术积累和模块化的设计,有利于企业迭代解决次生性问题。

IPD体系的构成如图9-2所示。

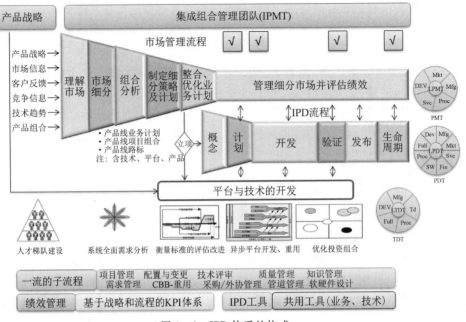

图9-2 IPD体系的构成

IPD管理体系有7条原理作为支撑。

1. 产品开发是投资行为

与技术开发不同,产品开发是直接面对客户的。所以,新产品开发应该看成是投资行为,要求企业必须以盈利和利润回报作为新产品项目管理的最终目标。按照这个原则,企业要开发能帮助企业实现较大盈利的新产品,而不是仅仅控制预算、质量和进度。

2. 基于市场的创新

为了保证盈利,新产品必须能够满足市场的需要。然而,很多企业虽然理论上都明白这一点的重要性,但是在具体管理活动中却采用了不匹配的组织形式和决策原则。例如,市场工作与销售工作混为一谈,研发部实质上主导了新产品开发,让新产品走向了技术导向而不是市场导向。为了确保市场驱动技术,企业应将市场工作从销售工作中分离出来,让市场规划成为拉动研发和推动销售的轴心环节。

3. 技术开发与产品开发分离

过度关注当前市场的产品开发容易导致长期核心技术积累不足,也容易导致多个产品开发项目之间的重复建设、项目攻关频繁和售后成本过高等问题。因此,IPD管理体系要求通过模块化分级的方式,将产品开发和技术开发分离,建立以共享共用的模块为基础的技术平台,建立起技术平台支撑的产品开发体系。

4. 基于平台的异步开发模式和重用策略

由于有共用的模块,技术开发和产品开发以及不同产品开发项目可以实现并行,大大加速了多个项目开发的进度,实现"多快好省"的新产品多项目开发。

5. 跨部门协同

在新产品开发的整个过程中,通过重型矩阵等制度设计,实现跨部门的协同;通过技术开发与产品开发分离、销售与市场工作分离,实现短期盈利与长期竞争的协同。

6. 产品线与能力线并重

通过分离技术开发与产品开发,实现了短期产品与长期技术的协同,在满足当前客户要求的同时,也为长期竞争奠定了能力基础。

7. 职业化人才梯队建设

在IPD管理体系中,市场与销售、技术与产品、产品线与总公司之间形成了细致分工,技术线和市场线的职业队伍及管理团队的建设有序开展,形成了较好的职业化人才梯队。

9.3 技术平台与新产品开发

企业面向各个细分市场,以产品和服务为客户解决问题,而产品和服务是技术模块的集成。如果将众多新开发的产品或服务进行逆向分解,很多技术模块非常相似,但是这些技术模块由于缺乏共享机制而不得不重复开发,导致各个项目组遇到技术攻关的可能性也大幅度提升。更重要的是,由于缺乏独立机构为技术负责,企业对未来技术发展的预测和分析缺乏专业化。项目组考虑最多的是项目周期、项目开发范围以内的任务,很难对未来5~10年技术发展趋势进行预测和分析,并针对性地进行预研和准备。为了建立这种共享机制,我们需要区分技术开发与产品开发,对产品进行模块化和归一化处理。

要从根本上解决多创新项目管理的问题,企业需要进一步区分技术开发与产品开发。产品是多个技术模块形成的功能系统。例如,电脑是主板、硬盘、CPU、内存、连接线、电源、软件构成的功能系统。技术模块是产品的子系统或要素。CPU、硬盘等都是电脑的技术模块。从技术结构而言,产品具有递归嵌套特征。技术的完备性法则中提到,任何一个完备的功能系统包括执行装置、传动装置、动力装置和控制装置。而执行装置要完成执行功能也经常需要四个次级元件。因此,产品和技术的定义具有相对性。对终端用户电脑生产企业而言,电脑是产品,而硬盘是技术模块。对硬盘制造企业而言,硬盘中的次级组件是其技术模块,而硬盘是产品。

9.3.1 区分技术与产品

尽管很多创新活动都是将技术模块集成为产品或服务,但是从战略和组织上将技术从产品中分离出来的企业却非常少。理想的区分会形成技术平台支撑的产品体系。该体系包括客户层、产品层、技术层。对高新技术企业而言,战略计划必须根据客户层、产品层和技术层的分析,形成市场路线图、产品路线图和技术路线图,并根据路线图制定战略目标、资源配置计划和组织结构变革计划。

1. 客户层

客户层包含各个细分市场,这种市场划分经常需要对需求进行细致分析。我们不难发现,在很多产品市场上,客户群都可以进行再次细分。例如,商业用户和家庭用户对电脑的需求有不同侧重点,家庭中成年人与未成年人对电脑也有不同需求,这些需求体现在产品的尺寸、内存大小、显卡质量、CPU 速度等方面。再如,中医强调"千人千方"和"同病异治",强调每个客户都应该有不一样的产品,实现极致差异化。

2. 产品层与产品平台

广义的产品体系包括解决方案、产品与服务。站在客户角度来看,企业提供的产品和服务与客户环境中可以获得的互补性产品和服务构成了完整的解决方案。站在企业角度来看,解决方案主要包括提供的产品和服务组合。每个客户群都会有精准匹配的解决方案(产品+服务),虽然定制化产品可能不同,但是众多定制化产品可以拆解成具有共同功能的平台产品部分和差异化部分。定制化产品是指针对特定客户群体或个人生产的产品。平台产品是多个细分客户群或个体用户都需要的模块构成的中间产品。

3. 技术层与技术平台

多个产品继续分解可以拆解成共享共用的技术组件。有些技术组件是通用件,可以通过公开市场获得。然而,有些技术组件难度较大,是企业核心产品功能的支撑,需要企业独立开发,使其成为核心技术平台。

核心技术平台支撑的产品开发体系是破解多项目管理难题的重要途径。在该体系中,核心技术模块在多个产品开发过程中共享,避免了各个项目重复开发。核心技术模块共享的次数越多,规模经济效应越明显,开发成本越低。另外,由于核心技术模块是以独立的项目开发的,经过充分的测试与评价,在使用中不断反馈,故质量会越来越稳定。从管理的角度来看,由于核心技术平台的支撑降低了技术攻关的次数,避免了"临时抱佛脚",故让项目可控性大大提高。

产品与技术分离结构如图 9-3 所示。

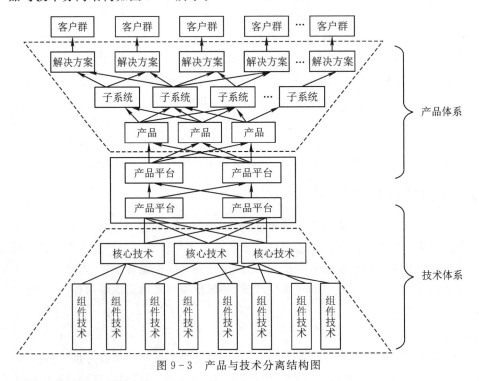

图 9-3 产品与技术分离结构图

9.3.2 模块化与归一化

要实现技术体系支撑的产品体系,企业需要对整个产品体系进行模块化和归一化处理。模块化是逐层将各个子系统及子系统之间界面进行分割并封装的过程。仅仅在项目层面进行模块分解并不足以建立技术平台支撑的产品体系,企业需要从整体技术规划上,对各个产品系列进行归一化分类、分级规划。

归一化是指对各个技术模块进行分级、分类的过程。这个过程对产品线很多的企业而言并不容易。前瞻性的企业应该在产品线简单的早期阶段就采用技术与产品分离的布局方式,并在成长过程中逐渐完善和调整。归一化处理之后,企业形成了原材料/器件、组件、部件、单机、整机、子系统、系统的货架体系与局部集成技术、系统集成技术等链接技术构成的整体技术架构。

模块化结构如图 9-4 所示。

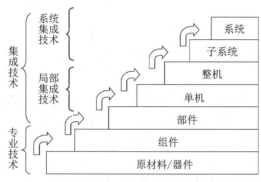

图 9-4 模块化结构图

9.3.3 技术平台的组织体系

技术平台支撑的产品开发体系,一般有两类组织体系,具体如下。

1. 单业务企业的平台型创新体系

很多成长中的高新技术企业业务比较聚焦。很多企业也将聚焦一个市场、一个产业作为自身的战略。例如,很多隐形冠军企业以专、精、特、新为特点,形成了"一米宽,一千米深"的战略定位,聚焦单业务的平台型创新体系。这些企业一般聚焦一类客户,对客户需求进行细分,并开发同一业务领域的系列产品,且建立了支撑性的技术平台。

公司层面设立技术委员会或者研究院,负责技术规划、产品规划和决策。在技术委员会领导下设立研究院或者直接设立相应的技术中心,如材料中心、设计中心、工艺中心等,与产品创新中心独立。

技术委员会关注未来 5～10 年的前瞻性的技术规划,主要为技术战略负责。具体包括:①制定技术规划;②对技术研发项目进行评审和决策。

技术中心负责执行技术委员会的决定,并拟定技术发展规划与技术战略。具体包括:①执行技术委员会的技术规划,建立公共技术平台;②对未来的技术发展进行预测、评价,开展技术预研,形成技术储备;③支撑新产品的开发。

产品中心负责未来5年以内的新产品的开发。具体包括:①老产品的改进;②以成熟的技术和平台为基础,快速、高效地开发平台产品;③负责开发各个细分市场定制化产品。

单业务技术中心组织结构如图9-5所示。

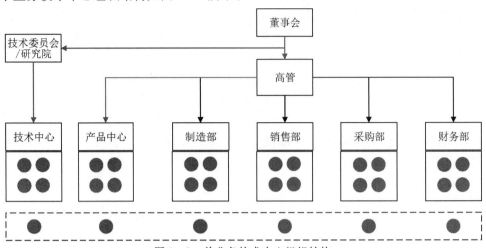

图9-5 单业务技术中心组织结构

技术系统的这种组织形式,实现了技术与产品研发的分离,兼顾了短期产品的开发与长期技术竞争力的建设。同时,让技术平台支撑新产品的开发,形成基于客户路线图、产品路线图和技术路线图的平台创新体系。值得注意的是,尽管有些企业也设立了技术中心,但是技术中心并不是产品路线图逆向分解得出的共享共用的核心技术研发中心。技术中心的设立以新产品开发成功、共享共用的核心技术开发作为主要目标。

2. 多业务企业的平台型创新体系

多业务企业一般规模较大,其平台型创新组织实质上是多层嵌套的单业务平台型创新体系。在技术平台进行逐层分级的基础上,在产品线设立产品线级别的公共技术平台,而在集团公司层面,建立多个产品线共享的集团层面的公共技术平台。

多业务技术组织结构如图9-6所示。

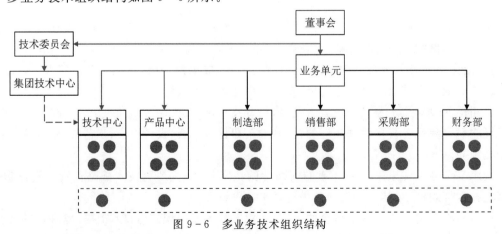

图9-6 多业务技术组织结构

9.4 市场需求与销售分离

当企业面临的产品线较多、新产品开发项目较多时,不仅在技术端要将技术平台和产品开发进行分离,在需求端也需要更专业的需求分析。在创新平台建设中,不仅需要重视技术平台的建设,还需要同时建立需求分析和规划平台。这方面的建设是通过将需求分析从销售工作中分离出来而实现的。很多企业是依赖现有的销售人员进行需求分析的。然而,销售人员一般关注订单的完成,很难关注前瞻性的需求。首先,销售人员一般兼职收集客户需求,专业性不够。其次,销售人员一般只关注当前客户的需求,对隐性需求和未来的需求一般缺乏足够的关注。

企业经常在各个产品线设立市场部和营销部/销售部。销售部主要的工作是按照市场部的培训、设计好的销售方法去完成业务洽谈、销售谈判、交付和回款等销售工作。市场部负责市场需求分析和产品路标规划,拉动研发,按照市场需求开发新产品,同时对销售工作进行指导。

市场、研发与销售的关系如图9-7所示。

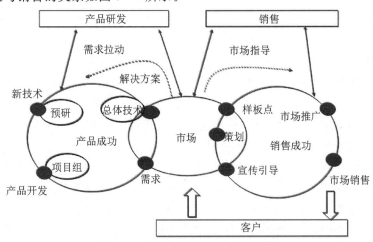

图9-7 市场、研发与销售的关系图

市场部一般负责以下工作。

(1)需求管理。首先,通过设计全员参与的需求收集渠道,从外部渠道(客户交流、技术交流、高层拜访、市场调研、参观展览、招投标、媒体信息)以及出差报告、周报月报(研发人员、产品经理、市场经理、客户经理等)、测试及内部检验报告、沟通例会、高层指示等方面收集需求。其次,对需求进行分类和验证,对需求按照重要性和影响进行分类(老产品设计规格更改需求、新产品开发需求、平台开发需求、技术开发需求等),对需求的真实性、重要性、紧迫性、成长性等进行评价和验证。

(2)产品路标设计。根据各类需求的分析和排序,在对每个细分市场、客户问题、竞争对手、产业政策分析的基础上,设计产品路线图,形成产品路标规划,使其成为新产品立项的指导性文件。

(3)新产品市场策划。根据对需求的理解和对产品特征的理解,设计新产品的卖点及宣传策略、定价及商务策略、产品命名及商标、样板点建设、销售工具包制定等。

(4)销售支持和客户关系管理。支持销售部完成销售工作,包括技术交流与谈判、销售方案策划、销售培训、产品市场巡检以及客户关系管理等。

(5)内部管理及合作关系管理。以市场路线图为中心,设计合作战略、合作关系网络、销售渠道、品牌、市场活动,以及对任职资格体系进行建设和管理。

销售部主要的职责是"把产品卖好",要按照市场部的策划和指导,执行销售工作。销售部的工作具体包括以下几个方面。①销售执行:包括销售信息收集、投标、商务谈判、销售合同签订、交付及风险控制。②回款与客户关系维护:对销售订单的跟踪、回款跟进,客户关系的日常拜访和关系维护。③信息收集与汇总工作:收集一线销量信息、需求信息,配合市场调研活动的开展等。

参考文献

[1] 周辉. 产品研发管理[M]. 北京:电子工业出版社,2020.

[2] GERWIN D, BARROWMAN N J. An evaluation of research on integrated product development[J]. Management Science,2002,48(7):938-953.

[3] KOUFTEROS X A, VONDEREMBSE M A, DOLL W J. Integrated product development practices and competitive capabilities: The effects of uncertainty, equivocality, and platform strategy[J]. Journal of Operations Management,2002,20(4):331-355.

[4] BOYLE T, KUMAR V, KUMAR U. Determinants of integrated product development diffusion[J]. R&D Management,2006,36(1):37-54.

[5] SANCHEZ R, MAHONEY J T. Modularity, flexibility, and knowledge management in product and organization design[J]. Strategic Management Journal,1996,17(S2):63-76.

[6] SCHILLING M A. Toward a general modular systems theory and its application to interfirm product modularity[J]. Academy of Management Review,2000,25(2):312-334.

[7] VICKERY S K, KOUFTEROS X, DROGE C, et al. Product modularity, process modularity, and new product introduction performance:Does complexity matter? [J]. Production and Operations Management,2016,25(4):751-770.

[8] D'ADDERIO L, POLLOCK N. Performing modularity:Competing rules, performative struggles and the effect of organizational theories on the organization[J]. Organization Studies,2014,35(12):1813-1843.

[9] JACOBS M, DROGE C, VICKERY S K, et al. Product and process modularity's effects on manufacturing agility and firm growth performance[J]. Journal of Product Innovation Management,2011,28(1):123-137.

[10] 西蒙. 隐形冠军:未来全球化的先锋[M]. 张帆,吴君,刘惠宇,等译. 北京:机械工业出版社,2015.

第 10 章
开放创新与企业创新生态系统

 开篇案例

ARM 的生态之路

1978 年英国剑桥工程师克里斯·库里(Chris Curry)在失业的迷茫中与物理学博士赫尔曼·豪泽(Hermann Hauser)结识,共同创办了 CPU 公司。CPU 不是芯片,而是 Cambridge Processing Unit 的缩写,最初的字面意思是剑桥处理器单元。公司主要从事电子设备设计与制造工作。1979 年 3 月,"Acorn System 1"成功上市并开始盈利,核心是 6502 CPU,频率为 1 MHz,内存刚刚超过 1 K。同年,公司改名为"Acorn Computer Ltd(橡果电脑有限公司)"。1981 年,Acorn 迎来了英国广播公司 BBC 的大单。当时 BBC 打算在整个英国播放一套提高电脑普及水平的节目,他们希望 Acorn 能生产一款与之配套的电脑。然而,美国国家半导体和摩托罗拉的 16 位芯片速度方面始终无法达标。为了提高速度,Acorn 向英特尔求助,英特尔能够提供 80286 的设计资料和样品。然而,英特尔拒绝了 Acorn 的请求。最终 Acorn 采用了 MOS 6502 的处理器,推出了 BBC 微型计算机,并取得了很大的成功。这次事件之后,Acorn 决定建立自己的 32 位微处理器。终于,1985 年 4 月 26 日,来自剑桥大学的计算机科学家索菲·威尔森(Sophie Wilson)和史蒂夫·弗伯(Steve Furber)最终完成了微处理器的设计,并将其命名为 Acorn RISC Machine,这也就是"ARM 芯片"(全称是 Acorn RISC Machine,Acorn 是公司名称,Machine 是机器,RISC 是精简指令集计算机)。到了 1990 年 11 月 27 日,苹果和 Acorn 的芯片合作商 VLSI 与 Acorn 一起合作,将 ARM 部门拆分出去建立了一家名为 Advanced RISC Machines 的新公司,这让 ARM 这个简写形式保留了下来。这三家公司联合颠覆产业模式,放弃高性能、花哨的半导体芯片,转而专注于更小、低功耗的芯片。经过商讨,苹果投了 150 万英镑,VLSI 投了 25 万英镑,Acorn 本身则以 150 万英镑的知识产权和 12 名工程师入股,ARM 公司正式成立。

ARM 刚成立的时候,产品线上的产品基本都被英特尔的 X86 架构芯片吊打。1993 年,苹果公司曾推出基于 ARM 处理器的 Apple Newton,但是很不幸,这款产品并不出色,很多缺陷大大降低了其实用性。

认真反思之后,ARM 认识到:想要成功就不能依赖个别产品。从此之后,ARM 改变了自己的商业模式,自己不再生产芯片,而是将自己的方案授权给更多芯片厂商,收取前期授权费和专利使用费。这使得 ARM 与所有这些公司建立了互惠互利的合伙关系,有效加快了其芯片上市的速度。具体来说,ARM 有三种授权方式:处理器、POP(processor optimization pack,处理器优化包)以及架构授权。其中,处理器授权是指授权合作厂商使用 ARM 设计好的处理

器,对方不能改变原有设计,但可以根据自己的需要调整产品的频率、功耗等。POP 授权是处理器授权的高级形式,ARM 出售优化后的处理器给授权合作厂商,方便其在特定工艺下设计、生产出性能有保证的处理器。架构授权是 ARM 会授权合作厂商使用自己的架构,方便其根据自己的需要来设计处理器(例如,高通的 Krait 架构和苹果的 Swift 架构,就是在取得 ARM 的授权后设计完成的)。

"共享风险的商业模式、乐观积极的态度,便是 ARM 与众不同的营销理念。"ARM 软件技术总监曾这样说道,"你的成功就是我们的成功"。对于 ARM 的这种商业模式,在集微访谈对科达希普(Codasip)高级市场总监罗迪·厄克特的采访中,罗迪·厄克特也提道:"(20 世纪)80 年代中期,ARM 从一家英国 PC 公司开始转型,采取处理器专利知产授权的模式,这在当时是相当具有革命性的。在 80 年代中期,如果你想要设计一个处理器,一般思路是设计一个芯片并把它制造出来,而他们的模式则是将知产专利授权给半导体或系统公司,所以他们不将半导体公司视为竞争对手,而是合作伙伴。"正是 ARM 的这种授权模式,极大地降低了自身的研发成本和研发风险,并获得了几乎整个移动芯片市场,让向来强势的英特尔,久久无法攻破 ARM 的防线。

1993 年,ARM 与德州仪器、三星、夏普等半导体巨头的合作,为 ARM 的推广树立了声誉,也证实了 IP 授权的商业模式的可行性。20 世纪 90 年代,正值移动设备革命期间,小型移动设备已成现实。当时诺基亚 6110 成为第一部采用 ARM 处理器的全球移动通信系统(GSM)手机。为满足诺基亚减少内存的要求,ARM 专门开发了 16 位的定制指令集,大幅缩减了内存,并最终由德州仪器生产和出售给了诺基亚。最终,诺基亚 6110 上市获得了极大的成功。随后,高通、飞思卡尔(2015 年被恩智浦收购)相继加入 ARM-7 的授权阵营,ARM-7 也成为 ARM 在移动处理器方面的旗舰系列。业务飞速发展的 ARM 控股公司,于 1998 年 4 月 17 日同时在伦敦证交所和纳斯达克上市。这家英国小型半导体公司,上市之后,几个月间就一跃成为价值十亿美金的公司。

资料来源:ARM 起源史:一家英国小公司如何发明了 ARM 并改变了世界[EB/OL].(2021-02-13)[2023-11-24]. https://finance.sina.com.cn/tech/2021-02-13/doc-ikftpnny6608812.shtml.

思考问题:我国相关企业如何与 AMR 竞争?

10.1 开放创新

创新作为目的与现象重新链接的活动,经常需要多个主体进行互动来形成有效的链接。因此,创新活动是多个主体共同参与的过程。

首先,技术本身的价值是与客户等其他主体互动的结果。技术模块和产品本身的物理属性与使用功能之间的关系并不是决定性的,同样的技术模块和产品,不同主体会看到不同的价值和用途。例如,喷水枪最初是为洗车设计的,而很多地方用来洗红薯;空调最初被用来控制印刷车间的湿度,后来才被用在家庭。这种技术模块与价值的重新链接过程,经常能够为原有技术找到新市场,帮助企业发掘新的创新机会。

而要实现这种重新链接,往往要跳出对原有技术的价值设定。改变这种价值设定最重要的是提高视角的异质性,需要换个角度看世界。为了提高异质性,除了逆向思维和发散思维方法的使用,更重要的是内部跨部门、跨领域的互动,以及更广泛的搜寻。

其次，技术开发和获取收益所需要的资源经常需要广泛的外部合作。用户的难题要得到解决，经常需要搜寻更多的技术模块和资源。尽管企业内部通过产品与技术的分离，实现了对很多技术的储备，但同样的问题很可能已经存在解决方案。在多个项目之间的重复建设，也来源于缺乏共享的链接和机制。TRIZ 也发现，从功能实现层面来看，很多技术已经存在，只是企业未能掌握功能导向的搜寻而无法搜寻到这些资源。

无论是为技术资源进行重新价值定位，还是为创新功能找到现存的模块，都需要更广泛有效的搜寻。这种搜寻范围和深度随着数字化技术的广泛应用而变得更加容易。数字化手段不仅媒介丰度较高，而且能够实现跨地域、跨领域、跨层次的有效链接。打开创新边界，以更广泛的创新资源来推动产品开发和收益获取，成为很多企业的重要选择。这种模式被称为开放创新。

10.1.1 开放创新模式

开放创新模式是指在新产品开发过程中让更多的创新主体参与并承担创新任务的创新范式。这与原来的合作创新的概念不同，开放创新不仅让更多的创新主体参与到创新过程中，还会让各个创新主体承担责任。具体而言，开放创新模式有两种，即封闭式创新模式和开放式创新模式。如图 10-1 所示，封闭式创新模式下，创新工作主要由企业承担。需要澄清的是，封闭式创新模式并不是说不与顾客、供应商、同行等外部主体合作，而是这些外部主体不是创新的责任主体。例如，企业也会与顾客沟通来明确他们的需求，但是并不会把创新开发工作委托给客户完成。在封闭式创新模式下，创新企业自身完成创意产生、计划论证、原型开发、迭代完善与生产的各项工作。

在新的环境下，企业可以借助平台链接更广泛的外部资源，委托更多的外部主体承担创新任务。例如，企业为客户提供创新条件，让用户成为创新主体，或者企业直接让其他企业的员工、高校团队开发新产品，这种开放创新被称为由外而内的开放创新（inbound open innovation）。在创新实践中，阶段门控制开发的众多项目由于未能最终成功上市而经常形成知识冗余（知识冗余是指未能充分利用的闲置知识）。尽管企业未能开发利用这些知识冗余，但是这并不意味着它们对外部主体没有价值。盘活这些知识冗余能够为企业带来新的收益。这种开放创新被称为由内而外的开放创新（outbound open innovation）。

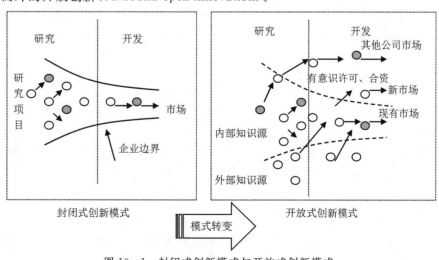

图 10-1 封闭式创新模式与开放式创新模式

1. 由内而外的开放创新

由内而外的开放创新是指创新资源由内向外流动来实现创新的模式。一方面,企业可以盘活创新资源。原来的门径管理中,虽然很多项目在门径审核过程中未能继续推进,但是企业前期的投入已经让很多技术从最初的原始状态逐渐接近市场。尽管这些技术对企业而言价值有限,但是这些技术可能恰恰是别的创新主体所需要的。因此,企业可以通过技术入股、许可授权、专利转让等形式盘活这些资源。

另一方面,企业也可以通过市场的重新定位,与其他企业合作开发新的市场。让更多其他企业能够利用企业的资源开展创新,企业既发挥了自身的资源储备作用,也能够更加聚焦于现有的市场和技术领域。

2. 由外而内的开放创新

由外而内的开放创新更多地强调让外部的资源流入企业来帮助企业实现创新。例如,宝洁通过 C+D(conection+developement)模式,与全球 200 万技术人员建立链接平台。通过平台发布技术研发问题和需求,向全球征集技术方案,让外部的技术资源流入企业。通过利用全球范围内的技术,帮助企业寻找解决方案。企业对技术方案进行筛选以后,通过获得授权、购买专利、合资、投资等形式开展创新合作。这种模式的推广让宝洁新产品研发投入从 4.9% 降低到 2.6%,且新产品开发的成功率从 35% 提升到 65%。

除了技术资源的流入,对市场需求和信息的挖掘也是开放创新的重要形式。例如,小米科技通过对 8000 多万粉丝的问题、偏好的收集与分析,基于对客户需求的精准画像拉动架构创新,成为开放创新的典范。众多制造企业也借助数字化技术,提供能够让客户自己动手拼装产品,并下单形成交易的大规模定制化服务。

10.1.2 开放创新组织形式

要实现开放创新的目的,需要建立匹配的组织形式。从本质上来看,开放创新组织让企业通过更广泛的资源搜寻来实现创新。目前,企业可以通过正式或非正式合作与现有客户、供应商、竞争对手、其他行业的顾客、大学、科研机构、政府建立广泛的创意、知识和资源渠道(见图 10-2)。由于资源有限,企业必须在宽度和深度方面进行权衡。研究也发现,过宽或者过深的搜寻都不利于创新活动的开展。

开放创新常见的组织形式包括众包、共创平台、内部开放社区和联盟合作。

1. 众包

众包是指将创新任务分解,通过虚拟组织组建跨边界团队来实现创新任务的组织形式。在这种组织形式中,创新任务被分解成若干小的任务。创新的中心企业掌握模块之间的架构,并进行创新任务分解,选择若干任务外包。目前很多企业建立了第三方众包平台,提供外包任务的发布、团队管理和支付保证等服务。这种组织形式要求任务可以清晰定义。例如,宝洁的 C+D 平台是众包的一种典型代表。

2. 共创平台

越来越多的企业正在建立能够让客户和其他伙伴与企业共同创造新产品的平台。例如,海尔的卡萨帝社区、红领西服的定制化平台、维基百科都是让外部主体直接参与开发,通过搭建共创平台来实现自身的产品开发。

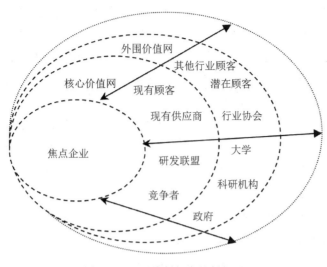

图 10-2 开放创新中的创新源

3. 内部开放社区

内部开放社区是组织开放创新的重要形式,也是最常见的开放创新组织形式。内部开放社区让各个部门的员工都有机会提供创意,并对创意进行筛选、评价和选用。例如,Google 是内部社区驱动创意开发的典型代表。

4. 联盟合作

狭义的联盟是指合作双方共同投入建立新的组织来实现创新的合作形式。广义的联盟也包括签订长期合作关系的合作形式。企业与客户、供应商、高校、科研院所、同行建立合资企业来完成技术合作的联盟较为常见。专项投资风险、学习竞赛、技术泄露是常见的联盟风险。专项投资风险是指由于专项投资不可回收导致谈判权力下降的风险。为了克服专项投资风险,双方一般都需要进行专项投资。学习竞赛是指联盟合作过程中双方都学习对方技术和保护自身技术不被学习,通过加快学习来降低自身对合作方的依赖。技术泄露也经常是联盟合作中的重要风险。企业经常通过契约治理和关系治理来降低风险。

10.2 创新生态系统

生态系统理论是以演化经济学为基础,借助生物学隐喻发展起来的一种理论。生态系统理论关注的现象聚焦于价值创造和价值获取的整个过程。近年来,阿里巴巴、苹果的巨大成功和硅谷的持续领先开启了学者对创新范式的重新思考。众多学者认为以生态系统为核心的创新范式 3.0 正在逐步形成。在新的创新范式下,生态系统成为影响技术创新的关键因素。

10.2.1 生态系统及核心要素

伴随着数字化带来的互动增加,主体之间通过直接与间接影响相互依存的现实凸显出来。

原来无法链接的主体链接起来,降低了搜寻成本,改变了创新组织的边界和形式,让更多的企业可以借助数字互联技术重新构建价值创造和价值获取的活动体系。很多创新单靠一个企业无法实现,需要将很多主体组织起来共同完成。因此,企业需要加入或者组织一个生态来实现更大的创新,依靠生态持续的发展来推动中心企业的创新发展。

企业层面的生态系统经常以焦点企业为中心开展分析,将与企业的价值主张实现相关的所有顾客、供应商、服务商、高校、科研院所、协会都包括在企业生态系统内(见图10-3)。创新生态是跨边界的组织形式,其边界由价值主张实现过程中涉及的活动范围所决定。从推动新产品、新技术开发及实现价值获取的角度出发,企业开发涉及客户、供应商、互补性技术模块、原材料、核心模块、生产制造、商业化活动等多个环节。生态本质上是在数字化技术降低了组织成本之后出现的新组织,让企业能够跳出企业原有的组织形式,调集更多的资源来实现更难的创新。例如,同时集聚了众多小吃形成了聚集客户的小吃城。各个成员企业之间并不见得有直接联系,但是他们却在吸引客户方面具有相互依赖的关系。企业之间形成了以相互依赖为基础的良性循环,就像生态族群之间不直接联系,但是却相互依赖。同时,各自的繁荣发展也依赖于整个生态内部其他企业的发展。

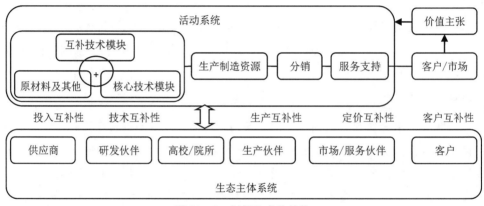

图10-3 创新生态的结构

行业内的分工是形成生态的重要动力,相互依赖的活动逐渐由不同的主体完成,活动之间的依赖关系和主体之间的联系也随之演化,围绕共同价值主题形成了生态系统。价值主张是界定生态边界的核心。创新企业要从为客户解决最终问题涉及的所有活动角度分析创新商业化,而不是单纯只考虑下游客户。

为客户解决问题的角度至关重要,价值主张最终要阐明的是为客户解决什么问题。与以往战略理论不同的是,生态系统理论强调相互依赖性是如何塑造相互依赖的多边合作伙伴为客户解决问题而形成的协同结构。生态系统包含活动、活动主体、定位和链接四个核心要素。

(1)活动(activity)。活动是价值主张实现的最直接的载体,是实现价值主张的具体行动。例如,新产品开发、销售、付款、配送都是活动。活动具有一定的时空特征,需要占用主体的时间资源、物理空间、能量等。分析价值主张的实现,经常需要先分析实现的核心逻辑,并针对性地设计需要的活动。描述和认识一个生态系统,也需要围绕价值主张的实现识别出相应的活动、类别和特征。

（2）活动主体（actor）。所有活动都要说明谁来做的问题，活动主体是执行具体活动的主体。这个主体可以是个人，也可以是企业，可能是非正式的组织，也可能是正式的组织。分析生态系统，首先要分析活动，其次才能分析主体，而不是先确定活动主体再来分析活动。同一主体可能执行多个活动，也可能执行单个活动，这是由活动之间的逻辑关系决定的。

（3）定位（position）。定位是指活动主体在活动构成的系统中的位置。这个定位是活动链条或者活动网络作为定位的依据。活动主体做的活动范围不同，主体的定位可能发生改变。

（4）链接（link）。链接是执行主体之间的转移，转移的内容可以是信息、物质、影响、资金等。链接强调的是逻辑上的联系，而不是直接的联系。

10.2.2 创新生态

创新生态是为了实现创新价值主张的需要而形成的多边合作伙伴协同结构。创新生态是技术/产品开发并获取收益的活动及主体之间相互影响形成的共同体。由于不同层面的决策主体关心的创新问题和主题不同，故创新生态可以在不同层面讨论，比如区域创新生态、产业创新生态、创新孵化生态、国家创新生态、全球创新生态。在此我们重点讨论一下以企业为中心的创新生态。

很多企业也意识到技术创新及获益目标实现依赖于很多复杂的活动。这些活动很难由单个企业来完成，必须由很多相互依赖的企业共同完成。例如，芯片制造除了设计企业之外，还需要晶圆企业、制造企业、销售企业等共同完成；光刻机的制造需要很多工业零部件企业的参与才能完成。企业能否依靠持续创新获得发展，决定于整个生态是否成长以及企业在生态中的位置优势。

为了更好地实现这种战略优势，很多技术型企业以技术分工为基础，以底层技术为平台，建立共创共赢的创新生态系统。例如，ARM 在芯片领域，以 IP 底层技术和设计平台，构建了创新生态。ARM 授权自身的 IP 给下游芯片设计企业。这些企业依托 ARM 的底层技术和设计平台，为众多智能应用领域提供芯片，如智能音箱、智能耳机、智能家电等细分领域；工控微控制单元（MCU），涉及机器人、电机控制、智能传感等细分领域；机器视觉，涉及摄像机、智能驾驶、无人机等细分领域。设计平台可以做到系统性覆盖嵌入式验证、工控 MCU 和机器视觉这三大智能应用领域。依托 ARM 的平台进行客户定制产品的芯片开发，可将传统开发周期缩短 50%，成本降低 70%，流片率提升 80%，可实现 6 个月左右即可流片。

10.2.3 创新生态结构

生态本质上是一种多边主体群之间的协同结构。这种结构是由多边主体群之间的协同特征所决定的，可能是松散的结构，也可能是有中心或多中心的结构。跳出单纯的供应商-客户的双边关系视角，从用户目标达成角度设立价值主张，并根据价值主张需要实现的整个活动系统进行分析，能够更有效地分析创新实现与创新商业化的关键点。例如，图 10-4 是传统轮胎的创新系统，图 10-5 是新型防爆轮胎的创新生态系统。

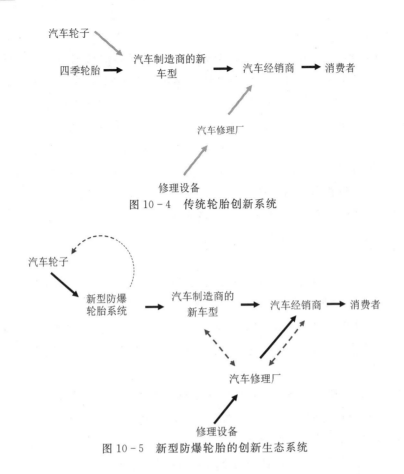

图 10-4 传统轮胎创新系统

图 10-5 新型防爆轮胎的创新生态系统

传统的生态系统中,包括设计轮胎创新、整车组装、销售、修理厂修理等活动,传统轮胎的创新并不会导致多个主体之间的协同结构的改变,并不需要考虑多个主体之间的相互影响,只要整车厂认为消费者需要,新轮胎就可以实现销售,每个主体只要完成好既定的活动就可以解决客户的问题。但是,防爆轮胎由于改变了传统轮毂的结构,导致修理活动需要借助新的工具来实现。此时,防爆轮胎是否能推向市场就会受到修理厂是否愿意采用新修理设备的影响。修理厂能够修理会直接影响消费者的购买意愿,消费者的这种意愿又会影响到零售商,从而影响到整车厂是否愿意采购的决策。尽管修理厂不会与整车厂、轮胎生产企业以及销售商产生联系,但是同样也会影响他们的决策。在这个系统里,没有中心企业。生态系统中领导企业是指设定生态目标、规则并获取收益的生态主体,而跟随企业则是接受这些规则的主体。例如,在阿里的生态系统中,阿里作为中心企业,制定平台的治理规则,作为成员企业则被动接受和适应这些规则。

在生态体系中,存在中心企业和成员企业两类。有些学者认为,并不是所有生态体系都有中心企业。这在现实中是很少见的,大多数生态体系都具有中心企业。例如,苹果公司的生态中,苹果是整个生态的中心企业,负责整个生态的管理和协调。如果没有中心企业,整个生态的规则的形成和交易成本会显著上升。生态的形成是以交易和价值创造方面的合作逐渐聚集的。中心企业引导着生态规则的演化、制度的形成和治理职责。根据中心企业的战略定位,中心企业可以区分为 3 类,即网络核心型中心企业、控制主宰型中心企业和掠夺型中心企业。

1. 网络核心型中心企业

网络核心型中心企业追求共创共赢的价值理念,通过让整个生态稳定性、多样性和生产率提高而带动自身的发展。例如 ARM,ARM 通过让生态中下游芯片开发企业更好的发展来提升自身技术的收益。这就形成了两者的共创共赢。下游企业依赖核心企业的平台资源来发展自身的业务,而自身业务的发展也让中心企业分得利益,让中心企业的技术平台得到持续的发展。由于平台建设技术含量高、成本高,生态中的单个企业无法负担,故只有在整个生态层面才能通过规模经济来实现价值。中心企业只有依赖下游企业的良好发展才能够让自身获益,降低了中心企业的机会主义行为。成员企业由于依赖中心企业的平台,加入生态才具有竞争力,自身的机会主义行为也会给自己和整个生态带来危险,也进一步降低了自身的机会主义行为。由于生态的良性发展,中心企业专注于探索底层技术开发,下游企业致力于利用底层技术与自身技术资源完成产品开发,形成了能够持续发展的创新生态。中心企业由于有整个生态的支持而具备强大的竞争力,成员企业由于加入该生态而比不加入生态的企业更有竞争力。

2. 控制主宰型中心企业

控制主宰型中心企业经常利用平台优势帮助成员企业创造价值,但是在价值分配过程中,则以控制和竞争为主要原则,尽可能分得更多的利益,甚至通过纵向一体化和横向一体化,将所有价值创造点揽入怀中,承担大部分价值创造的活动并获得更多利益。这些企业建立平台资源的目的是提高自身在生态系统中的控制权和位置优势,更多地保障自身的利益,而不在乎整个生态是否能够持续健康的发展。

3. 掠夺型中心企业

掠夺型中心企业一般很少参与价值创造活动,而是直接进入价值分配环节攫取收益。这类企业对成员企业的价值创造往往难以持续,单纯在价值分配方面谋求控制。这些企业往往是整个生态难以持续的根源。这些企业价值分配的权力更多来源于对现有资源的垄断和控制,而不是创造新资源。中心企业并不会为成员企业持续改进平台资源,而是不断地加强对价值分配的控制。

参考文献

[1] CHESBROUGH H. Open innovation[M]. Cambridge:Harvard University Press,2003.
[2] LAURSEN K,SALTER A. Open for innovation:The role of openness in explaining innovation performance among U. K. manufacturing firms[J]. Strategic Management Journal,2006,27(2):131-150.
[3] OSORNO R, MEDRANO N. Open innovation platforms: A conceptual design framework[J]. IEEE Transactions on Engineering Management,2022,69(2):438-450.
[4] ADNER R,KAPOOR R. Innovation ecosystems and the pace of substitution:Re-examining technology S-curves[J]. Strategic Management Journal,2016,37(4):625-648.
[5] ADNER R. Match your innovation strategy to your innovation ecosystem[J]. Harvard Business Review,2006,84(4):98-107.
[6] MOORE J F. The death of competition:Leadership and strategy in the age of business

ecosystems[M]. Chichester: Wiley, 2006.

[7] ADNER R, KAPOOR R. Value creation in innovation ecosystems: How the structure of technological interdependence affects firm performance in new technology generations [J]. Strategic Management Journal, 2010, 31(3): 306-333.

[8] ADNER R. Ecosystem as structure: An actionable construct for strategy[J]. Journal of Management, 2017, 43(1): 39-58.

[9] JACOBIDES M G, CENNAMO C, GAWER A. Towards a theory of ecosystems[J]. Strategic Management Journal, 2018, 39(8): 2255-2276.

[10] KRETSCHMER T, LEIPONEN A, SCHILLING M, et al. Platform ecosystems as meta-organizations: Implications for platform strategies[J]. Strategic Management Journal, 2020, 43(3): 405-424.

[11] IANSITI M, LEVIEN R. The keystone advantage: What the new dynamics of business ecosystems mean for strategy, innovation, and sustainability[M]. Boston: Harvard Business Press, 2004.

[12] GRANSTRAND O, HOLGERSSON M. Innovation ecosystems: A conceptual review and a new definition[J]. Technovation, 2020, 90/91: 1-12.

[13] HOU H, SHI Y J. Ecosystem-as-structure and ecosystem-as-coevolution: A constructive examination[J]. Technovation, 2021, 100: 1-11.

第 11 章

双元创新

持续创新就能基业常青吗?

柯达公司曾经是世界上最大的影像产品及相关服务的生产商,业务遍布150多个国家和地区,全球员工约8万人。多年来,柯达公司在影像拍摄、分享、输出和显示领域一直处于世界领先地位。但是,随着数码技术的崛起,柯达公司于2012年1月19日申请破产保护。

1884年,乔治·伊士曼创办伊士曼干版和胶卷公司,这是柯达公司前身。公司于1885年推出第一卷胶卷,1888年推出第一部民用相机;1898年推出"Folding Pocket(折叠袖珍)"柯达相机,被认为是现代使用卷装胶卷的相机鼻祖,成为业界标准;1900年推出第一部"BROWNIE(布朗尼)"相机,售价仅1美元,成功使摄影普及化。柯达相机大规模发展并带动胶卷销售取得了空前市场回报。19世纪末,柯达大举进军世界市场,在德国、法国、意大利等欧洲国家设立了销售机构,并很快在欧洲建立了销售网。20世纪初,柯达的产品已打入南美洲和亚洲。1908年,柯达公司的全球雇员已经超过了5000人。1930年,柯达占世界摄影器材市场75%的份额,利润占这一市场的90%。1935年,柯达开发出彩色胶片柯达克罗姆胶片,这是全球第一款取得商业成功的彩色胶片,也是柯达最成功的产品之一。1963年,柯达再次开发出革命性产品——傻瓜相机。截至1975年,柯达垄断了美国90%的胶卷市场以及85%的相机市场份额。直到1997年,柯达的主要竞争对手富士胶卷才抢占了部分美国市场,但也仅是可怜的17%。

1975年,柯达制造出全球首部数码相机;1986年推出首部拥有通行串行总线(USB)界面的数码相机DC260,后来成为标准界面;2001年推出全球最高1600万像素的专业数码相机。2003年9月26日,柯达宣布实施一项重大的战略性转变:放弃传统的胶卷业务,重心向新兴的数字产品转移。2004年1月13日,柯达宣布停止在美国、加拿大和西欧生产胶片相机。2004年底,柯达停止制造使用高级摄影系统(advanced photo system)和35 mm胶片的相机,专注新兴的数码市场。2005年1月,柯达任命了新的首席技术官(CTO)——威廉·劳埃德(William Lloyd),这位在惠普工作了31年的技术专家,被外界冠为"数字CTO"的称号。2012年1月19日,拥有130年历史的相机制造商伊士曼-柯达公司申请破产保护。

柯达公司早在1975年就成功开发了数字照相技术,但在数码影像上一直步履蹒跚。首先,柯达在传统胶片市场的庞大投资和全球存在变成了公司转向数码市场的庞大包袱。不仅如此,柯达的管理层在20世纪90年代中后期也一直没有把转型作为公司的核心战略来推进。公司的前任首席执行官乔治·费舍尔(George Fisher)曾经宣称柯达会在1997年实现传统业务和数码业务在销售量上的持平。但事实却是,公司管理层更多地沉浸于传统胶卷市场既有优势和利润的创造上,甚至认为推动数码相机等产品会伤害其传统业务。在柯达公司确定了进军数码市场的战略后,一些股东仍然批评当时柯达公司的首席执行官邓凯达(Daniel Carp)是在用柯达公司做赌注押宝数码战略。在争夺传统胶片市场的战斗中,柯达的竞争优势更多地体现在市场策略和商业模式上,相关替代技术的开发往往被放在了次要位置。但在 IT 背景下的数码影像市场中,关键技术的竞争变得更加激烈,其在数码影像领域的技术领先优势几乎丧失殆尽。

思考问题:想一想,哪些措施能有助于避免柯达的失败局面。

11.1 双元创新及维度

随着企业的不断成长,企业会不断优化现有技术,为当前市场提供产品。然而,随着时间的推移,市场随着技术扩散和新竞争对手的加入逐渐饱和。新进入的企业经常依赖全新的技术路线涌入市场,对以现有技术为基础的产品和服务形成替代。为了持续不断成长,企业必须紧跟时代,不断采用全新的技术、产品或服务来更好地为客户服务。企业也会将现有技术进行重新定位,寻找新的应用市场作为增长点。因此,采用新技术、产品和服务,进入新市场,成为企业持续成长的根本路径。

然而,企业经常因为"成功陷阱"而延迟这种改变,让企业在采用新技术或进入新市场方面落后。成功陷阱是指企业倾向在自己擅长的领域开展短期能获得成功的业务而忽视新技术开发的现象。企业经常需要在开发利用当前技术的同时,进行新技术的开拓,这种创新策略被称为双元创新。双元创新是指同时开展应用型创新与探索型创新的创新策略。应用型创新是指通过对现有技术的不断优化改进而开展的创新。探索型创新是基于全新技术而开展的创新。两种创新的特点如表 11-1 所示。

表 11-1 探索型创新与应用型创新

比较内容	探索型创新	应用型创新
收益稳定性	更不稳定(风险大)	稳定
收益期限	较长	短,暂时的
与现有的活动	离的较远	较接近
本质	尝试创造新的技术和范式等	提炼和扩展现有的技术和范式等

双元创新意味着企业在利用好当前技术的同时,要为未来的技术做好准备。对于创新而言,这种探索型的准备有技术和市场两个维度。从技术维度而言,企业可以继续使用现有技术,也可以探索新技术。从市场维度而言,企业可以继续为现在的市场服务,也可以开拓全新的市场。值得注意的是,全新的市场不是地域性的概念,并不是从山东市场扩展到山西市场,而是新的细分市场。

双元创新理论认为,企业要想持续盈利,必须在开展应用型创新的同时开展探索型创新。在原有的技术或者市场难以支撑企业盈利的时候,让探索型创新带来的新技术或新产品成为新的发展引擎。按照技术和市场两个维度,双元创新可以区分成 4 种类型:纯应用型创新、纯探索型双元创新、技术探索型双元创新与市场探索型双元创新(见图 11-1)。

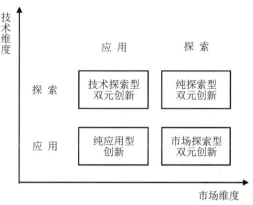

图 11-1　双元创新的二维分类

1. 纯应用型创新

纯应用型创新是指市场和技术两个维度都维持稳定的创新。这些企业在当前市场上不断地改进原有的技术来实现盈利。比如，不断丰富产品的系列、改变外观设计来提高当前市场上的收入。纯应用型创新由于市场饱和，成长更多地来自重复购买和购买频率的增加，就像绿箭口香糖在新的广告里鼓励每次吃两颗一样。在这些市场上，企业经常推出更加丰富的产品系列，以大量广告甚至诱导性的营销策略卖给客户尽可能多的东西，尽管这些商品可能早就超出了顾客的需要。

2. 纯探索型双元创新

纯探索型双元创新是程度最高的创新。这些企业探索新的市场并采用全新的技术。例如，重型卡车制造企业开发新能源轿车市场。新能源车与重型燃油车在技术上有较大差异，而重型卡车与家庭用轿车也面向不同的市场。这类新业务需要承受技术风险，也同样考验着企业的市场开发能力。这种创新策略的成长潜力取决于新市场的成长性。

3. 技术探索型双元创新

技术探索型双元创新带来的成长性往往来源于消费升级带动的技术更新。采用新一代技术提供更高质量的产品和服务，能够与顾客的需求升级匹配，塑造技术竞争力，从而推动企业快速成长。在破坏式创新理论中，这种创新也被称为延续性创新。很多企业在当前市场上不断更新技术路线来更好地为客户服务，在市场上具有较好的延续性。众多企业通过不断地导入新一代技术来加速技术竞争，树立创新者的品牌和声誉，往往带来较高的溢价。很多隐形冠军企业经常长期深耕一个细分市场，不断地革新产品来引领整个市场的发展。然而，这种情境下，企业经常不愿意过早地推出新一代产品。在同样的市场上，新一代产品的推出意味着上一代产品的结束，而这损害了企业的稳定利润。例如，微信的推出在很大程度上抢夺了 QQ 的用户，尽管 QQ 用户也同时是微信用户，但是 QQ 的使用频率却大幅度降低。

4. 市场探索型双元创新

市场探索型双元创新致力于为当前技术找到新市场。这类战略经常需要企业在技术与产品之间进行分离，对技术与需求进行再链接。例如，康宁发挥玻璃生产技术优势，生产透明的耐高温玻璃炒锅；诺基亚在手机业务萎缩之后，依靠通信基础技术重新在通信设备领域占有一

定的市场份额。由于技术自身的多功能性,很多技术经常可以利用在多个市场情境中,然而,尽管企业知道这一点,但也经常由于不愿意跳出现在的市场而延迟投入。

11.2 双元创新悖论

尽管很多企业明白双元创新的重要性,但是这个过程中仍然面临着很多难题。探索性活动需要与现有业务不同的资源、流程和价值观,应用性创新经常排斥探索性创新。

11.2.1 专项投资与资源惯性

探索与应用通常需要不同的资源。探索新技术和新市场,需要企业学习全新的技术领域和新的市场情境。但是,"成功陷阱"却经常阻碍企业幅度过大的学习活动。由于现有人员已经熟悉当前的技术和市场,因此他们更容易吸收和利用与现有技术与市场相近的知识,这些活动更容易成功。随着时间的推移,企业经常开发出与现有技术匹配的诸多专项资源。

这些专项资源与现有技术匹配性更好,比通用资源更有效率。这导致企业不愿意探索新技术和市场,已经有稳定回报的现有人员往往并不愿意冒险去学习这些全新的技术与市场知识。这种倾向来源于机会成本的产生。由于利用现有的技术为现有的客户进行服务具有很高的成功率,利用这些资源去探索新技术和新市场的机会成本很高,因此,探索新的技术或市场经常需要投入新的人力、物力和财力,而这又将引起有限资源的竞争。在这场竞争中,如果分配资源的人本身对新技术并不了解,甚至排斥,或者不愿意投资不确定性高的项目,那么,应用性创新的项目会占用本应该配置给探索性创新项目的资源。这种倾向经常导致为未来布局的探索性创新项目延迟推动或者走走停停。

11.2.2 组织惯性

围绕当前技术和市场建立起来的流程体系也降低了探索新技术或新市场的动力。企业依靠当前技术和市场获取成功时,经常是对市场交易活动、生产活动、供应链运营以及配套的管理机制进行了有效的组织。这种组织是基于日复一日、年复一年的重复性经验而形成的,鼓励一致性和协同的业务体系和管理机制。这种组织体系的主要目标是消除不一致,实现市场、生产、采购、考核、激励等环节的高效协同,以提高完成现有交易的效率。而探索新技术或新市场往往波动性较大,在主导的成功模式逐渐出现之前,需要不断迭代改进和转换。

对探索性活动而言,学习和变化是必不可少的环节。鼓励变化和学习也许需要不同的考核体系和薪酬体系。更重要的是,通过一致性提高效率的体系从逻辑上降低了学习和变化的可能性,从而排斥了探索性活动。例如,在销售活动中,成熟业务考核销售收入和回款,而新产品却很难成交,回款风险也大。理性的销售员首先会倾向销售成功率更高的现有产品而不是新产品。在生产和采购环节,探索性的小件产品往往让位于批量化生产的成熟产品。在管理层分配资源时,面临考核压力的 CEO 更倾向于依赖现有产品线完成自己的业绩,而不会拿自己的晋升为代价去投资探索性业务。

另外,当新技术与原有技术竞争同样的用户群体时,企业更不愿意投资新技术。这种情境下,企业经常不愿意过早地推出新一代产品。在同样的市场上,新一代产品的推出意味着上一代产品的结束,而这损害了企业的稳定利润。例如,微信的推出在很大程度上抢夺了QQ的用户,尽管QQ用户也同时是微信用户,但是QQ的使用频率却大幅度降低。

11.2.3 价值观惯性

探索性活动经常对既定的价值观体系形成挑战。价值观集中反映在决策者对众多选择的排序上。价值观决定了资源分配的倾向性和流程逻辑的倾向性。很多探索性业务由于销售收入占比较小,与股东、董事等关键决策者知识背景不匹配等原因,得不到足够的重视。例如,在重型卡车集团中,新能源车的销售额较小;柯达尽管自己发明了世界上第一台数码相机,但是该业务在推广过程中被众多支持胶卷业务的股东称为"不务正业"。如果对探索性业务不重视,那么想要获得领先市场所需要的全部资源经常非常困难。

值得注意的是,探索性活动并不见得需要多强的专业性。很多在位企业如果集中资源,将现有的研发能力、营销能力等发挥出来,往往在新技术或新市场上建立领导地位并不难。关键在于价值观体系、流程体系和资源基础对探索性业务的排斥,成功经营现有业务的企业往往很难转变价值观、抽身出来投身到新事业的开拓中去,导致探索性业务建立领导地位的资源无法得到保证。

然而,尽管很多学者认为应用型创新的"成功陷阱"排斥了探索型创新,但是单纯的探索型创新在企业中容易带来"失败陷阱"。"失败陷阱"是指企业由于探索型创新不断失败而不断投入,最终资源耗尽而失败的局面。"失败陷阱"往往出现在产业初期,由于主导设计不明确,行业中很多创业公司不断失败不断投入,最终导致资源耗尽而无法达到成功的终点。"失败陷阱"指出,探索型创新要对大量资源进行学习。然而,众多创业公司本身就缺乏资源,尚未能建立成长的立足点。另外,吸收能力理论也指出,必要的技术基础有利于企业在探索型创新过程中提升学习效率,降低失败成本。当前技术的改进和现有市场的扩展能够为探索型创新输送大量的资源,更能够为企业的探索提供经验。因此,在资金和经验的支持方面,应用型创新能够让探索型创新更好地开展。

总体而言,应用型创新与探索型创新形成了相互排斥也相互促进的悖论。应用型创新不断深化现有技术和市场而形成资源惯性、流程惯性和价值观惯性,排斥了探索型创新。同时,应用型创新带来的稳定收入可以为探索型创新提供试错的基础,现有技术与市场的开发过程积累的通用经验可以帮助探索型创新降低失败风险。探索型创新会稀释现有的资源,破坏现有流程的协同性和降低效率,冲击现有的价值观体系,但是也带来了反思和改进,为企业未来的成长奠定了基础,为应用性能力的发挥提供了更多的种子。

因此,双元创新的平衡包含两个方面。第一,应用与探索的相对平衡。企业必须要平衡好探索业务所占的比例,过高和过低都不利于企业的长期发展。过低说明过度依赖当前的业务,而过高意味着较强的风险。第二,需要让探索与应用能够实现协同。让应用型业务积累的通用资源能够降低探索型业务的风险,让探索型业务激发对现有业务的反思和改进。在这方面也要避免一种误区,即将现有业务的情境化资源转移到探索型业务上往往限制了而不是促进了探索型创新。

11.3 双元创新的组织形式

为了实现双元创新,企业需要通过搜寻找到新技术和新市场机会,并能够有效地避免既定的价值观、流程体系及资源基础对探索型业务的排斥,发挥两者的协同作用。更重要的是,让探索型创新与同期创业企业相比,有更快更好的发展速度,而不仅仅是配角。

技术域外的搜寻经常是新技术的源头。与高校的合作,客户与供应商的技术溢出或者自身的技术研发,都可能是新技术的源头。例如,柯达通过内部研发,开发了数码相机技术;华为第一个产品通过与高校合作获得;如意集团通过与高校合作开发了新的精纺技术。新市场往往来源于对三类顾客的关注:未满足的客户、过度满足的客户和未购买的客户。企业往往需要着眼于未来,在这三类客户里寻找新的价值主张和细分市场。

11.3.1　结构双元:空间分离

由于应用型创新对探索型创新的排斥,故试图在现有体系里让探索型创新成功非常困难,需要将两者在组织上进行分离,通过成立独立的项目组、子公司来执行探索型创新。将探索与应用业务分割开,企业就形成了双元型组织。

为了让探索型创新能够得到足够的资源支持,保持创新人员的动力,企业需要为探索型项目建立合法性、不受干扰的预算、设计与探索型活动匹配的评价体系和流程体系。为了避免受到干扰,很多公司经常将应用型与探索型业务从地理上分离开,避免双方产生比较而造成相互冲突。

11.3.2　点断均衡:时间分离

点断均衡方式是交替执行应用型创新与探索型创新的组织方式。这种方式强调在时间上不断转换企业的注意力,从应用型创新逐渐转移到探索型创新,等到探索型创新完成即成为新的应用型业务。从整个时间轴上来看,一段时间是应用型创新,一段时间是探索型创新,总体来看实现了可持续的发展。然而,这种组织形式要求企业在恰当的时机逐渐放弃原有业务,将资源更多地投放到新的业务上。这种组织形式避免了同时开展应用型业务和探索型业务的冲突。然而,很多企业往往延迟决策,导致开展探索型创新错过最佳时机。

11.3.3　情境双元:条件分离

无论是点断均衡还是结构双元,平衡应用与探索型创新决策的人都是高层。然而,情境双元试图将这种平衡的权力交给基层员工,在整个组织内部同时施展适应能力和调整能力的行为。情境双元与结构双元有不同的特征。情境双元是通过建立一套过程或系统来鼓励组织成员如何在调整和适应之间分配他们的时间和能力,而不是建立双元结构。

情境双元一旦实现,每个成员不仅能够为目前的顾客提供价值,同时还会关注任务环境的变化,从而采取相应的行动。但是,在实际过程中,这一点很难实现。尽管企业在不同层面设计兼容探索型创新和应用型创新的价值观和体系,但人员自身的平衡协调成本很高。更重要的是,员工很难跳出现有的工作情境预见到5年以后公司的需要。在这种体系中,探索型活动很难得到领先整个市场所需要的资源。

11.3.4　投资与并购新企业

投资或者并购代表新技术或新市场的新创企业是实现双元创新的重要形式。以天使投资或者风险投资的形式,开展探索型创新能够避免现有体系对新业务的排斥。成熟企业在探索型创新公司创业初期以风险投资的形式入股,伴随企业的成长逐渐增资而实现了探索型创新的扩展。一般初始阶段入股在30%以下,风险投资的机制安排保障了新公司的活力和独立性。更重要的是,风险投资以"融""投""管""退"的模式,以股权增值来获取收益,这种做法降低了探索型业务开拓失败带来的损失。

参考文献

[1] MARCH J G. Exploration and exploitation in organizational learning[J]. Organization Science,1991,2(1):71-87.

[2] BENNER M J,TUSHMAN M L. Exploitation, exploration, and process management: The productivity dilemma revisited[J]. Academy of Management Review,2003,28(2):238-256.

[3] GIBSON C B,BIRKINSHAW J. The antecedents, consequences, and mediating role of organizational ambidexterity[J]. Academy of Management Journal,2004,47(2):209-226.

[4] HE Z L,WONG P K. Exploration vs. exploitation: An empirical test of the ambidexterity hypothesis[J]. Organization Science,2004,15(4):481-494.

[5] CHRISTENSEN C M,RAYNOR M E. The innovator's solution: Creating and sustaining successful growth[M]. Boston: Harvard Business Review Press,2013.

[6] CAO Q,GEDAJLOVIC E,ZHANG H P. Unpacking organizational ambidexterity: Dimensions, contingencies, and synergistic effects[J]. Organization Science,2009,20(4):781-796.

[7] JANSEN J J P,TEMPELAAR M P,VAN DEN BOSCH F A J,et al. Structural differentiation and ambidexterity: The mediating role of integration mechanisms[J]. Organization Science,2009,20(4):797-811.

[8] RAISCH S,BIRKINSHAW J. Organizational ambidexterity: Antecedents, outcomes, and moderators[J]. Journal of Management,2008,34(3):375-409.

[9] O'REILLY III C A,TUSHMAN M L. The ambidextrous organization[J]. Harvard Business Review,2004,82(4):1-11.

[10] O'REILLY III C A,TUSHMAN M L. Organizational ambidexterity: Past, present, and future[J]. The Academy of Management Perspectives,2013,27(4):324-338.

[11] SIMSEK Z,HEAVEY C,VEIGA J F,et al. A typology for aligning organizational ambidexterity's conceptualizations, antecedents, and outcomes[J]. Journal of Management Studies,2009,46(5):864-894.

[12] LUBATKIN M H,SIMSEK Z,LING Y,et al. Ambidexterity and performance in small-to medium-sized firms: The pivotal role of top management team behavioral integration[J]. Journal of Management,2006,32(5):646-672.

[13] RAISCH S,BIRKINSHAW J,PROBST G,et al. Organizational ambidexterity: Balancing exploitation and exploration for sustained performance[J]. Organization Science,2009,20(4):685-695.

[14] ANDRIOPOULOS C, LEWIS M W. Exploitation-exploration tensions and organizational ambidexterity: Managing paradoxes of innovation [J]. Organization Science, 2009, 20(4): 696-717.

[15] WEI Z L, YI Y Q, GUO H. Organizational learning ambidexterity, strategic flexibility, and new product development [J]. Journal of Product Innovation Management, 2014, 31(4): 832-847.

[16] VOSS G B, VOSS Z G. Strategic ambidexterity in small and medium-sized enterprises: Implementing exploration and exploitation in product and market domains [J]. Organization Science, 2013, 24(5): 1459-1477.

[17] SIMSEK Z. Organizational ambidexterity: Towards a multilevel understanding [J]. Journal of Management Studies, 2009, 46(4): 597-624.

第12章

颠覆式创新

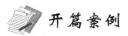开篇案例

农夫山泉有点甜

2020年9月8日,农夫山泉股份有限公司正式登陆港交所,总市值达4400亿港元,开盘暴涨,其实际控制人钟睒睒的身价也随之飙升。一时间,农夫山泉与钟睒睒成功引起了资本市场的广泛关注与讨论。从"农夫山泉有点甜"到"我们不生产水,我们只是大自然的搬运工",农夫山泉历经20余年的不断发展,目前已经成为行业内的龙头企业,被称为"水中茅台"。望着自己呕心沥血创办的公司历经多年奋斗终于成功上市,钟睒睒心中不由感慨万千。他知道,辉煌的背后是自己和团队多年的努力与打拼,农夫山泉从创立到如今的一点一滴,仿佛一直在他眼前,从未走远!

农夫山泉股份有限公司的创始人、实际控制人为钟睒睒。其经营历史最早可追溯至1996年,海南养生堂有限公司与海南大门广告有限公司共同出资设立的"新安江养生堂饮用水有限公司"。1997年4月14日,"新安江养生堂饮用水有限公司"更名为"浙江千岛湖养生堂饮用水有限公司",依靠其有利的地理位置,以浙江建德千岛湖为水源基地,生产出了第一款"农夫山泉"包装饮用水产品并成功投放市场。此后,公司提出了"长期饮用纯净水无益人体健康"的概念,宣布退出纯净水市场,并加速在全国布局天然水水源地,从而打响了以"天然水"代替"纯净水"抢占市场的第一枪。2001年,公司正式进行股份制改革,更名为"农夫山泉股份有限公司"。从2003年至今,公司不断研发新产品,如"农夫果园""尖叫""东方树叶""茶π""17.5°橙""炭仌"等。同时,公司也十分注重对自己品牌的宣传与营销,"农夫山泉有点甜""我们不生产水,我们只是大自然的搬运工""茶π,自成一派"等经典广告语也不断深入人心。经过不断的运营与发展,根据第三方咨询公司弗若斯特沙利文报告,农夫山泉在2012年至2019年间连续8年保持包装饮用水市场占有率第一,且在茶饮料、功能饮料、果汁饮料领域均位于行业前三。2020年9月8日,在历经多年的准备之后,农夫山泉正式在香港交易所上市,股票代码为09633.HK。

思考问题:农夫山泉能生存下来的关键是什么?

12.1 颠覆式创新及其特点

颠覆式创新是被误解的众多创新概念之一。很多人把颠覆式创新等同于突破性创新。更有很多技术型创业者宣称自己的技术是破坏性技术。自从《创新者的窘境》出版以来,众多企

业都宣称自身的创新是颠覆式创新,颠覆竞争对手、颠覆行业等口号此起彼伏。但是,真正实现颠覆式创新并不容易。为什么很多颠覆式创新并没有成功?颠覆式创新在什么条件下才能成功?

颠覆式创新存在的基础是体系作为组织工具的缺陷。尽管有组织的创新能够有效地组织起更多的资源来克服创新难题,但组织体系带来资源整合作用的同时也会带来负面效应。为了让更多的资源形成合力,企业往往不断地改进价值观体系、流程与制度体系以及资源体系的协同性。在这个过程中,个人的权力逐渐组织化,随着企业规模的扩大,各种委员会和制度成为决策主体。体系的力量逐渐成为创新的主要支撑。企业形成的共性技术平台体系、产品线、创新项目、专业部门以及创新个体形成的层级有序的创新系统,能够持续不断地推出新产品。但是,价值观体系、流程与制度体系、资源体系环环相扣,形成了强大的惯性。在遇到与三者不兼容的新技术时,往往体现出难以兼容的态势。这些观点在双元创新中已经有过详细论述。

颠覆式创新是双元创新的一种特殊的表现形式,并不是所有的双元创新都能形成这种局面。颠覆式创新强调了对在位企业核心地位的改变而形成的破坏性结果。颠覆式创新是创业企业通过与在位企业竞争,最终改变当前产品路线和市场结构,破坏在位企业竞争地位的创新过程。从广义上讲,颠覆式创新的内容可能是技术、产品、商业模式等多种形式。颠覆式创新有以下几个特点:

(1)颠覆式创新对在位企业的市场地位形成了破坏。尽管这个特点本身有"事后诸葛亮"的嫌疑,但却是颠覆式创新区别于延续性创新的重要特点。尽管创新活动很多,但有些创新活动并没有对在位企业造成破坏,而只是实现了新市场的发掘和市场细分。例如,农夫山泉推出矿泉水并没有颠覆娃哈哈的纯净水市场;塔塔集团推出塔塔汽车,并没有颠覆宝马的汽车市场。而京东商城却抢占了国美和苏宁的市场,希捷抢占了IBM的硬盘市场,顺丰、中通、申通等快递公司抢占了中国邮政的快递市场。

(2)颠覆式创新是市场驱动的创新。很多颠覆式创新并不是高技术难度的创新。颠覆式创新等同于突破性技术创新是一个典型的误解。颠覆式创新经常是市场驱动的,是价值曲线的改变驱动了技术、资源和商业模式的改变,核心是价值曲线对称性变化带来了能力的不对称。例如,希捷的小硬盘技术本身就是IBM掌握的技术,苏宁电器在1999年就已经成功利用互联网销售电器,数码相机本身就是柯达公司的技术发明,雷士照明是增加了灯光的美学设计而超越了索尼。这些颠覆式创新本身并不是最新的技术,至少对遭到破坏的在位企业而言并不新,很多并不是技术有多先进,而是代表了新的价值曲线和未来市场走向。

(3)颠覆式创新是一个过程,而不是创新内在的特征。这一点也经常被人误解,很多人声称自身的技术是颠覆式技术。实践中很多试图颠覆的创新都失败了,颠覆式创新描述的是创新走入市场并最终抢占在位企业市场的过程。这个过程大多持续时间较长,而且时间恰恰也是颠覆式创新成功的重要因素。例如,京东商城从2004年进入电子商务领域到2017年在500强排行榜中超越国美和苏宁,经历13年时间;数码相机从1975年在柯达诞生到2012年柯达宣布进入破产保护经历了37年。这个过程中,创业企业必须采用正确的策略才能走完三个阶段,很多企业正是因为违背了不同阶段的重要原则才导致失败的。

12.2 颠覆式创新的过程

颠覆式创新经常按照三个阶段有序展开。

12.2.1 动机不对称与新企业进入阶段

在这个阶段,新创企业以进入在位企业不看重的细分市场作为主要特征。如果单纯从资源禀赋角度来看,新创企业往往难以与在位企业抗衡。例如,刚开始创业的希捷、顺丰、京东商城等都很难与 IBM、中国邮政、国美电器和苏宁电器这些大的企业竞争资源。如果这个阶段,在位企业十分看重新创企业代表的新市场,新创企业必遭受强大竞争。然而,在颠覆式创新中,新创企业经常在不对称动机的掩护下逃过一劫。

第一,新的细分市场仍然规模较小。尽管对新创企业而言,新的细分市场已经足够支撑他们创业的激情,但是在位企业却需要寻找规模更大的市场才能够支撑持续成长。在位企业往往选择等待市场规模成长以后再进入。

第二,在位企业相信,市场规模成长以后有足够的能力进入市场。很多在位企业往往基于以往成功和资源的雄厚积累,相信市场规模足够吸引人的时候进入仍然为时不晚。然而,这种理由成立的前提是,新市场需要的资源与其拥有的资源相似。

第三,在位企业倾向于让新创企业去探索新市场的风险。由于新市场的技术风险、市场风险较高,很多在位企业试图让新创企业去探索新市场的商业模式和技术结构,降低自身探索带来的风险。

因此,在位企业这种战略姿态让新创企业能够在初始阶段不会遭遇在位企业的强大竞争。这个阶段的竞争主要是新创企业之间的竞争。然而,这种动机的不对称可能由于新创企业的市场定位和策略失误而打破。例如,新创企业选择的新市场与在位企业的市场相似性较高,则很容易被在位企业重视,从而遭受强大竞争。新创企业过强的宣传和对竞争能力的渲染也可能刺激在位企业提前采取行动,从而压缩新创企业成长的空间和时间。

12.2.2 新企业成长与在位企业退缩阶段

在不对称动机掩护下,新创企业在自己的细分市场上探索新的技术结构、产品规格、生产系统和匹配的商业模式。随着市场规模本身的增长,创造性构建了市场接受的解决方案、产品、服务和资源体系的企业开始迅速成长。成长进一步拉动企业细化分工,积累起新市场所需要的能力体系。

当市场规模逐渐达到在位企业的要求,在位企业也会以双元创新的形式进入新的市场。例如,中国邮政也加大了快递业务,国美电器也建立了国美在线,柯达也建立了数码相机事业部,各大汽车制造商也推出了新能源汽车。这些在位企业的新业务与新创企业展开竞争。此时,新创企业经常被在位企业模仿,同时面临在位企业和其他新创企业的竞争。

然而,在位企业在这个阶段仍然面临着动机不对称。对在位企业而言,原有体系内部设立的新业务单元面临着原有业务的资源竞争、流程体系的不匹配和价值观冲突的制约。这些新业务单元在原有的业务体系中很难成为主角,甚至需要为了合法性地位而斗争,使在一线竞争的人员经常面临"弹药"不足或不匹配的困境,导致这些在位企业往往难以对市场做出比新创企业更加灵活的应对。例如,华为在进入欧洲市场之前,在位企业对运营商宏基站占地面积大、高耗能、难以维修等痛点听之任之,而华为作为新进入者则贴近客户服务,最终发明了分布式基站而进入欧洲市场。

在此阶段,新创企业和在位企业的能力和动力形成了较强的对比。此时,新创企业的能力体系仍然十分脆弱,而在位企业如果应对得当,给新业务足够的资源和授权,则有足够的能力与新创企业竞争。但是,在位企业的新业务在原有体系内也需要建立合法性地位,为了新业务的成长不断地与原有业务竞争资源。然而,执行这些活动的主体往往并不是股东,由于代理问题、权力制度化的限制,新业务人员内在的动力并不足。与在位企业相反,新创企业资源较少、能力相对较弱,但是竞争动力往往较强。新创企业的销售业务经常都是股东亲自执行,代理问题和权力制度化程度低,决策效率更高。更重要的是,对新创企业而言,"一单解千愁",对客户的需求会想尽一切办法去满足,这与在位企业的层层汇报和对客户需求的迟钝反应形成强烈对比。

在经历过一段时间的竞争之后,在位企业新业务的成长往往是市场的成长带来的,但是成长速度往往比新创企业慢得多。因此,在位企业的新业务往往难以引领新市场的发展,难以达到原有业务同等的市场地位。此时,这些新业务无论是在在位企业的体系中还是在新市场上都处于跟随者地位,这与在位企业的地位不符。因此,很多在位企业经常决定退出"无法引领"的市场,聚焦原来的优势业务。例如,国美在2013年决定放弃跟随京东模式,回归自己擅长的实体店经营。

12.2.3 能力不对称与颠覆阶段

如果在位企业与新创企业的竞争停留在第二个阶段,市场经常只是出现了与原有市场平行的细分市场。尽管在位企业也会进入新的细分市场,但是新市场还是被新创企业引领。然而,当能力体系逐渐成熟的新创企业开始进攻在位企业的市场时,颠覆就发生了。此时,市场重叠会引起在位企业的强烈反击。然而,能力的不对称经常让在位企业败下阵来。能力不对称是指两类企业在能力体系上出现了不对称的局面。在位企业擅长的业务新创企业也具备或者不被客户看重,而新创企业塑造的新能力却是在位企业不擅长的。例如,京东商城不仅能够提供国美电器实体店提供的销售服务,还能为客户提供更好的物流服务、融资服务和精准营销服务,且最后一公里的物流配送能力、融资能力和精准营销能力都超过了国美电器,而国美电器的购物体验能力已经不被消费者看重。此时,在位企业发现竞争所依赖的能力都需要花时间去建立,且已经错失了最好的时机。此时,在位企业有竞争的动力,但是没有竞争的能力。

颠覆式创新的三个阶段如图12-1所示。

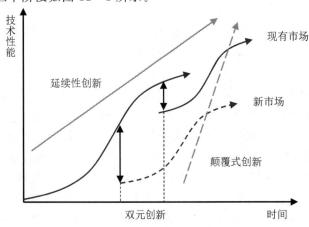

图12-1 颠覆式创新的三个阶段

12.3 能力不对称与价值创新

颠覆式创新的关键是最终形成能力的不对称。能力建设具有时间压缩不经济特征。能力本质上是资源以及利用资源的方法与经验形成的本领。例如,研发能力的建设不是只具有专业知识的研发人员、实验设备、实验场所、实验材料这些资源本身就可以实现的,而是要懂得如何将这些资源组织起来实现研发结果。资源集合本身经常更容易获得,而将这些资源组织起来实现有效研发的经验和方法却需要时间去积累。能力的积累本质上是系统构建的过程,需要学习各个要素特点、要素之间协同的原则和方法,这很难在短时间内通过赶工实现。因此,能力建设需要提前布局。另外,能力的形成经常伴随着流程的建立,而流程的建立经常是重复操作的经验总结和沉淀。这些流程的建立经常需要在市场活动中通过试错、变异、选择的学习过程才能获得,不同的业务操作流程之间形成的系统很难在短时间被别人模仿。

能力集合的形成往往是市场价值选择的结果。市场需要是能力建设的最大驱动力。为了更好地满足客户的需要,新创企业往往围绕新市场的价值主张去积累资源和使用资源。因此,新的价值曲线往往引导企业建立新的能力集合。价值曲线是指客户价值诉求点及其价值表现水平形成的组合模式。客户对任何产品或服务的价值诉求都是多维度的。例如,对葡萄酒,客户关注包装、价格、产地、工艺、原料等多个价值点;对手机,客户关注系统流畅性、美学设计、辐射、安全性、硬件、价格等;对航空公司,客户会关注价格、餐饮、候机室、服务态度、速度等。这些价值诉求的点及其水平就构成了一条价值曲线。例如,一般航空公司和汽车旅行的价值曲线与西南航空的价值曲线如图12-2所示。

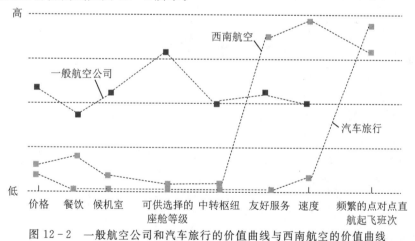

图12-2 一般航空公司和汽车旅行的价值曲线与西南航空的价值曲线

能力的不对称经常是价值曲线随着时间变化造成的结果。新创企业代表的新市场经常需要解决新的问题,从而有新的价值诉求。尽管营销学划分新市场的标准有很多,但是如果价值曲线重合,则新市场经常是过去市场的扩散。例如,对于在陕西经营的企业,山东市场是新市场,但是这经常是原有市场的扩散;希捷开发的小硬盘面对的个人用户电脑市场对硬盘的存储量要求不高而对尺寸要求更高,这些客户代表着另外一条价值曲线;农夫山泉面对的客户与娃哈哈面对的客户有不同的价值曲线。因此,熊彼特的创新理论中强调市场创新,从价值曲线角度来看,新市场必须代表新的价值曲线。发现新的价值曲线被称为价值创新。价值创新是指发现或塑造新价值曲线的活动。

价值创新有两种途径。第一，改变价值诉求点。根据需求减少或增加价值诉求点。第二，改变价值诉求点的取值水平。价值创新通过对价值诉求点及其取值水平的重新塑造，传达出明确集中的价值主题。例如，农夫山泉以健康为主题，以水源地建厂、天然弱碱性、富含矿物质、高价格等诉求点塑造这一主题。围绕价值主题和价值曲线，农夫山泉建立了匹配的生产基地、物流配送、包装及营销能力。雷士照明在照度的基础上增加了美观的诉求点，相应地构建了灯光美学设计能力。

如果用价值曲线来描述市场结构和市场变化，我们会发现不同企业之间的价值曲线的差异。如果新创企业与在位企业的价值点和取值完全重合，本质上并没有区分自己的细分市场，则是参与了同类市场的竞争。例如，R公司作为跟随的创业企业，其进入市场时并没有实现价值细分，而是进入了价值诉求和价值取值相同的市场，从而与康宁公司形成了激烈的竞争。在形成价值细分的新市场中，价值曲线在价值点和取值两个维度上形成了以下几种价值创新方式。

12.3.1 平行分层型价值创新

如果原来市场关注 V1～V4 四个价值点，A 和 B 两条价值曲线在价值点上完全一致，但是 A 取值采取较低水平，则形成了市场分层（见图 12-3）。这种情况在不同的市场中都存在，高端市场和低端市场的产品价值点相同，但是价值取值不同。创业企业通过模仿在位企业的产品或服务，推出低阶版本来开发低端市场，此时，在位企业即使知道自己的产品被模仿，也不会发起攻击。这种模仿往往有利于树立在位企业创新者的地位和声誉。实践中，众多企业利用市场梯度，通过模仿和转移产品来实现成长。

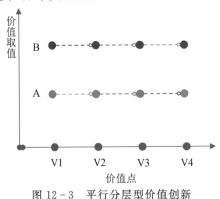

图 12-3 平行分层型价值创新

12.3.2 选择型价值创新

图 12-4 中的两条价值曲线与图 12-3 中 A 与 B 的模式不同。这种情况下，不同企业侧重不同的价值点，在不同方面为客户提供服务。这种区分往往不是市场分层的结果，而是市场的异质性带来的。不同的细分市场需要不同特征的产品，不同的细分市场需要不同的价值取值，这种价值创新往往能够创造新的细分市场。由于不同企业侧重的价值点不同，在不同方面积累资源和能力，故很难形成直接竞争，往往形成"井水不犯河水"的横向平行市场。

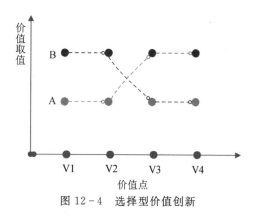

图 12-4　选择型价值创新

12.3.3　价值扩展型价值创新

如图 12-5 所示，A 与 B 属于典型的价值扩展型价值创新。新创企业增加了新的价值诉求，这种扩展经常来源于对用户潜在问题的充分发掘和新解决方案的创造。A 价值曲线和 B 价值曲线代表了一种新的竞争格局。在新的价值诉求点上，A 在原有的诉求点上有显著优势，而 B 在新价值点上有显著优势。

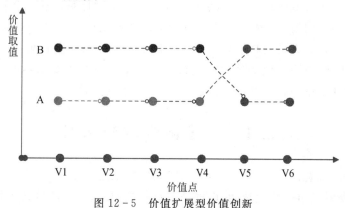

图 12-5　价值扩展型价值创新

12.3.4　对称型价值创新

改变价值曲线的创新活动如果要试图避开在位企业的竞争，则必须建立新的价值曲线。平行的价值曲线虽然能够暂时赢得市场，但是由于新技术的扩散窗口一旦结束，原有价值点的重要性进一步下移，高端市场企业降维打击也容易让低端市场企业失败。这种战略经常形成领先企业不断释放旧技术开发新技术，跟随企业不断学习领先企业转移的技术的局面。领先企业靠研发能力领先市场，跟随企业靠学习能力稳定市场地位（见图 12-6）。

企业在新价值点识别过程中还需要关注新价值点与原有价值点的关系。对称型价值创新是指识别与主流价值点相反的新价值点。例如，农夫山泉的产品定位体现了天然矿物质带来的健康，与娃哈哈强调过滤和纯净的特点形成了对比关系；施乐的大型复印机与佳能的小型复印机之间形成了鲜明的对比；塔塔汽车节俭性设计与宝马的豪华设计相反；不需抵押的小额贷款与收取抵押的大额贷款方式截然相反。

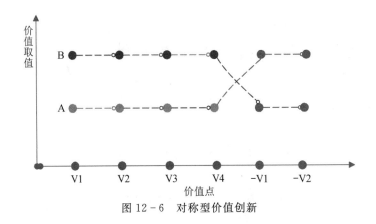

图 12-6 对称型价值创新

对称的价值曲线为能力的培养指明了方向,围绕对称价值曲线培养的能力体系也体现出明显的区别。例如,小额贷款采用小组和非正式治理的形式来降低风险,培养自身管理贷款风险的新能力;塔塔汽车节俭性设计过程中也催生了新材料的发明;佳能为解决大量家庭用户和办公用户的售后维修问题,开发了插拔式的暗盒技术和大规模销售的渠道能力。由于能力的不对称,在位企业需要花同样的时间才能建立新的能力体系。

更重要的是,由于价值曲线的对称,引导出了对称的能力体系。在位企业建立新能力体系的过程中往往需要走到自身的对立面,在内部形成对比鲜明的价值冲突和能力建设冲突。例如,习惯于评估抵押物的人员很难放弃自身这种能力,点对点提供整体解决方案的模式在大量用户面前很难使用,强调用户服务体验与插拔式暗盒销售方式需要培养的技能有很大差异。此时,在位企业往往更难为新市场提供服务,很难与创业企业竞争。

12.4 价值曲线的动态性

客户的价值曲线随着时间动态变化,在颠覆式创新中起到了至关重要的作用。正如创新领域常说的,"你所看到过的普通功能,都曾是最新科技的体现"。随着技术发展及扩散,我们觉得新奇的功能逐渐成为普通功能,这导致在客户的价值曲线上,该功能的重要性随着时间推演逐渐从激励要素变成了保健要素。此时,新的功能诉求点将成为激发购买欲望的新动力。例如,当硬盘的存储量都能满足市场需要的时候,小尺寸带来的轻便就成为主要的卖点。此时,代表旧价值曲线的在位企业经常在客户选择产品或服务的过程中败给能够满足新价值诉求的新创企业。例如,当人们发现在京东也能得到国美的服务,不仅如此,还能更广泛地挑选商品和享受融资服务的时候,他们就从国美转向了京东。在位企业转换产品的价值曲线并不容易,因为这些企业都按照原有价值曲线进行了大量能力投资。在原有的价值曲线上,在位企业更有优势,而在新的价值曲线上,新创企业更有竞争力。例如,灯的照度和美观是两个诉求点。当照度未能达到要求之前,其在客户的价值曲线上重要性很高,此时致力于照度的在位企业比致力于美观的创业企业更能获得竞争优势。然而,随着技术进步,当照度已经普遍实现时,此时客户的价值曲线上照度的重要性已经下降,而光学美观的重要性在上升,此时,创业企业具有更高的竞争力。

从价值曲线的动态性角度分析,如图12-7所示,在颠覆式创新的第一个阶段(T1),A企业选择存储量作为主要的价值点,B企业选择轻便作为主要的价值点。A和B企业在轻便和存储量两个价值点上围成的矩形面积是为客户创造的价值总和。A企业服务关心存储量的客户,而B企业服务关心轻便的客户。由于B企业产品的存储量指标达不到A企业的客户对存储量的基准线,所以很难以存储量与A企业竞争。与此同时,A企业的产品由于尺寸过大,很不轻便,也很难与B企业在轻便方面竞争。然而,随着时间的推移,行业硬盘存储技术不断提高,竞争进入第二个阶段(T2)。此时,当B企业原来同样尺寸的硬盘的存储量超过了A企业客户需要的基准线后,B企业就会获得更强的竞争优势。当行业基准线被超越,存储量对A企业客户的重要性急剧下降,反而对轻便更加青睐,形成了竞争能力的不对称,A企业的客户逐渐流向了B企业。

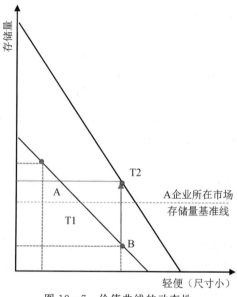

图12-7 价值曲线的动态性

参考文献

[1] CHRISTENSEN C M. The innovator's dilemma[M]. Boston:Harvard Business School Press,1997.

[2] ADNER R. When are technologies disruptive? A demand-based view of the emergence of competition[J]. Strategic Management Journal,2002,23(8):667-688.

[3] KIM W C,MAUBORGNE R. Blue ocean strategy[J]. Harvard Business Review,2004,82(10):76.

[4] KIM W C,MAUBORGNE R. Blue ocean strategy:From theory to practice[J]. California Management Review,2005,47(3):105-121.

[5] LINDIČ J,BAVDAŽ M,KOVAČIČ H. Higher growth through the blue ocean strategy:Implications for economic policy[J]. Research Policy,2012,41(5):928-938.

[6] SKALÉN P, GUMMERUS J, VON KOSKULL C, et al. Exploring value propositions and service innovation:A service-dominant logic study[J]. Journal of the Academy of Marketing Science, 2015, 43(2):137-158.

[7] COVIN J G, GARRETT R P, KURATKO D F, et al. Value proposition evolution and the performance of internal corporate ventures[J]. Journal of Business Venturing, 2015, 30(5):749-774.

[8] PAYNE A, FROW P, EGGERT A. The customer value proposition:Evolution, development, and application in marketing[J]. Journal of the Academy of Marketing Science, 2017, 45(4):467-489.

[9] CARRASCO-FARRÉ C, SNIHUR Y, BERRONE P, et al. The stakeholder value proposition of digital platforms in an urban ecosystem[J]. Research Policy, 2022, 51(4):184-204.

[10] STONIG J, SCHMID T, MÜLLER-STEWENS G. From product system to ecosystem:How firms adapt to provide an integrated value proposition[J]. Strategic Management Journal, 2022, 43(9):1927-1957.

[11] CHANDLER J D, LUSCH R F. Service systems:A broadened framework and research agenda on value propositions, engagement, and service experience[J]. Journal of Service Research, 2015, 18(1):6-22.

[12] CHANDY R K, TELLIS G J. Organizing for radical product innovation:The overlooked role of willingness to cannibalize[J]. Journal of Marketing Research, 1998, 35(4):474-487.

[13] HILL C W L, ROTHAERMEL F T. The performance of incumbent firms in the face of radical technological innovation[J]. Academy Management Review, 2003, 28(2):257-274.

第 13 章 创新合法性管理

创新者心中的"魔法"与顾客心中的"魔鬼"

大连乾承科技开发有限公司（http://www.qckjdl.com/）是集节能、环保产品的研发、生产、营销为一体的高科技企业。企业成立的宗旨是将乾承机械磨损修复产品（简称"乾承产品"）发明成果推向广阔的应用领域。公司 2011 年 11 月成立，注册在中国大连高新园区，搭建了提供机械磨损自动修复专利技术和产品供应平台，建立了研发中心和生产基地，具有较强的科研和生产能力。

乾承公司的工程师们创造性地开发出了利用摩擦修复磨损的产品，实现了发动机运行过程中利用发动机运转产生的摩擦来修复磨损，极大地节省了停机维修的时间和费用。公司产品以润滑油为载体，在机械磨损界面通过力化学反应，生产性能优异的陶瓷合金层。该合金层具有高硬度、高光洁度、低摩擦系数的特性，能够显著减少发动机尾气排放，降低发动机燃油消耗，降低设备能耗。乾承产品改变了传统的机械维修方式，实现了机械磨损的自动修复。

乾承科技的业务如图 13-1 所示。

然而，公司在发展初期，销售并不顺利。在 2012 年 5 月的一天，公司创始人曲董经朋友介绍来到了鞍山集团旗下的公交车队并对公司产品进行宣传，在场的人都觉得乾承机械磨损修复产品很神奇，很有价值。曲董借机主动提出免费给车队的部分公交车使用乾承产品，试用一个月之后车队可以看使用效果来决定到底要不要继续使用。本以为已经得到了对方的认可，这样的提议肯定有用，可万万没想到一听到这样的建议，对方反而开始半信半疑，"谁知道你的产品到底是好还是不好，不用没事，万一用了你把我们的车弄坏了怎么办？"甚至有人还对曲董号召的生态创业、绿色创新提出质疑："生态环境那是国家操心的事儿，咱老百姓跟着凑什么热闹。"曲董感觉自己仿佛陷入了一个"怪圈"："明明我的产品大家都觉得这也好那也好，节能环保，改善生态，怎么一到说让他们用的时候，就觉得我是个十足的大骗子呢？"该如何打破这个僵局，如何让人们尽快消除对乾承产品的顾虑，接受生态环保、绿色创新理念呢？

资料来源：本案例节选于中国管理案例共享中心。

思考问题：为什么很多好产品看的人多，买的人少？

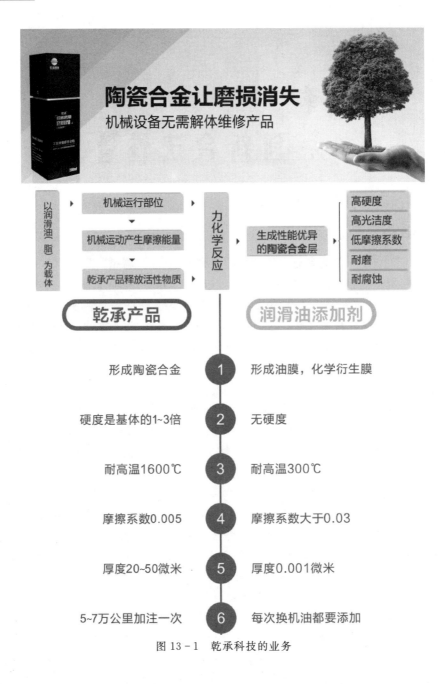

图 13-1 乾承科技的业务

13.1 合法性与创新收益

创新的最终目的是要提高企业的销售收入和利润。然而,尽管人们对创新性产品往往抱有很高的期待,但是创新性越强的产品却越难销售。研发人员对新技术、新产品的兴奋与客户对新产品的畏惧形成了强烈的对比。这种冲突的状态导致很多客户不会购买产品,反而对产品充满了怀疑和恐惧。很多产品"万事开头难",很多客户并不愿意第一个购买产品,而是会经常问"有没有人用过"? 这种状况导致越是新的产品推广越困难。

从理论上分析,新产品进入市场往往具有很大挑战性。首先,产品越是新颖,越是脱离了既定的产品分类、行业标准、世界观体系,企业往往需要耗费大量的精力建立有别于在位企业的新的细分市场。全新产品在初始阶段往往都是"非主流"产品,甚至很难判断是否"合法",也难以获取主流网络的支持和帮助。其次,新产品进入市场要么开发自己的生态体系,要么说服现有的供应商和客户提供帮助。

究其根本在于,客户总是将产品与既定的期待进行对比。一旦这种期待与新产品有差异,就会产生不认可状态。新产品不仅容易引起客户的不认可,还会引起供应商、政府、协会和其他利益相关者的不认可。给新产品供货的供应商经常因为担心没有未来而不愿意进行专项投资,让新产品不得不采用现有的组件、自制零件或者付出更高的成本。同时,政府审批由于缺乏制度标准和依据而无法推行等。这种现象被称为合法性问题。合法性是指创新符合利益相关者的社会期待而获得的认可状态。合法性是指在包含价值观、准则、信念和界定在内的社会构建系统对主体的活动是否合适、正当的一般性感知。合法性高的企业被认为在社会系统中是合适的、正当的、符合期望的。这种认可是创新获得资源支持的前提,直接影响创新进入市场的难度。合法性本质上是社会评价的结果,是评价主体的认知反应的结果,具有很强的认知属性,从本质上而言体现了行为主体与社会企业的匹配程度。获取合法性需要证明创新自身是符合这些社会主体的评价标准的。由于社会主体不同、评价标准不同,合法性可区分为三种类型,即规制合法性、规范合法性和认知合法性。

13.1.1 规制合法性

社会主体会按照正式法律、法规、条例和政策文件来评判创新的正当性。不符合正式的法律、法规、条例和文件精神的创新往往不能获得进入市场的政府许可。除了政府直接做出这些评价,其他社会主体也会以此为依据审查创新的合规性。这一点对创新性产品而言,经常是非常大的挑战,很多创新性产品和技术并没有建立相应的法律、法规、条例和政策,政府部门在认定企业的产品和技术是否合规的过程中很难执行,往往需要先为创新确定新的合规性体系,而创新性产品开发之前如果未能对此做出风险预判,很容易造成新产品上市前漫长而无法控制的等待期,或者降低创新性来符合法律法规的要求。这个问题在跨国经营中更加突出,很多产品的新功能在一个国家合法而在另一个国家可能不合法。

13.1.2 规范合法性

利益相关者除了依据正式的法律法规来判断创新产品的合法性,还会使用非正式的价值观、道德规范、行业规范和标准来评判。很多创新性产品如果挑战了传统的价值观、道德规范、行业规范和标准,经常不被认可。在规范合法性的评价中,涉及企业的各个方面,比如领导人、产品影响、技术与生产过程、社会分类等。有些研究中把这些合法性细分为个人合法性、结果合法性、过程合法性和类别合法性。很多企业由于领导人丑闻、产品污染、生产过程中污染导致其产品无法被市场接受。另外,企业还存在社会分类带来的合法性问题。例如,民营企业和国有企业在很多人眼里并不相同,民族企业与外企也经常得到不同的支持。社会身份经常作为合法性评价的重要依据。这些评判标准有很多沿袭了文化传统,有些则是行业内的不成文的规则。例如,很多民间中医被患者认可,但是从法律上看并不具备合规性。相反,有些产品具有合规性,但是却很难被市场认可。例如,服务机器人在推广过程中比预期的进度要慢得多。因为在人文价值观中,机器仍然难以替代人际交互带来的感觉。

13.1.3 认知合法性

除了正式的法律法规和非正式的道德标准、行业规范,利益相关者对事物本身"应该是什么"也有自己的信念、认知和知识框架。认知合法性包括两个关键要素:可理解性和想当然。很多创新性的产品往往挑战了常识,与人们既往的认知发生了冲突。"应该是什么"与世界观有直接联系,这不仅受到科学知识普及的影响,也受到文化认知的影响。人们会利用自己的世界观来评判产品是否挑战了他们对事物的世界观。例如,大部分人认为机械磨损只能减缓不能逆转,按照这个观点,机械磨损修复就挑战了常识而不容易被市场接受;大家都认为针灸水平高的人应该以尽可能少的针刺来治疗疾病,多针疗法就很难被接受;在欧美畅销的不粘锅,在中国销售时被认为"不能补铁"而销售困难。如果产品挑战了客户的世界观,导致客户无法理解为什么产品能够创造这种性能,会使客户不认可也不愿意尝试新产品。另外,有些客户可能不存在清晰的世界观,而是依赖以往的生活经历积累起来的经验想当然地认为产品不可能实现有些性能,导致产品无法被接受。

除此之外,还有学者曾经采用实用合法性、道德合法性和认知合法性来归纳合法性的类型。实用合法性强调产品是否给评价主体带来利益,这种利益可能是直接的交换利益(交换合法性),也可能是对某些群体利益的回应(影响合法性)或者倾向性的支持(倾向合法性)。产品如果能够给评价主体带来直接利益,让评价主体感受到对他们利益的关注以及倾向性的支持,就容易获得实用合法性。本质上而言,实用合法性难以与价值创造进行有效的区分。然而,这对如何沟通来建立合法性有一定的启示,企业需要在外界沟通中突出对评价主体的利益的影响和倾向性。

13.2 合法性的异质性

创新者除了要关注合法性的重要性,还需十分关注合法性的异质性。合法性的异质性是指不同利益相关者或者同一利益相关者对创新的合法性有不同的判定。如果创新走入市场依赖的利益相关者对创新的正当性做出了相反的评判,则会对创新的市场推广造成严重影响。例如,ofo共享单车由于"随停随走"的特点赢得了广大消费者的认可,然而,"随停随走"在赢得消费者认可的同时也造成了城管、物业、校园管理者眼中的"乱停乱放"。这是同一创新活动得到的截然相反的评判。

这种利益相关者之间不同的合法性评判是创新中关注的重要问题。例如,对设备生产企业而言,新设备最好不需要任何售后服务,然而,经销商却不这么认为。因此,企业需要从对不同利益相关者主体的评判标准的分析中提前识别这种冲突,并找到解决这些冲突的方法。对创新而言,新产品的创新者为了更好地让用户了解新产品的功能、使用特点,经常采取各种方式,但这也容易引起竞争对手的注意。此时,竞争对手的重视和认可经常给新产品的销售带来更多的负面影响。

异质性的合法性评判也可能出现在同一主体身上。同一主体面对不同的制度逻辑,往往对创新的合法性会有不同的评判结果。科学界也曾经争论核技术到底应不应该发展。创新可能引起不同制度逻辑的冲突,从而给创新进入市场带来很大阻力。

由于合法性存在异质性特征,故企业在管理合法性的过程中,不仅需要关注如何构建合法性,更重要的是要关注利益相关者主体不同和同一主体的角色不同对合法性的差异化需求。企业的挑战在于能够让冲突的合法性需求得到满足。虽然顾客合法性是至关重要的,而构建顾客合法性的过程是否引起了其他利益相关者的合法性冲突也是企业需要关注的核心问题。即使对客户而言,客户购买过程中的决策者、使用者、影响者也可能具有不同的合法性期待。

13.3 合法性构建策略

构建合法性是创新走向市场的关键一步,但是,这并不意味着构建合法性的活动在创新开发完成走向市场的时候才开始行动。为新产品、新技术构建合法性应该在创新计划阶段就进行策略设计,避免在上市初期就遭遇销售困难。常用的合法性构建策略包括遵从战略、选择战略和引导战略。

13.3.1 遵从战略

遵从战略是指让创新在合法性评判标准内开展,以实现创新合法性的行动。遵从战略可以进一步区分成消极遵从和积极遵从战略。如果企业只是为了避免被处罚,合法性标准可以很低,只要满足最低标准就可以实现,这种战略被称为消极遵从战略。如果想让利益相关者参与企业的决策和活动,消极遵从战略就不够了,企业需要积极主动地创造各种方法让利益相关者知道他们是符合预期更高标准的。这种战略要求企业在创新过程中,前瞻性地明确各个利益相关者评价产品规制合法性、规范合法性和认知合法性的具体的依据和标准,并根据这些判定标准的要求,提前调整产品的技术设计、规格、包装、宣传及销售方案,包括相关的政策、法律和制度标准、行业规范、价值观和道德标准,以及认知标准。例如,按照现有标准制定技术方案,设计各个利益相关者能够接受的规格和包装等。例如,爱迪生在推广远距离输电的过程中遭到了很多人的反对。之前照明采用的煤气灯是将管道铺设在地下,每家每户都有管道相连。由于电线架在高空,电流看不见摸不着,众人对此既充满好奇也充满不确定带来的恐惧。同时,很多记者也推波助澜,认为用电不安全,经常撰写负面报道。之后爱迪生采用了管道的设计,也将电线铺设在地下管道中,并采用煤气管道的比喻加以宣传,使电线的市场推广难度大大降低。这种相似性降低了认知冲突和不确定性,从而提高了认知合法性。

13.3.2 选择战略

选择战略与遵从战略不同,遵从战略是将外部的合法性评判标准当作边界和限制,改变创新的设计来实现期望的一致性;选择战略是指不改变创新,而是为创新找到合法性的局部环境。选择战略是以合法性的异质性为前提的。尽管很多客户难以接受新产品,但并不是所有的客户都不接受。尽管创新在某些地区不合法,但是在有些地区则是合法的或被接受的。因此,选择战略要求企业识别这些异质性,找到适合创新推广的客户和地区。

13.3.3 引导战略

无论是遵从战略还是选择战略,都认为外部的评判标准是刚性的。在很多地区或者行业中,哪些创新是正当的、哪些创新被认为是不正当的,早已经嵌在制度、规范和标准中。然而,创新正是成功地改变了既定的制度、规范和标准,从而成为新市场的开拓者。这些创新通过引导逐渐构建了新的准则、政策、标准和价值观。引导和构建新的符合创新推广要求的政策、标准和认知的战略被称为引导战略。引导战略改变正式规则的时间可能反而比改变非正式规则的时间还短,正式的立法、规章、标准的改变有明确的代理机构和代理人,通过游说、展示和检验能够建立,而非正式准则的载体往往渗透在社会的各个层面,改变并非一朝一夕。实践中,很多企业通过饥饿营销、提供对比空间、体验性营销等方式调动了市场,成功实现了创新市场化。

13.4 合法性的维持战略

有三个因素导致合法性的维持并不容易。第一,合法性的异质性导致内生的矛盾,而这种矛盾的动态变化导致合法性经常不容易维持。合法性本质上是一种关系特征,而不是一种资产。在利益相关者网络中,由于利益相关者之间存在利益冲突,满足一方需要经常导致另一方需要无法满足。因此,稳定是利益冲突的双方均衡的结果,而这种均衡往往非常脆弱,很容易失衡,导致合法性难以维持。第二,稳定不变也经常导致合法性价值降低。在制度环境发生变化时,原来的合法性可能演变成刚性,企业必须重塑合法性才能够适应环境变化。制度化的过程往往为新的合法性留下了空间。伴随着相互学习、同构导致企业同质性逐步提高,同质性经营与外部环境的差距往往为新企业的诞生创造了空间。第三,制度化的倾向往往充满矛盾和冲突。合法性构建的过程往往会产生很多反对声音,这些反对声音往往是要降低合法性。

合法性的维持战略分为两类:感知策略与成就保护策略。感知策略重视提高对评价主体反应和对未来挑战的预测能力。企业往往依赖跨界人员来保持对环境的敏感性,监控各方利益点的变化或者让利益主体参与决策过程。为了维持规范合法性,企业需要通过跨文化学习,参与各类社会活动来识别道德伦理规范的变化。为了维持认知合法性,企业需要多视角地看待现有产品,并不断质疑产品的底层逻辑。成就保护策略关注对运营的严格管制和积累善意倾向。企业在运营过程中,让各方能够得到真实的利益能够提高持续性。平时多积累各方对企业的善意,能够有效地应对外部事件的冲击。

13.5 合法性的修复战略

合法性的修复与合法性的建立不同,修复本质上是对危机事件的反应,而危机经常触发"墙倒众人推"的雪崩效应。以往的研究更多地关注以下几种修复战略。

(1)官方解释。危机的本质结果是怀疑,如原来可靠的产品有风险、原来的操作是骗局、内在的优点都是表面文章等。此时,企业需要及时提供官方解释,将危机涉及的威胁与企业整体的评价区分开。企业通常会有四种官方解释。第一种解释是企业经常试图否认问题的存在,通过澄清事实或者联合利益相关者,对问题进行抗辩,但是这种方式可能导致更强烈的质疑;第二种常见的解释是谴责个体员工和外部主体,这种把责任推给个体和外部主体的方式往往具有双刃剑的作用,让外界知道问题成因之外会体现出企业管理控制能力的缺失;第三种解释是确认这种破坏性事实,重新定义前因后果;第四种解释经常归因于好心办坏事。

(2)结构调整。常见的结构调整有两种,一种是设立监察机构或者邀请第三方检查机构参与,如华为邀请世界知名的审计公司审查财务报表,有效化解了独立性质疑。第二种常见的结构调整措施是剥离造成恶劣影响的组织要素,最常见的操作是更换领导、把人员和资源抽取出来重新成立新的组织。

合法性的管理中还会存在两个悖论:自我推动悖论和领头羊悖论。自我推动悖论是指由于合法化过程是意义解释的过程,是企业与外部主体之间互动的过程,有时候存在越是解释越不被相信的悖论。即"越描越黑",越是要合法化,越难获取别人的认可。因此,建立合法性需要充分考虑受众的反应。领头羊悖论是指行业领头羊合法化导致了大量追随者风靡一时的模仿,这种同构过程的结果是领头羊难以维持原有的差异化优势,从而丧失了领头羊地位。

参考文献

[1] SUCHMAN M C. Managing legitimacy:Strategic and institutional approaches[J]. Academy of Management Review, 1995, 20(3):571-610.

[2] KOSTOVA T, ZAHEER S. Organizational legitimacy under conditions of complexity: The case of the multinational enterprise[J]. Academy of Management Review, 1999, 24(1):64-81.

[3] SUDDABY R, GREENWOOD R. Rhetorical strategies of legitimacy[J]. Administrative Science Quarterly, 2005, 50(1):35-67.

[4] ZIMMERMAN M A, ZEITZ G J. Beyond survival:Achieving new venture growth by building legitimacy[J]. Academy of Management Review, 2002, 27(3):414-431.

[5] LOUNSBURY M, GLYNN M A. Cultural entrepreneurship:Stories, legitimacy, and the acquisition of resources[J]. Strategic Management Journal, 2001, 22(6/7):545-564.

[6] SINGH J V, TUCKER D J, HOUSE R J. Organizational legitimacy and the liability of newness[J]. Administrative Science Quarterly, 1986, 31(2):171-193.

[7] DEEPHOUSE D L, CARTER S M. An examination of differences between organizational legitimacy and organizational reputation[J]. Journal of Management Studies, 2005, 42(2):329-360.

[8] BITEKTINE A. Toward a theory of social judgments of organizations:The case of legitimacy, reputation, and status[J]. Academy of Management Review, 2011, 36(1):151-179.

[9] RUEF M, SCOTT W R. A multidimensional model of organizational legitimacy: Hospital survival in changing institutional environments[J]. Administrative Science Quarterly, 1998, 43(4):877-904.

[10] PALAZZO G, SCHERER A G. Corporate legitimacy as deliberation:A communicative framework[J]. Journal of Business Ethics, 2006, 66(1):71-88.

[11] HUMAN S E, PROVAN K G. Legitimacy building in the evolution of small-firm multilateral networks:A comparative study of success and demise[J]. Administrative Science Quarterly, 2000, 45(2):327-365.

[12] BITEKTINE A, HAACK P. The "macro" and the "micro" of legitimacy:Toward a multilevel theory of the legitimacy process[J]. Academy of Management Review,

2015, 40(1): 49-75.

[13] TOST L P. An integrative model of legitimacy judgments[J]. Academy of Management Review, 2011, 36(4): 686-710.

[14] COHEN B D, DEAN T J. Information asymmetry and investor valuation of IPOs: Top management team legitimacy as a capital market signal[J]. Strategic Management Journal, 2005, 26(7): 683-690.

[15] SCHERER A G, PALAZZO G, SEIDL D. Managing legitimacy in complex and heterogeneous environments: Sustainable development in a globalized world[J]. Journal of Management Studies, 2013, 50(2): 259-284.

[16] FISHER G, KOTHA S, LAHIRI A. Changing with the times: An integrated view of identity, legitimacy, and new venture life cycles[J]. Academy of Management Review, 2016, 41(3): 383-409.

[17] RAO R S, CHANDY R K, PRABHU J C. The fruits of legitimacy: Why some new ventures gain more from innovation than others[J]. Journal of Marketing, 2008, 72(4): 58-75.

[18] GARUD R, SCHILDT H A, LANT T K. Entrepreneurial storytelling, future expectations, and the paradox of legitimacy[J]. Organization Science, 2014, 25(5): 1479-1492.

[19] FISHER G, KURATKO D F, BLOODGOOD J M, et al. Legitimate to whom? The challenge of audience diversity and new venture legitimacy[J]. Journal of Business Venturing, 2017, 32(1): 52-71.

[20] DRORI I, HONIG B. A process model of internal and external legitimacy[J]. Organization Studies, 2013, 34(3): 345-376.

[21] LAMIN A, ZAHEER S. Wall street vs. main street: Firm strategies for defending legitimacy and their impact on different stakeholders[J]. Organization Science, 2012, 23(1): 47-66.

[22] KISTRUCK G M, WEBB J W, SUTTER C J, et al. The double-edged sword of legitimacy in base-of-the-pyramid markets[J]. Journal of Business Venturing, 2015, 30(3): 436-451.

第 14 章
创新扩散与成长

 开篇案例

好产品如何有好销路?

2017年12月28日下午,总经理办公室内,北京A科技有限公司董事凌某正在接待朋友的来访。一会儿营销经理敲门进来汇报:位于西单购物中心、中关村欧美汇的舒理他专柜已经完成正式撤离……凌某点头表示知道了,转过头对朋友说道:"舒理他酸奶是以鼠李糖乳杆菌(LGG)益生菌直接发酵而成的。这种益生菌是真的好,具有其他同类菌种无法比拟的优势。它最突出的地方在于能活体进入人体肠道,明显提升人体免疫力……"说起鼠李糖乳杆菌,凌某滔滔不绝。

"那您认为为什么销不好呢?"朋友问道。凌某低下头,想了一下,说道:"还是因为我们没找对路吧!当初真没想到这么难!总觉得这款产品功效好。您看看相对于全球,我国结直肠癌等消化系统癌症仍占很大比例,就是因为对益生菌没有认知。"朋友鼓励道:"朋友说您这款产品是咱们圈里最好的产品,是能救命的。销好只是时间问题,您看我这不成了舒理他的忠实粉丝了!"凌某叹了口气,说道:"三年来在线下的产品推广投入已经两千多万了,到现在都还在亏钱!创业总是不易,可是就怕看不到头啊!"

初识凌某的朋友,很快就能感受到他对于这款产品的热爱。确实,从产品性质上来看,舒理他酸奶并不是一款普通的酸奶,而是由全球著名益生菌株鼠李糖乳杆菌(LGG)直接发酵而成的酸奶。舒理他的名字,就是来自"鼠李糖"的谐音。每100克舒理他酸奶,含有超过1000亿的LGG活菌。可以说,酸奶只是载体,它本质上是"一杯好喝的益生菌"。这在当今市场上是独一无二的。在凌某看来,这是对目前酸奶市场的颠覆性突破。市面上的绝大多数酸奶本质上都是鲜奶经过普通乳酸菌发酵而成的乳制品,从改善口味和适应"乳糖不耐"人群需要的角度来讲不错,但并不具备调理肠胃和增强免疫力的功能。这些酸奶并不是益生菌酸奶。为了满足人们对补充益生菌的需求,有不少厂家推出了益生菌酸奶,也就是在常规酸奶中添加嗜酸乳杆菌、双歧杆菌等,这种酸奶固然有助于消化,但是要求生产、制作到销售全程冷链运输,往往由于条件限制,致使最后服用时有效到达人体肠道的活菌数量远远达不到每日补充一亿到十亿个活的益生菌的有效数量,而舒理他酸奶刚好有效地解决了市场痛点。它充分满足了益生菌产品的三个核心特征:足够数量,活菌状态,有益健康功能。

2015年春,A科技有限公司投资200多万,开始试水LGG益生菌发酵酸奶的市场推广。公司首先建立了公众号,介绍益生菌的知识和舒理他酸奶的好处。而后本着少花钱多办事,强化推广效果的原则,立足寻找特定的人群。在最开始分析目标客户时,公司希望将其产品中的

益生菌概念放大。结合自己的产品特性,公司将舒理他酸奶产品放置在美容院、餐饮酒店、饭店、健身房和高尔夫球场等休闲娱乐地点,以期待该类人群在休闲场所消费的同时可以试用并消费自己的产品。尤其是对美容院,凌某团队期望很高。在美容院,消费者更注重通过内部调节来达到美容养颜之功效,这与舒理他的理念非常契合,而且这些地点也为人员的现场讲解提供了机会。"我们的目的是希望借助消费者在这些地方消费的时间间隔,让本场所的服务人员给他们讲解和推荐舒理他产品。经过一段时间的试验发现,该类人群对于酸奶的关注度很低,他们根本不会在意一瓶小小的酸奶;而且有一部分年龄较大的消费者对于一款不知名的酸奶品牌表示怀疑甚至否定,根本不愿意尝试购买。并且,美容院由于法律的限制,无法从事食品的销售。所以,休闲场所的销售方式效果并不是很理想……"凌某无奈地摇头说道。

思考问题: 为什么一款功能好的产品却很少有人消费?

创新获益的道路上除了要突破合法性的挑战,还需要实现规模扩大和成长。很多新产品和技术在推广的道路上并不顺利,并不是这些产品性能不好,而是没有解决扩散过程中的障碍。例如,世界卫生组织曾经派1位女博士到秘鲁一个农村去劝说216人改变喝生水的习惯,来降低腹泻的发病率,然而,经过2年苦口婆心地劝说,只有11个人接受这个建议。1497年葡萄牙航海家瓦斯科·达·伽马就证实,柑橘能够治疗败血病。1747年詹姆斯·林德获知该实验,在英国皇家海军索利斯巴利号上进行第二次实验。但是,这个做法在1795年才在英国广泛采用,从发现到广泛采用历经298年。我们今天常用的QWERTY键盘是设计方案中最差的一个,当初就是为了避免打字太快字母粘连而设计的。当时的设计师将常用的字母刻意分散布局,而重新优化字母布局的德沃夏克键盘尽管显著提升了打字速度,但是仍然无法取代现有的键盘。根据相关学者的研究,全新产品从创意产生到原型开发、小规模销售到大规模销售的过程中,小规模销售扩大是最大的瓶颈,成功实现成长的只有24%(见图14-1)。

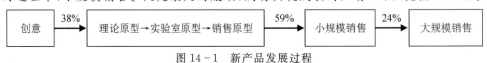

图14-1 新产品发展过程

思考问题: 好产品如何扩大销售额?

14.1 创新采纳者

创新扩散过程中首先要考虑的是创新的采纳者。采纳者是创新获得扩散和成长的根本动力。

14.1.1 个体与商业客户

采纳创新的对象包括个人和组织,这两种对象在采纳创新的决策过程中有很大差异。

1. 个体消费者

很多产品的采纳者是个体消费者。个体消费者决策和使用过程受到个体自身、周围关系人的直接影响。在消费过程中,我们也要注意区分使用者、购买者、决策者、影响者四种角色(见图14-2)。这四种角色有时候是分离的,有时候是合在一块的。很多时候,消费者自己出钱独立决定购买自己使用的产品或服务。同时,子女为父母,父母为儿女,消费者为朋友、老师、同事购买产品或服务也是常见的消费行为。在此过程中,决定购买还是不购买,买多少以及什么样的产品还受到周围人的影响。影响者可能对决策者有直接联系,也可能并没有直接联系。例如,很多人买衣服经常模仿明星,而不会模仿周围人,有些人购买产品则会寻求周围人的建议。

区分不同角色对设计创新产品非常重要。不同角色对创新的要求可能并不相同,如使用者关注产品使用简单有效,购买者可能看重价格和包装。有些产品子女喜欢,但是父母却不喜欢。充分考虑消费者购买过程中各个角色对创新性产品的要求,对销售非常重要。

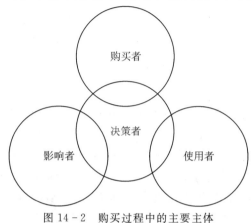

图 14-2 购买过程中的主要主体

2. 商业客户

与个人不同的是,商业客户是一个机构。机构不仅四种角色经常分离,而且受到既定制度和流程的制约。很多时候采购决策是采购部门做出的,但是采购产品的使用者并不是采购部门。创新性产品的扩展需要充分考虑商业客户的采购模式、供应商认证标准和程序以及各个利益相关者发挥的关键作用。

首先,商业客户的采购模式。商业客户对采购权限有不同的划分。以分权为中心的分散采购和集权为特点的集中采购对创新产品的扩展有很大影响。在很多企业,采购的权限由各个业务单位决定,而在很多单位采购必须由企业集中采购然后分散使用。集中采购往往订单量很大,招标竞争激烈且程序复杂。更重要的是,采用集中采购模式的企业往往与很多企业形成了稳定的合作关系,对供应商的选择要经过较长时间的认证。创新者首先要通过认证成为合格供应商,然后才可以参加竞标。在这种模式中,打破长期稳定的合作伙伴关系的难度往往很大。因此,创新者要十分关注客户企业采购模式的变化。

其次,供应商认证标准和程序。商业客户经常需要长时间的供应商认证才能供货,在此过程中需要进行多方面的测试。因此,提前对供应商认证的标准和程序进行认真分析非常有必要。同时,不同企业的供应商认证标准和程序也可能存在差异。总之,对供应商认证标准和程序进行清晰地分析,有利于明确创新的标准。

最后,用户采购流程中的各个利益相关者分析。在整个采购流程中,识别每个利益相关者、每个利益相关者试图完成的工作以及完成他们的工作对创新者提出的要求是十分必要的。关键的决策者,以及决策的流程、依据和标准都可能成为能否实现销售目标的重要影响因素。

14.1.2 不同时机的采纳者

除了客户的类型不同,每类客户接受创新的时机也不同。创新的扩散过程是每类客户不断接受创新的过程。按照时机不同,这些客户包括领先用户、早期采用者、早期大众、晚期大众和延迟者。

1. 领先用户

无论是个体用户还是商业用户,都有少数客户是最早采用创新的,这些用户被称为领先用户。这些用户是创新采用者中的"浪漫主义者",更加关注新颖和领先,对功能并不会吹毛求疵,更像是"技术发烧友",追求的是与众不同和高端形象。他们经常演变成创新企业的合作伙伴甚至股东,愿意帮助企业进一步完善产品功能,也对早期采用者有显著的影响。

2. 早期采用者

识别早期用户并让他们采纳创新是企业开启新市场的重要步骤。这些早期用户一般社会经济地位相对较高,他们收入稳定、追求创新,而且更加尊重知识、尊重科学。早期采用者往往收入、声望、社会地位和知识水平也较高,这些群体往往是社会网络的核心节点和意见领袖,广泛参与社会活动,具有较强的影响力、共情能力、创新思维和推理能力。创新性产品第一批客户需要寻找这些早期采用者,他们追求高质高价,是创新产品成长的关键。

值得注意的是,早期采用者与早期大众对创新的要求并不相同,甚至相反。等早期大众都接受了创新,早期采用者一般就转向了其他更新一代的产品。稀缺和与众不同的追求与"用的都说好"的产品截然不同。所以,尤其需要注意的是,早期采用者的涌现容易引起企业的过度自信和盲目扩大投资,在早期采用者消费之后,往往门前冷落。我们生活中不乏这样的例子,如新景区往往在开始阶段人满为患,而过后就门可罗雀。

3. 早期大众

能够走进大众客户是创新成长的关键。如果难以驱动早期大众的购买,创新往往很难实现大规模扩散和成长。很多产品被称为"小众"产品,更多地局限在"发烧友"和"创新者"群体,而很难进入早期大众群体,其中重要的原因是无法降低使用难度、性价比不高。早期大众更多地强调产品的功能性、稳定性和可靠性,一般是早期采用者群体周围的用户。早期大众大多是"实用主义者",但是要争取早期大众,产品往往不能仅满足这些"实用主义者"的需求。

4. 晚期大众

晚期大众更多的是在产品成熟阶段才会购买,等到周围大多数人都购买了才会购买。产品稳定的功能和较低价格带来的高度性价比是这些客户关注的焦点。他们并不需要最新一代产品的新颖功能,只需要已经降格成普通功能的产品。

5. 延迟者

延迟者几乎出现在任何产品的市场中,这些客户是最后接受新产品的。他们或者由于不愿意学习,或者不愿意改变原有产品的使用习惯,或者不具备使用新产品的设施和条件。值得注意的是,这些客户经常是新产品开发的重要机会。这些延迟者经常并不是没有新产品要解决的问题,而是在使用产品过程中存在很多障碍。例如,尽管洗衣机已经遍布城市的每家每户,但是农村仍然有人不用洗衣机,很多时候是因为没有电或者自来水等基础设施导致洗衣机无法使用。

在这些客户中,早期采用者往往是社会影响力较大的意见领袖。意见领袖是指在社群中具有权威、领导和示范作用的个体。意见领袖对新产品和新服务的采用将大大加速新产品和新服务的传播。例如,在阿里巴巴集团公开的"双十一"单天销售额的数据中,2009—2019年实现了几千倍的增长。从增长率来看,销售额增长率呈现下降的趋势,且该服务的采用扩散效率逐渐降低。其中最主要的原因是,最早采用新服务的群体往往影响力比较大,而到后期,采用群体的影响力逐渐降低,市场逐渐饱和。因此,抓住意见领袖往往是扩展销售额的关键。从全国网络零售的数据来看,也是呈现增速开始快,后来降低的规律(见表14-1)。

表 14-1 互联网零售发展现状

年份	销售额/亿元	增长率/%
2009	0.52	
2010	9.36	17.00
2011	52	4.56
2012	191	2.67
2013	362	0.90
2014	571	0.58
2015	912	0.60
2016	1207	0.32
2017	1682	0.39
2018	2135	0.27
2019	2684	0.26

14.2 采纳决策的过程

无论对个体还是商业客户,创新者都需要了解采纳创新的决策过程,要根据用户的决策过程寻找成长的关键。用户决策的过程可以分为五个阶段(见图14-3)。

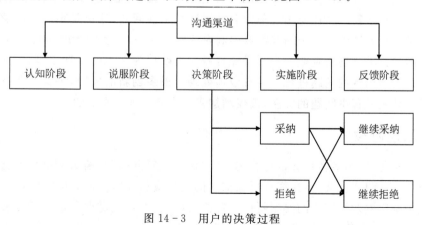

图 14-3 用户的决策过程

14.2.1 认知阶段

认知就是个人或其他决策单位认识到某项创新的存在并理解了它的功能。这并不意味着认知阶段从销售阶段才开始。企业在开发新产品的阶段就与领先客户进行了共同的探讨,让客户充分认识到了新产品的功能。很多新产品是企业与客户共创的,这种体验和参与是提高客户认知的非常重要的手段。

在认知阶段,客户会寻找三种知识:知晓性知识(这项创新是什么)、操作性知识(它如何运作)、原理性知识(为什么有这个效果)。大多数推广人员在这个阶段发挥了重要作用,他们主要提供知晓性知识。在这一阶段,创新主要通过大众传播的渠道传达到客户,使他们对创新有所了解。但大众传播的作用仅限于让个体对创新有认知,真正采用还需要经过人际关系网络和意见领袖的影响等。

在认知阶段,市场推广人员发挥着非常重要的作用,尤其是对商业客户。市场推广人员在认知阶段需要做以下工作:①帮助客户发现改变的需求;②建立信息交换的联系;③问题诊断;④激发用户改变的意愿;⑤将意愿改变为动力;⑥防止创新扩散的终止;⑦确立最终的关系(将客户培养成创新推广人员,这里的客户主要指领先用户或者早期采用者)。

14.2.2 说服阶段

说服阶段完成的主要任务是让用户接受新产品,对新产品建立信心。在这个阶段,企业需要克服合法性问题,激励用户的购买动力和意愿,并启动决策的程序。这个过程需要销售团队能够针对问题做出诊断,提供精准信息,从客户角度证明产品创新属性能够有效地解决客户的问题。

14.2.3 决策阶段

决策阶段对商业用户比个人用户更加重要。商业用户一般有较长的决策流程,从程序启动进入议事日程一般要按照程序进行一系列的决策。因此,关注决策的每个步骤,决策者的态度、程序和标准以及决策内容的影响十分必要。个人决策时间较短,一般受个体影响比较大。

14.2.4 实施阶段

实施阶段是指个人或其他决策单位把这项创新付诸实施。良好的使用体验一般会带来较好的反馈,然而,很多新产品在使用过程中容易出现次生性问题,这也是很多产品使用过程中"再发明"现象的重要原因。这个问题需要引起企业的关注,对很多创新产品而言,再发明的主体往往是跟随者而不是创新企业。为了避免自身的失败成为他人的成功之母,企业需要对客户使用创新过程中出现的问题进行及时有效地处理。很多创新的失败,关键就是在实现销售之后放松了对使用过程中问题的关注,仅仅增加售后服务是远远不够的。

14.2.5 反馈阶段

在使用创新之后,很多客户会重复购买。"回头客""复购率"是衡量产品市场接受度的重要指标。目前,数字化技术已经让客户反馈信息的收集变得非常便利,如采用人工智能技术,能够较好地刻画重复购买客户的典型特征。反馈阶段,企业不仅需要了解客户重复购买的原因,也需要考虑客户不购买的原因,以便对创新进行修正。

14.3 创新的认知属性

创新能否扩散取决于创新本身的特征。但是,值得注意的是,客户是根据自身对创新特征的感知而不是单纯的技术性能来决策的。企业要区分创新的技术属性与认知属性。创新的技术属性一般用一系列技术特征来描述,例如,硬度、照度、耐磨性、膨胀系数等。这些技术属性是技术人员非常熟悉的性能指标。然而,客户关注的创新属性往往与技术人员关注的不同。这一点在个体用户市场中更为突出。创新的认知属性是指客户对创新特征的认知。由于客户认知的角度和认知的维度不同,故在产品开发者眼中的高性能产品不一定是客户眼中的好产品。即使是具有与现有产品同样的高性能,客户经常难以理解或者体会不到。从客户的角度看,企业需要关注五个方面的认知属性。

14.3.1 相对优势

相对优势是指创新相比其他替代性方案的优越程度。很多新产品的商业计划书中提出"第一款产品""最新技术"等字眼来强调领先和独一无二,但是,很多领先和独一无二的产品并没有得到市场的认可。从创新者角度看,这经常让人难以理解。很多企业并没有注意到,客户经常是与可获得的替代方案比较来进行决策的。独一无二的产品并不意味着不存在竞争方案,客户经常在创新没有发生之前也有潜在的替代的方案。

企业在调研中,如果不认真甄别或者调研问题制定有误,经常会导致忽略客户已有的替代方案。例如,企业需求调研过程中经常以自己的角度提出问题,如"您认为我们的产品还有哪些问题?""您对我们现在的产品有哪些建议?"这些问题已经无意间将问题的讨论限定在了创新者代表的方案中,而没有触及客户自身的问题和解决方案。有时尽管创新者按照客户的反馈信息进行了改进,但客户仍然不会购买。这是因为,客户是将现在方案与替代方案进行比较来进行决策的。所以,相对优势的确定并不是简单地将自己的产品与竞争对手进行比较,更重要的是将客户所有替代方案与自身产品代表的方案进行更深入的比较。

14.3.2 可观察性

让创新的价值看得见对创新扩散至关重要。客户的决策往往需要收集客观事实,而很多产品的价值都是隐性的,因此,将产品的性能和产品给客户带来的价值用客观证据记载下来,并以恰当的方式呈现出来是十分必要的。

数字化手段在这个环节发挥了很大的作用。很多隐性的价值之所以未能呈现是因为缺乏数据收集的技术手段。传感器等新一代感知技术的应用,能够有效收集和呈现创新价值。众多企业已经采用了这种手段,将创新价值以数字化的形式呈现给客户,这样不仅让创新的价值能够更好地呈现出来,还可以收集客户对价值点的看法。

另外,创新价值的呈现形式也非常重要,且以何种方式呈现对创新的感知也有重要影响。根据丹尼尔教授的研究,以比较的形式呈现产品的独特性,让对比一目了然,会让产品的说服力大大提升。

14.3.3 可试性

客户为了更好地认知创新的原理、结果和价值,经常会提出试用要求。可试性是指创新可以在有限的基础上被试验的程度。通常早期采用者需要试验,晚期采用者主要看早期采用者试验的结果。新服务推广期,企业经常让客户试用一段时间再决定是否购买,新产品也经常让用户试用来收集信息。然而,有些创新则经常遭遇可试性难题。例如,新药如果副作用很大或者患者时间窗口较短,则很难找到试用的用户。

14.3.4 相容性

相容性是指创新与之前的价值体系、客户经验及试用环境一致的程度。很多创新的采用需要客户做出相应的改变。然而,这意味着客户自身需要增加成本、时间和精力来配合新产品或者新技术的采用。例如,脑机接口技术用来帮助中风患者康复的过程中,企业需要医生学习新的治疗方法,需要患者穿戴一系列设备,很多医生尽管很感兴趣但是没有时间去学习。德沃夏克键盘尽管布局更合理,但是购买新的键盘付出的并不仅仅是金钱,还要改变打字的习惯。创新组合推广、合理给创新命名、从过去的相似产品找定位、注重乡土知识系统都是增强创新相容性的措施。

14.3.5 易用性

易用性是指理解和使用某项创新的相对难度。"让用户使用更简单"是创新应该牢记的座右铭,很多创新性和实用性很强的产品因为使用困难而难以推广。例如,中医药难以推广的重要原因之一不是因为疗效差,而是因为服用复杂。尽管很多中药疗效显著,但是需要按照一定的方法、使用独特的器具安排煎药和服药,让工作繁忙、不了解中药的人感觉过于复杂。西药则便于携带、服用方便,易用性更强。值得注意的是,在商业用户中,采购者和使用者经常不同。采购者很少考虑易用性,而使用者则容易提出反对意见。

企业尤其要注意,评价易用性的一定不能是研发人员。尽管很多企业也一再强调易用性设计,但是创新实践中易用性导致的失败不胜枚举。之所以产生这样的状况,与评价主体有直接关系。我们强调创新的认知属性,就在于很多时候对研发人员易用的产品对客户而言可能很难用。研发人员对产品相关的技术非常熟悉,他们很容易做出很高的易用性评价。例如,很多软件开发人员认为软件界面的设计已经足够清晰易用,但是客户仍然有很多抱怨。因此,对易用性的评价要跳出这种陷阱,需要从客户角度来看易用性。

参考文献

[1] 罗杰斯. 创新的扩散[M]. 唐兴通,郑常青,张延臣,译. 北京:电子工业出版社,2016.
[2] MAHAJAN V, MULLER E, SRIVASTAVA R K. Determination of adopter categories by using innovation diffusion models[J]. Journal of Marketing Research,1990,27(1):37-50.
[3] ABRAHAMSON E. Managerial fads and fashions:The diffusion and rejection of innovations[J]. Academy of Management Review,1991,16(3):586-612.

[4] GEROSKI P A. Models of technology diffusion[J]. Research Policy, 2000, 29(4/5): 603-625.

[5] GREVE H R. Fast and expensive: The diffusion of a disappointing innovation[J]. Strategic Management Journal, 2011, 32(9): 949-968.

[6] LEE H, SMITH K G, GRIMM C M. The effect of new product radicality and scope on the extent and speed of innovation diffusion[J]. Journal of Management, 2003, 29(5): 753-768.

[7] PAE J H, LEHMANN D R. Multigeneration innovation diffusion: The impact of intergeneration time[J]. Journal of the Academy of Marketing Science, 2003, 31(1): 36-45.

[8] PAPAZOGLOU M E, SPANOS Y E. Bridging distant technological domains: A longitudinal study of the determinants of breadth of innovation diffusion[J]. Research Policy, 2018, 47(9): 1713-1728.

[9] LOCH C H, HUBERMAN B A. A punctuated-equilibrium model of technology diffusion[J]. Management Science, 1999, 45(2): 160-177.

[10] SILVESTRE B S, NETO R E S. Capability accumulation, innovation, and technology diffusion: Lessons from a base of the pyramid cluster[J]. Technovation, 2014, 34(5/6): 270-283.

第15章
创新收益保护

在专利战火中成长

2001年底,朗科科技(简称"朗科")董事长邓某、副董事长成某、知识产权部经理胡某一同出席知识产权部的年终会议。会上,大家都在为闪存盘市场"井喷"以及朗科销售收入大幅增长而欣喜,但同时也为大量涌入的竞争对手而担忧。邓某表示:"如今,我们的产品价格比两年前已经下降了50%。我们不能忘了VCD的发明者姜万勐和他的万燕公司由'先驱'变'先烈'的教训,不能任由没有专利的企业大打价格战,否则中国的闪存盘行业可能会重蹈当年VCD、DVD行业的覆辙……"

成某认为:"朗科迫切需要扭转闪存盘市场的不良竞争倾向,赶走不尊重朗科专利权的企业,留下的企业必须得到朗科的专利许可。"听到这里,知识产权部经理胡某提醒邓某和成某:"虽然我们有专利权,但采取这些行动的风险也是很高的。"受聘到朗科之前,胡某已在知识产权领域摸爬滚打两年。看到两位创始人惊诧的眼光,他接着解释说:"这是一种动态竞争,竞争对手不会束手就擒,我们需要考虑到他们可能对我们采取的反制措施,比如他们很有可能向复审委提起无效请求。而一旦我们的专利被无效,我们公司生存和发展的根基必然会被动摇。"邓某和成某虽然也知道专利维权和专利许可并非易事,但专利被无效的风险却始料未及。邓某和成某有点茫然,创立不到三年,资源和经验有限的朗科能突破"先驱"变"先烈"的魔咒吗?朗科应当如何利用专利来捍卫自身商业利益?从动态竞争的角度,专利战中又当如何应对竞争对手的反制呢?

2002年7月24日,朗科的闪存盘发明获得中国专利授权,国内专利号ZL99117225。朗科内部把该专利简称为"99专利"。该专利是我国在移动存储领域少有的核心专利。作为国内闪存盘的开创者,朗科计划利用专利形成的壁垒保障其产品市场的竞争力。不过,拥有专利权并不意味着涉嫌侵权的企业会自动停止侵权产品的生产和销售。胡某带领朗科的团队收集研究涉嫌侵权企业的信息,包括销售额、生产和销售渠道等,积极联系市场占有率、销售额排名靠前的企业,提醒对方涉嫌侵犯朗科的专利权,并要求对方获得朗科的专利许可。然而,对于朗科的提醒,积极响应的企业寥寥无几。胡某建议邓某和成某,可以尝试起诉涉嫌侵权的企业。对于起诉竞争对手,邓某和成某并非没有顾虑。第一,专利诉讼复杂,耗时长,不仅企业内部需要专门的人力和财力投入,而且要请律师,专利律师的费用对于初创企业而言是一大笔开支。第二,如果竞争对手遭遇起诉,多数会尝试无效朗科的专利,一旦专利被无效,朗科不仅拿不到专利许可费,而且更多的企业会自由地进入闪存盘市场,朗科的竞争优势将荡然无存。

思考问题:专利真的能保护创新吗?

15.1 跟随企业的模仿

创新者要获取收益,不仅需要克服合法性和扩展过程中的困难,还需要在创造的收入中提高攫取能力。攫取能力取决于核心技术的保护和其在所处的商业生态系统中的地位。蒂斯(Teece)最早提出创新获利理论(profit from innovation,PFI)框架,致力于回答的问题是:为什么创新企业经常未能从创新中获益,而是分销商、模仿者和其他的产业参与者获取了创新收益?该问题的提出质疑了以往认为只要开发出满足客户需要的新产品就能获益的认识,也推进了熊彼特经济学和阿罗的信息经济学对创新的解释。尽管以往很多学者认为只有创新得到应用才能获取收益,但PFI却发现创新即使得到应用,创新者也可能得不到回报。

创新带来的高额利润经常导致跟随企业的模仿。跟随者如果模仿成功,可以节省75%的研发成本,具有更小的市场风险和成长风险。因此,独占机制是创新者首先要考虑的因素。只要能够保持独占,即使初始产品设计不完善,创新者也有机会逐步完善设计来满足要求,即使需要互补性资产也能够在互补性资产构建过程中处于有利位置。

跟随企业对领先企业的模仿是创新活动中普遍的现象。值得注意的是,并不是所有的模仿都违法,很多模仿甚至是领先企业欢迎的。尤其是跟随企业的价值曲线和领先企业平行,但是处于第二梯队市场,领先企业不会反对跟随企业的模仿,因为这种模仿提高了领先企业的创新者地位。狭义的模仿是不被允许的学习行为。了解常见的模仿行为有利于创新者提前准备对策。

15.1.1 反向工程

反向工程是指通过拆解产品和技术来逆向学习新产品和新技术的过程。反向工程是国际上普遍的实践活动。它通过购买产品,进行拆解、测量、检测来获取新产品设计的关键点,并在此基础上对产品进行复制。

15.1.2 专利突破

专利突破是指对专利进行再发明来实现专利功能的过程。尽管很多企业通过申请专利来保护自身的知识产权,但也有很多企业通过对专利的功能分析,重新按照发明思路用不同的载体和功能进行再发明。

15.1.3 聘用人员

专利突破和反向工程都适用于那些可以分解的产品和技术,但是有些技术和产品的隐性知识较强,难以通过专利突破和反向工程来解决。更重要的是,技术模仿不仅需要设计思路,更需要的是创新实施过程的隐性经验。很多企业经常聘用领先企业的核心技术人员,以股份和薪酬吸引这些高端技术人员加盟来实现产品模仿。

15.1.4 投资并购

投资并购经常也是获取技术的重要手段。在克服体系障碍,紧跟最新技术的战略中,企业经常通过并购技术型企业来获取技术。在这种并购过程中,通过知识整合利用,企业不仅获得了技术设计、生产技能和核心技术人员,还掌握了创新企业的重要资源。

15.2 独占机制与技术保护策略

独占机制(appropriability regime)是指创新者独占创新收益的基础机制。其核心包括两个方面,一方面是技术本身的易模仿性,另一方面是法律工具的保护强度。

15.2.1 技术本身的易模仿性

核心技术有不同的表现形式,有些技术体现为显性知识,有些技术则表现得更为隐性。隐性技术很难被跟随企业模仿。集成性的产品相比工艺更容易被反向工程模仿,然而,非集成性产品则很难模仿。集成性产品是指多个模块通过架构链接实现功能的技术系统。例如,机械设备、手机、电脑等众多产品都属于集成性产品,而材料等产品则属于非集成性产品,其技术难点体现在生产工艺中,很难通过逆向工程获得破解。

15.2.2 法律工具的保护强度

法律法规对核心技术具有重要保护作用。各个国家都有对知识产权立法,对专利权、商业秘密、著作权等进行保护。中国专利法对发明、实用新型和外观设计进行保护。专利强调以公开换取保护,提供的保护往往有一定的期限,超过期限而使用则不算侵权。另外,专利具有属地性质。例如,在中国申请的专利生产的产品进入别的国家也需要在当地申请专利,否则难以获得所在国的保护。专利保护需要公开很多信息,并且容易被以再发明的形式突破,也受到执法能力的限制。因此,很多企业对容易被别人模仿的产品申请专利,对不容易被模仿的技术选择不申请专利,而以商业秘密的形式加以保护。

《中华人民共和国民法典》第一百二十三条明确将商业秘密列为知识产权的客体。商业秘密包括技术信息、经营信息等。对于这些商业秘密,企业经常采用限制接触渠道、限制接触内容、限制接触对象、签订保密协议、竞业禁止协议、分解轮岗、破坏性处理等多种方式加以保护。著作权、版权也受到法律的保护,对软件算法、集成电路设计图、图书、专著、论文等多种形式的知识载体进行保护。

15.3 互补性资产

创新者期望独占机制能够给他们提供强有力的保护,因为获取创新收益还有很多的互补性资产需要建设,技术还需要不断迭代改进。如果独占机制足够强,那么只有创新者能够获得创新带来的收益。此时,创新者可以有足够的时间慢慢改进技术,建设互补性资产。

15.3.1 互补性资产及其类型

互补性资产是指实现产品收益的商业过程中需要的其他资源。对互补性资产需要从整个商业生态系统的角度分析,而不仅仅局限在生产和销售环节。整体来看,实现创新收益需要一个完整的商业系统。这个商业系统包括问题诊断、信息咨询、技术方案设计、原材料采购、生产、销售、配套产品/服务提供以及售后服务等众多活动,每个活动都需要资源来完成。因此,单靠新产品或新技术是无法实现收益的,创新者必须依赖其他的互补性资产,也必须分享创新的收益给这些利益相关者。互补性资产包括通用互补性资产和专业互补性资产。

1. 通用互补性资产

通用互补性资产是指创新收益获取过程中依赖的一般性资源。比如，销售渠道、一般制造加工、广告、位置等通用资源。这些资源虽然专业性不强，也不是专属于创新的资源，但是所有的创新活动收益获取都离不开这些互补性资源。创新很难改变获取收益的所有商业资源。例如，腾讯掌握的用户资源、国美和苏宁掌握的线下销售渠道、京东掌握的线上销售渠道、B站掌握的用户资源等都不专属于某一个创新，但是对创新收益的获取有直接影响。

2. 专业互补性资产

与通用互补性资产相比，创新也需要依赖与新产品、新技术和新服务匹配的专业互补性资产。这些专业互补性资产具有创新专属性和定制特点。例如，云南白药的三七种植基地，各个汽车企业专属的售后维修中心等。

15.3.2　创新者与互补性资产所有者

创新获得的收益由创新者、互补性资源的提供者、竞争对手以及其他利益相关者共同分割。创新者的价值攫取能力取决于模仿者的数量和创新者对互补性资产所有者的依赖程度。如果创新者对互补性资产的所有者依赖程度较高，则很容易"为他人作嫁衣"，最终并不能得到更多的创新收益。同时，大部分创新收益会流向瓶颈互补性资产所有者而不是创新者。例如，显示产业的大部分收益流向了玻璃基板，芯片产业的大部分收益流向了芯片设计和芯片制造，医药产业的大部分收益流向了销售渠道。创新者要获得更大比例的创新收益，经常需要提前占有瓶颈互补性资产。占有瓶颈互补性资产的方式包括自建、投资入股等多种形式。

在独占机制很强的环境中，创新者占有收益的分配权，互补性资产的所有者往往很难与创新者进行竞争。由于治理能力较强，企业可以以合作形式获得互补性资产，将自身资源集中用于提高技术研发能力。在独占机制较弱时，瓶颈互补性资产经常形成创新者创新收益获取的重要障碍。

15.3.3　互补性资产与模仿者

互补性资产的性质还对模仿者与领先者的竞争有直接影响。如果创新收益的获取不需要专业互补性资产，模仿者获取收益的可能性更大。首先，模仿者只需要模仿领先企业的技术，而不会受到专业互补性资产的制约。其次，通用互补性资产的持有者也期望更多的人模仿领先企业来提高自身的讨价能力。

如果需要专业互补性资产，模仿者不仅要模仿新技术和新产品，还需要复制专业互补性资产才能够获取竞争优势。另外，专业互补性资产的所有者与创新者之间的互动关系往往更加难以观察。领先企业如果内部化专业互补性资产，能够有效地挡住模仿者。

15.4　持续创新

尽管领先企业试图通过强化独占机制、互补性资产来保护创新收益，但创新的高利润带来的学习动力，经常让模仿企业通过破解专利、逆向工程、聘请核心人员等各种手段突破这些保护。从技术发展历史上看,很难有创新能够在漫长的时间内长期不变。因此,创新收益的获取最终取决于领先企业是否能够在模仿窗口内,研发出新的产品与技术,保持自身的市场地位和技术优势。

通过塑造创新者与跟随者的技术差距来保持技术优势,提高市场地位和技术溢价,才是企业能够长期领先的根本路径。而这一点依赖于企业不断创新。持续创新是指企业不断革新技术来拉大技术差距,让模仿企业无法获取优势的策略。持续创新的企业往往"吃着碗里的,看着锅里的,惦记田里的",通过持续创新储备技术,在模仿企业突破上一代技术之后,以公开技术、降低价格的方式,让模仿者无利可图。持续创新的企业会长期保持高端市场的创新者地位,而将模仿者锁定在低端市场。

常见的错误是,创新者开始就试图以低价直接挡住模仿者。然而,模仿者由于不用承担前期的技术研发成本和市场成本,很容易以更低成本突破新技术。此时,创新者往往在前期放弃了溢价,未能持续研发新产品和服务而导致陷入红海竞争,甚至被模仿者超越。

参考文献

[1] TEECE D J. Profiting from technological innovation: Implications for integration, collaboration, licensing and public policy[J]. Research Policy, 1986, 15(6): 285-305.

[2] NELSON R R. Reflections of David Teece's "profiting from technological innovation..."[J]. Research Policy, 2006, 35(8): 1107-1109.

[3] TEECE D J. Reflections on "profiting from innovation"[J]. Research Policy, 2006, 35(8): 1131-1146.

[4] TEECE D J. Profiting from innovation in the digital economy: Enabling technologies, standards, and licensing models in the wireless world[J]. Research Policy, 2018, 47(8): 1367-1387.

[5] WINTER S G. The logic of appropriability: From Schumpeter to arrow to Teece[J]. Research Policy, 2006, 35(8): 1100-1106.

[6] PEKKARINEN S, HURMELINNA-LAUKKANEN P, ULKUNIEMI P. Modularity and innovation appropriability-value appropriation of service innovations[C]. Dublin: ISPIM innovation Conference, 2014.

[7] PETRICEVIC O, TEECE D J. The structural reshaping of globalization: Implications for strategic sectors, profiting from innovation, and the multinational enterprise[J]. Journal of International Business Studies, 2019, 50(9): 1487-1512.

[8] PISANO G P. Profiting from innovation and the intellectual property revolution[J]. Research Policy, 2006, 35(8): 1122-1130.

[9] ROY R, COHEN S K. Stock of downstream complementary assets as a catalyst for product innovation during technological change in the US machine tool industry[J]. Strategic Management Journal, 2016, 38(6): 1253-1267.

[10] HURMELINNA-LAUKKANEN P, RITALA P. Protection for profiting from collaborative service innovation[J]. Journal of Service Management, 2010, 21(1): 6-24.

[11] KANG J, AFUAH A. Profiting from innovations: The role of new game strategies in the case of Lipitor of the US pharmaceutical industry[J]. R&D Management, 2010, 40(2): 124-137.

[12] MCGAHAN A M, SILVERMAN B S. Profiting from technological innovation by others: The effect of competitor patenting on firm value[J]. Research Policy, 2006, 35(8): 1222-1242.

[13] FISCHER T, HENKEL J. Complements and substitutes in profiting from innovation: A choice experimental approach[J]. Research Policy, 2013, 42(2): 326-339.

[14] ALNUAIMI T, GEORGE G. Appropriability and the retrieval of knowledge after spillovers[J]. Strategic Management Journal, 2016, 37(7): 1263-1279.

[15] ADOMAKO S, AMANKWAH-AMOAH J, FRIMPONG K. Human capital, reverse engineering and new venture growth: The moderating role of competitive strategy[J]. Technovation, 2022, 114: 218-227.

[16] KANG H, LEE W. How innovating firms manage knowledge leakage: A natural experiment on the threat of worker departure[J]. Strategic Management Journal, 2022, 43(10): 1961-1982.

[17] HERNANDEZ E, SANDERS W G, TUSCHKE A. Network defense: Pruning, grafting, and closing to prevent leakage of strategic knowledge to rivals[J]. Academy of Management Journal, 2015, 58(4): 1233-1260.

[18] FRISHAMMAR J, ERICSSON K, PATEL P C. The dark side of knowledge transfer: Exploring knowledge leakage in joint R&D projects[J]. Technovation, 2015, 41/42: 75-88.

[19] SEIGNER B D C, MILANOV H, MCKENNY A F. Who can claim innovation and benefit from it? Gender and expectancy violations in reward-based crowdfunding[J]. Strategic Entrepreneurship Journal, 2022, 16(2): 381-422.

[20] DEDRICK J, KRAEMER K L. Who captures value from science-based innovation? The distribution of benefits from GMR in the hard disk drive industry[J]. Research Policy, 2015, 44(8): 1615-1628.

第16章 企业家精神与创新文化

 开篇案例

如何培养优秀的企业家?

中美贸易争端让华为成为家喻户晓的名字。然而,在此之前,华为更像埋头走路的人,并不为大众所熟知。华为创立于1987年,是全球领先的ICT(信息与通信)基础设施和智能终端提供商。目前华为约20.7万员工,业务遍及170多个国家和地区,服务全球30多亿人口。近十年,华为累计投入的研发费用超过人民币9773亿元;2022年,研发费用支出约为人民币1615亿元,约占全年收入的25.1%;截至2022年底,从事研究与开发的人员约11.4万名;截至2022年底,华为在全球共持有有效授权专利超12万件。依靠持续创新,华为从程控交换机的代理商,成为全球的创新领导者。

作为一家民营企业,华为早在1998年就制定了《华为基本法》,对公司的宗旨、基本经营政策、基本组织政策、基本人力资源政策、基本控制政策、接班人与基本法修改进行了详尽的规定。在公司宗旨部分,关于公司价值的第一条论述道:"华为的追求是在电子信息领域实现顾客的梦想,并依靠点点滴滴、锲而不舍的艰苦追求,使我们成为世界级领先企业。为了使华为成为世界一流的设备供应商,我们将永远不进入信息服务业。通过无依赖的市场压力传递,使内部机制永远处于激活状态。"第六条中专门论述了文化,"华为没有可以依存的自然资源,唯有在人的头脑中挖掘出大油田、大森林、大煤矿……精神是可以转化成物质的,物质文明有利于巩固精神文明。我们坚持以精神文明促进物质文明的方针。"按照核心价值观,华为在基本目标中论述道:"我们的目标是发展拥有自主知识产权的世界领先的电子和信息技术支撑体系。"

华为成长背后最根本的动力是什么?尽管泰勒的科学管理理论强调体系的重要性,那为什么华为建立了这样的体系而其他企业却没有?为什么当时在深圳代理程控交换机的企业没有像华为一样?支撑华为持续创新的根本原因是什么?很多媒体将目光投向了华为的掌门人——任正非。如果不是任正非带领华为,华为会有如此的成长吗?当年乔布斯去世,很多果粉对失去乔布斯的苹果是否还能持续领先智能手机市场表示过担忧,但过去这么多年,苹果依然是智能手机市场中的霸主。然而,离开乔布斯会有今天的苹果吗?

思考问题:能够推动企业持续创新的企业家素养是什么?

16.1 企业家与企业家精神

为什么有些企业会持续不断地推出新产品,而有些企业则倾向于模仿和跟随?企业创新

的终极动力是什么？是谁引导一个企业持续不断地追求更好的技术、产品和服务？对这些问题的回答是，企业家是创新的根本主体和动力源泉。

从企业的构成来看，企业是由股东、董事、高管、员工构成的。然而，不同主体获取收益的本质和承担的风险有很大不同。股东是靠以资本投入为基础的剩余索取权获取收益，剩余索取权是指企业经营的最终所得的分配权。除了股东，企业的其他成员都是受企业雇佣的员工，靠自己的聪明才智和时间获取劳动报酬。员工的工作来自企业家自上而下的工作指令，如果员工觉得工作与报酬不匹配可以通过重新选择工作来转移创新风险。因此，理性的员工总是会倾向于选择自己熟悉和擅长的工作内容，而不会选择风险较大的创新活动。除非企业要求员工必须通过创新才能获取报酬，否则员工很少主动发起和承担创新性工作。另外，创新工作往往涉及多个部门，只有企业家才有空间和权力去调动资源。因此，企业家是企业创新的终极主体。

一个企业能否持续不断地追求创新，往往取决于企业家是否具备企业家精神。领导企业的大股东追求什么、如何追求受到其价值观、世界观的直接影响。高层领导对企业价值观的形成和资源配置规则的制定有显著影响。高层领导对创新的关注和重视程度直接影响创新活动在企业的合法性和资源投入。很难想象一个执着于套利的企业家会真正投入资源进行难度较大的创新活动。为了推动创新，企业家精神被认为是至关重要的价值导向，这种价值导向不仅是个人精神的反映，还可能反映在企业的使命和宣传体系、战略、组织机构、考核标准和薪酬激励中，形成企业的企业家导向。

16.1.1 自主性

自主性是指积极主动地寻找机会，进行自主思考和满足自我实现的导向。企业家精神强的企业家经常不是被要求去工作，而是主动寻找创新机会，并通过持续不断的自主思考，打破常规来完成目标。从企业层面来看，破除既定价值观和权威的束缚，实现思考的自主性是创新精神的核心内容。在企业中，尊重每个人的思考，鼓励每个人真实地表达自我的见解，是激发多元化思考和创新想法的重要方面。缺乏思考自主性的人，往往人云亦云或者盲目跟从，而不是创造解决问题的新思路。

16.1.2 进取性

进取性是指企业家不断设定更高目标，实现更高追求的倾向。进取性强的企业家经常能够以更高的理想来引导企业的方向，能够从理想出发，看到各方面仍然存在的不足，找到持续进步的方向和动力。在进取性强的企业家创办的企业中，员工会被鼓励不断实现更高目标。

16.1.3 前瞻性

具备前瞻性的企业家更加看重长期利益，不会等到资源条件完全具备才开始行动。这些企业家经常前瞻性地预测未来的趋势，提前对资源进行布局，并创造新资源、新技术来解决有价值的问题。追求短期利益的价值系统往往执着于短期能够得到回报的创新项目，而很难为长期创新项目投入较多的资源。

16.1.4　创新性

创新性是指倾向采用全新的技术、方法和路径来实现问题解决的导向。在这种价值导向中,模仿和因循守旧经常得不到尊重,新颖的、有价值的方案往往更容易得到认可和尊重。

16.1.5　冒险性

冒险性是敢于挑战难题,并且开展大胆行动的倾向。改变习惯经常需要面临从众压力,技术创新往往面临初期的不稳定和负面评价,是否愿意跳出原来的做法、对新方法进行尝试,这对企业家是一种挑战。敢于承受负面压力、采用充满风险的新方法以及对难题进行挑战,是开发新技术的重要价值前提。

具有上述属性的企业家所在的企业经常有很高的思考自主性,不断地设定新的目标,前瞻性地识别潜在问题,采用创新性的方法,承受风险和压力持续不断地推动创新来实现价值创造和价值获取。具有上述属性的企业家所在的企业更加看重技术的深层价值,有清晰的创新战略、完备的创新体系和系统的创新方法。例如,中国的华为、美国的高通、英国的ARM无一例外,都建立了企业家精神驱动的有组织的创新体系,以持续不断的研发投入激发创新竞争力。

16.2　创新文化的三个要素

尽管高层领导是企业家精神和创新氛围的核心来源。但是,并不是所有企业的领导者都像乔布斯和爱迪生一样鼓励创新,大多数企业缺乏创新的氛围、文化和领导力。相关研究表明,最差绩效企业与最佳创新企业相比,来自新产品的销售额相差四倍,新产品成功率相差两倍。

尽管很多企业的标语中含有"创新",但很多企业并不会把创新当作企业文化的核心。由于利润才是很多企业的目标,故只有企业的核心利润来源于创新时,企业才会真正将创新作为企业文化的核心。另外,很多企业存在多样化甚至相互冲突的经营逻辑。在众多企业中,利润导向、销售导向和运营正常才是价值观的核心。在这些企业里,创新经常是口头上的支持,而一旦需要承担风险和压力,创新性的活动经常让位于短期利润、运营效率、稳定和对安全的追求,这通常会导致战略短视和竞争优势逐渐丧失。企业要真正树立创新文化,绝不是标语和宣传中加入创新、会议中频繁地鼓励创新,而是需要从价值观、制度文化和物质资源三个层面构建起支撑创新活动的体系。

16.2.1　价值观

价值观层面的创新文化需要为创新的合法性创造条件,促使创新的地位提高,要在价值体系中,让创新有空间、有名义、受尊重。企业需要借助符号体系与物理空间、活动体系、宣传体系塑造这种价值氛围。

首先,符号体系与物理空间。企业要设计代表创新的文化符号、Logo,且物理空间能够有效地塑造创新的价值观。开辟创新空间、塑造创新性的工作场景,能够激发员工的创新思维。

其次,活动体系。例如,很多企业以创新为主题开展各类活动、评选创新标兵、树立创新典型、举办创新竞赛,并且设计对创新展示尊重的特别活动和仪式。

最后,宣传体系。创办创新主体的公众号、内部刊物、宣传视频、创新文化墙,能够有效地塑造企业鼓励创新的价值观。

16.2.2 制度文化

为了体现对创新的支持,企业还必须建立能够支撑创新的组织结构、支持创新的制度体系和规则。例如,建立鼓励创新的评价与奖励制度,建立研究所、研究中心、创新中心等创新机构。企业尤其需要注意的是,制度是否真正激发了想要的创新成果。

公司治理是公司的顶层设计,是影响企业战略性创新决策的关键因素。在既定的决策体系内,企业进行小幅度的创新和改变并不困难。例如,在营销、生产、采购、职能管理领域内推出新的做法,并不需要更大范围内的协调。但是,如果创新需要对更多的价值创造环节提出改变,如公司层面的创新决策涉及组织机构调整、资源使用计划和经营计划,就需要负责众多价值创造环节的高层管理者做出决策,并且创新的幅度越大,越需要高级别的领导进行决策。因此,高层管理者是否支持创新的发起和实施至关重要。

决策涉及的高层管理者包括董事会、高管团队的主要成员。具体的决策主体取决于公司的治理结构。在中小企业中,董事长与总经理经常由核心股东担任。在大规模企业中,创新涉及的决策可能是通过民主集中的集体决策做出的。高管的创新决策行为受到代理理论、管家理论、行为理论和社会认知理论的关注。

代理理论基于经济人假设,强调利益冲突,从利益和动机角度解释高管的创新决策特点。根据委托代理理论,股东和经理人之间对创新有不同的期望。股东从长远利益考虑愿意创新,而经理人经常为了降低职业风险而不愿意创新。因此,企业要想推动创新,必须设计恰当的治理机制。

16.2.3 物质资源

很多企业在价值观层面、制度文化层面都建立了支持创新的体系,但是在物质资源方面的投入却并不多。比如,名义上的奖励较多,而物质上的奖励少或者不合理。在很多声称鼓励创新的企业中,研发和技术人员的工资却很低,且实验设备缺乏、工作条件不足,很难让研发与技术人员能够有动力去创新。

总之,创新文化的建设需要在价值观、制度文化、物质资源层面进行详细设计,三个层面只有相互匹配,才能共同塑造支持创新活动的文化氛围。

参考文献

[1] SHANE S, VENKATARAMAN S. The promise of entrepreneurship as a field of research[J]. Academy of Management Review, 2000, 25(1): 217-226.

[2] MILLER D. The correlates of entrepreneurship in 3 types of firms[J]. Management Science, 1983, 29(7): 770-791.

[3] ZAHRA S A, SAPIENZA H J, DAVIDSSON P. Entrepreneurship and dynamic capabilities: A review, model and research agenda[J]. Journal of Management Studies, 2006, 43(4): 917-955.

[4] WELTER F. Contextualizing entrepreneurship-conceptual challenges and ways forward[J]. Entrepreneurship Theory and Practice, 2011, 35(1): 165-184.

[5] LUMPKIN G T, DESS G G. Clarifying the entrepreneurial orientation construct and linking it to performance[J]. Academy of Management Review, 1996, 21(1): 135-172.

[6] RAUCH A, WIKLUND J, LUMPKIN G T, et al. Entrepreneurial orientation and business performance: An assessment of past research and suggestions for the future[J]. Entrepreneurship Theory and Practice, 2009, 33(3): 761-787.

[7] ANDERSON B S, KREISER P M, KURATKO D F, et al. Reconceptualizing entrepreneurial orientation[J]. Strategic Management Journal, 2015, 36(10): 1579-1596.

[8] TELLIS G J, PRABHU J C, CHANDY R K. Radical innovation across nations: The preeminence of corporate culture[J]. Journal of Marketing, 2009, 73(1): 3-23.

[9] KHAZANCHI S, LEWIS M W, BOYER K K. Innovation-supportive culture: The impact of organizational values on process innovation[J]. Journal of Operations Management, 2007, 25(4): 871-884.

[10] CHUA R Y J, ROTH Y, LEMOINE J F. The impact of culture on creativity: How cultural tightness and cultural distance affect global innovation crowdsourcing work[J]. Administrative Science Quarterly, 2015, 60(2): 189-227.

[11] TAYLOR M Z, WILSON S. Does culture still matter: The effects of individualism on national innovation rates[J]. Journal of Business Venturing, 2012, 27(2): 234-247.

[12] LEONARDI P M. Innovation blindness: Culture, frames, and cross-boundary problem construction in the development of new technology concepts[J]. Organization Science, 2010, 22(2): 347-369.

[13] HOFFMAN R C, HEGARTY W H. Top management influence on innovations: Effects of executive characteristics and social culture[J]. Journal of Management, 1993, 19(3): 549-574.

[14] EFRAT K. The direct and indirect impact of culture on innovation[J]. Technovation, 2014, 34(1): 12-20.

[15] STOCK R M, SIX B, ZACHARIAS N A. Linking multiple layers of innovation-oriented corporate culture, product program innovativeness, and business performance: A contingency approach[J]. Journal of the Academy of Marketing Science, 2013, 41(3): 283-299.

[16] FREY C B. How culture gives the US an innovation edge over China collectivist societies excel at production, while individualistic cultures nurture more invention[J]. MIT Sloan Management Review, 2021, 62(3): 55-61.